Uni-Taschenbücher 1168

UTB

Eine Arbeitsgemeinschaft der Verlage

Birkhäuser Verlag Basel und Stuttgart
Wilhelm Fink Verlag München
Gustav Fischer Verlag Stuttgart
Francke Verlag München
Harper & Row New York
Paul Haupt Verlag Bern und Stuttgart
Dr. Alfred Hüthig Verlag Heidelberg
Leske Verlag + Budrich GmbH Opladen
J. C. B. Mohr (Paul Siebeck) Tübingen
C. F. Müller Juristischer Verlag – R. v. Decker's Verlag Heidelberg
Quelle & Meyer Heidelberg
Ernst Reinhardt Verlag München und Basel
K. G. Saur München · New York · London · Paris
F. K. Schattauer Verlag Stuttgart · New York
Ferdinand Schöningh Verlag Paderborn · München · Wien · Zürich
Eugen Ulmer Verlag Stuttgart
Vandenhoeck & Ruprecht in Göttingen und Zürich

Schriftenreihe: Grundlagen der Psychologie
In Zusammenarbeit mit der
Fernuniversität Hagen herausgegeben von
Helmut E. Lück

Jürgen Jahnke

Sozialpsychologie der Schule

Leske Verlag + Budrich GmbH, Opladen

Jürgen Jahnke, geb. 1939, Studium von Psychologie und Musikwissenschaft in Göttingen und Hamburg. 1965 Diplom in Psychologie. Tätigkeit in der psychotherapeutischen Studentenberatung. Promotion 1971. Seit 1971 zunächst als Dozent und seit 1975 als Professor für Psychologie an der Pädagogischen Hochschule Freiburg i. Br. Buchveröffentlichungen: Empirische Untersuchungen über das Arbeitsverhalten im akademischen Studium (1971); Zwischen Apathie und Protest. (zus. mit E. Sperling, 2. Bde., 1974); Interpersonale Wahrnehmung (1975); Motivation in der Schulpraxis (1977).

CIP-Kurztitelaufnahme der Deutschen Bibliothek

Jahnke, Jürgen:
Sozialpsychologie der Schule / Jürgen Jahnke.
— Opladen : Leske und Budrich, 1982.
(Uni-Taschenbücher; 1168)

NE: GT

© 1982 by Leske Verlag + Budrich GmbH, Opladen

Buchbinderische Verarbeitung: Sigloch-Henzler,
Stuttgart
Einbandgestaltung: A. Krugmann, Stuttgart

ISBN 978-3-322-87363-7   ISBN 978-3-322-87362-0 (eBook)
DOI 10.100/978-3-322-87362-0

Vorwort

Dieses Buch ist die überarbeitete Fassung eines Fernstudienkurses ‚Sozialpsychologie', den ich 1978/79 im Auftrag des Fachbereichs Erziehungswissenschaften der Fernuniversität Hagen geschrieben habe. Für kritische Rückmeldung und Beratung in zahlreichen Einzelfragen bin ich Frau Dr. B. Grundmann-Heucke von der Fernuniversität zu besonderem Dank verpflichtet, sie hat während einer Lehrstuhl-Vakanz diesen Kurs betreut und umsichtig gefördert. Herrn Prof. Dr. H. E. Lück danke ich für Anregung und Hilfe zu der vorliegenden Buchveröffentlichung. Dank sagen möchte ich auch den Studenten der Pädagogischen Hochschule Freiburg i. Br., die Teile dieses Textes in Lehrveranstaltungen erprobten und manches zur Korrektur beitrugen. Last not least danke ich auch meiner Familie, die meine mit der Arbeit an diesem Text verbundenen sozialen Rückzugstendenzen so geduldig ertragen hat.

Buchenbach, Oktober 1981　　　　　　　　　　　　　　Jürgen Jahnke

Inhalt

Vorwort 5
Einleitung 11

Teil 1: Grundfragen der pädagogischen Sozialpsychologie 17

1.1 „Naive" Sozialpsychologie und Sozialpsychologie als Wissenschaft 19
1.1.1 Soziale Orientierung im Alltag 19
1.1.2 Forderungen an eine wissenschaftliche Sozialpsychologie 22
1.1.2.1 Wissenschaftssprache und Alltagssprache 22
1.1.2.2 Sozialpsychologie als empirische Wissenschaft 24
1.1.2.3 Prinzipien empirischer Forschung 29
1.1.2.4 Die wichtigsten empirischen Methoden 30
1.1.2.5 Kritik am empirisch-positivistischen Wissenschaftskonzept – Alternativen 32
1.1.2.6 Zusammenfassung 33
1.1.3 Die naive Sozialpsychologie als Gegenstand der wissenschaftlichen Sozialpsychologie 34
1.2 Zum Gegenstand der Sozialpsychologie 37
1.2.1 Sozialpsychologie zwischen Soziologie und Psychologie 37
1.2.2 Abgrenzung des Gegenstandsbereiches der Sozialpsychologie 40
1.3 Welches sind die wichtigsten sozialpsychologischen Phänomene? 42
1.3.1 Elementare sozialpsychologische Phänomene? 42
1.3.2 Begriffliche Probleme der Sozialpsychologie 44
1.4 Sozialpsychologie und Erziehungswissenschaft 46
1.4.1 Sozialpsychologie als „Hilfswissenschaft" für Erziehung 46

1.4.2	Sozialpsychologie als normensetzende, ethische Instanz	49
1.4.3	Zusammenfassung in Thesen und Antithesen	56

Teil 2: Interpersonale Wahrnehmung 59

2.1	Das Bild vom Gegenüber	61
2.1.1	Gegenstandswahrnehmung und Personenwahrnehmung	61
2.1.2	‚Nicht-sinnliche' Faktoren in der Personenwahrnehmung	64
2.1.2.1	Wahrnehmung – ein passiver oder ein aktiver Vorgang?	64
2.1.2.2	Gestaltungs- und Ordnungsleistungen der optischen Wahrnehmung	65
2.1.2.3	Gestaltungs- und Ordnungsleistungen in der Personenwahrnehmung	68
2.1.2.4	Eindruck und sprachliche Formulierung	70
2.1.2.5	Empirische Forschungen zur Eindrucksbildung	71
2.1.2.6	Die Reihenfolge der Informationen	73
2.1.2.7	Implizite Persönlichkeitstheorien	74
2.1.2.8	Zusammenfassung	75
2.1.3	Der Wahrgenommene als Handlungs- und Wahrnehmungszentrum	77
2.1.3.1	Die Gegenseitigkeit der interpersonalen Wahrnehmung	77
2.1.3.2	Die Spirale reziproker Perspektiven	79
2.1.3.3	Attribuierung	81
2.2	Wie Erwartungen entstehen	83
2.2.1	Die Zeitdimension in der Personenwahrnehmung	83
2.2.1.1	Bezugsebenen für interpersonale Erwartungen	83
2.2.1.2	Die ‚Erwartungs'-Theorie der Wahrnehmung	86
2.2.2	Die Entwicklung von Wahrnehmungs- und Urteilsmustern	88
2.2.2.1	Zur Entwicklung der ‚sozialen Intelligenz'	89
2.2.2.2	Interpersonale Wahrnehmung und die Entwicklung emotionaler Beziehungen	92
2.3	Urteile über Schüler	95
2.3.1	Explizite und implizite Schülerbeurteilung	95
2.3.2	Die implizite Urteilsstruktur von Lehrern	97
2.3.2.1	Die Untersuchung von Hofer	97

2.3.2.2	Die Fragestellungen der Untersuchung	98
2.3.2.3	Methoden	98
2.3.2.4	Befunde	100
2.3.2.5	Interpretation und kritische Diskussion	102
2.3.2.6	Ergänzende neuere Untersuchungen	103
2.3.3	Die Leistungsbeurteilung	109
2.3.3.1	Das Problem der Objektivität	109
2.3.3.2	Die Bestimmung der Leistungsnorm	110
2.3.3.3	Berücksichtigung der Schülerpersönlichkeit (Kausalattribuierung)	111
2.3.3.4	Anwendung ds Leistungs- (Zensuren-)Maßstabs	114
2.3.3.5	Soziale Beurteilung und Realität	116

Teil 3: Soziale Interaktion in der Schule 119

3.1	Kommunikation und Interaktion als wechselseitiger Prozeß	121
3.1.1	Kommunikation und Interaktion − Definitions- und Erklärungsversuche	121
3.1.2	Methodische Probleme der Interaktionsanalyse	127
3.1.2.1	Beobachtung von Interaktionen	127
3.1.2.2	Kategoriensysteme zur Analyse pädagogischer Interaktion	130
3.2	Führung als Interaktionsphänomenen	134
3.2.1	Lehrer- und Schülerrolle	134
3.2.2	Führung in der Schulklasse	141
3.2.2.1	Lehren und Lernen als komplementäre soziale Aufgaben	141
3.2.2.2	Führung als Verhaltenssteuerung − Das Interaktionsmodell von Jones/Gerard	143
3.2.2.3	Typen des Lehrverhaltens	146
3.2.2.4	Dimensionen des Lehrverhaltens	148
3.3	Offene und verdeckte Interaktionsprobleme	152
3.3.1	Unterschiedliche Situationsdeutungen	152
3.3.1.1	Schwierigkeiten bei der Definition der Realität	152
3.3.1.2	Interpunktionen und Paradoxien	157
3.3.2	Etikettierung in der pädagogischen Interaktion	159
3.3.2.1	Positive Etikettierungen: Erwartungseffekte	160
3.3.2.2	Stigmatisierung	167
3.3.3	Metakommunikation als Problemlösungsstrategie	170

Teil 4: Gruppen und Gruppenprozesse 173

4.1	Die soziale Gruppe 175
4.1.1	Zum Begriff ‚Soziale Gruppe' 175
4.1.2	Die empirische Untersuchung von Gruppen 180
4.2	Gruppenprozesse – Gruppendynamik 189
4.2.1	Phasen der Gruppenbildung 189
4.2.2	‚Rollen'- und Verhaltensdifferenzierung in Gruppen .. 196
4.2.3	Lehren und Lernen in Gruppen 199
4.2.3.1	Soziale Gruppeneinflüsse auf Lernen, Motivation und Leistung 199
4.2.3.2	Sozialformen im Unterricht 203
4.2.3.3	Ein Beispiel für ein gruppendynamisch orientiertes Lehr- und Lernverfahren 208
4.2.4	Gruppenprozesse und Formen der Gruppenarbeit 210
4.3	Schulklasse und Konflikt 216

Literaturverzeichnis 233
Stichwortverzeichnis und Glossar 241
Personenverzeichnis 249

Einleitung

Gegenüber anderen psychologischen Teilbereichen erweckt das Stichwort „Sozialpsychologie" oft die folgenden Erwartungen:
- besondere Lebensnähe (‚Praxisbezug'),
- Aufklärung über alltägliche Verhaltensmechanismen,
- Vorschläge zum effektiven Umgang mit anderen,
- Rezepte zur Bewältigung sozialer Konflikte.

Der Leser mag urteilen, ob sich diese Erwartungen erfüllen. Es werden aber auch manche dieser Erwartungen in Frage gestellt und selbst als sozialpsychologisches Problem betrachtet.

Wenn Sozialpsychologie alles das ist, was Sozialpsychologen tun, dann kann im Rahmen dieser Darstellung davon nur ein kleiner Ausschnitt vermittelt werden: Es sollten nur die Fragen und Themen angesprochen werden, die pädagogisch bedeutsam und hilfreich sein können. Die Beschränkung auf eine ‚angewandte' pädagogische Sozialpsychologie könnte dazu verleiten, einschlägige empirische Befunde anzuhäufen oder Rezepte für effektives Verhalten in Erziehungssituationen anzubieten. Wir wollen jedoch versuchen, die Erkenntnismethoden, die Ziele und die möglichen Konsequenzen sozialpsychologischer Fragestellungen und Aussagen durchsichtig zu machen und auf dieser Grundlage zu einer erweiterten sozialen Kompetenz des Erziehers beitragen.

Die Sozialpsychologie kann dabei helfen, soziale Einflüsse auf Erleben und Verhalten der am Erziehungs- und Unterrichtsprozeß Beteiligten zu analysieren, zu verstehen, zu planen und vorherzusagen. Sie bezieht sich allerdings keineswegs nur auf Schüler oder andere zu Erziehende, sondern genausogut auf Lehrer, Eltern und andere Erzieher.

Wir werden sehen, daß wir gerade gegenüber sozialpsychologischen Aussagen aufgrund unserer bisherigen persönlichen sozialen Erfahrung oft sehr bestimmte Meinungen und Überzeugungen haben. Diese unsere vorwissenschaftliche „Alltagspsychologie" macht es uns oft schwer, Gegenmeinungen oder auch empirisch und methodisch gesicherte Befunde anzunehmen. Wir müssen bei der Beschäftigung mit Sozialpsychologie berücksichtigen, daß wir ihrem Gegenstand nicht unvoreingenommen begegnen können, denn in Bezug auf „soziales Verhalten" kann selbstverständlich jeder mitreden. Wir haben ja schließlich im langwierigen Prozeß unserer Sozialisation zahllose Einzelerfahrungen gemacht und verarbeitet. Die wissenschaftliche Sozialpsychologie tritt nun gewissermaßen zu dem daraus abgeleiteten Überzeugungssystem (der sogenannten „Laien- oder Alltagspsychologie") in Konkurrenz; sie will uns sagen, wie soziales Verhalten und Erleben wirklich ist, wie es zu erklären ist und von welchen Einflüssen es abhängt.

Manche Grenzen und Schwierigkeiten eines sozialpsychologischen Studientextes werden allerdings gerade durch sozialpsychologische Einsichten deutlich:

— Wenn uns die Sozialpsychologie lehrt, wie unbelehrbar — auch durch eigene Erfahrungen — Menschen in ihren Überzeugungen und Vorurteilen oft sein können, dann sind damit auch Grenzen für die Aufklärung durch Sozialpsychologie gegeben.
— Sozialpsychologische Untersuchungen lassen außerdem erwarten, daß Lernprozesse, besonders dann, wenn es um die Veränderung von Einstellungen, Meinungen und normbezogenen Verhaltensweisen geht, in Gruppen effektiver organisiert werden können, als in einem eher rezeptiven, vereinzelten Lernvorgang.
— Aneignung von Kategorien und Begriffen einer Wissenschaft entspricht der Erarbeitung einer Sprache, die sich von der Alltagssprache und der Sprache anderer Disziplinen teilweise abhebt. Sprache wird aber nur dann lebendig verfügbar, wenn sie in vielfältigen Kommunikationen erlernt, bestätigt und verändert werden kann.

Alle diese Punkte unterstreichen die Bedeutung sozialer Lernphasen bei der Auseinandersetzung mit Sozialpsychologie. Das, was unter dem Stichwort „Selbsterfahrung" oder „Gruppendynamik" als Hilfe für Pädagogen und andere Sozialberufe angeboten wird, verselbständigt oft diese Momente des sozialen Lernens, der Erweiterung von Sensibilität und Handlungskompetenz gegenüber der Theorie. Sinnvoller scheint es dagegen zu sein, wenn sich beides ergänzt, wenn auf der Grundlage von Kenntnissen und Einsichten neue Erfahrungen gemacht und überprüft werden. Dieses Buch muß sich auf die informative Grundlegung beschränken; weiterführende Anregungen zu eigenem sozialen Lernen und Experimentieren

(z. B. auch in informellen Arbeitsgruppen) sollten daraus abgeleitet werden.
Wenn man sich mit Sozialpsychologie auseinandersetzen will, dann sollte man bereit sein, Sozialpsychologie nicht nur als „Psychologie von den Anderen", sondern auch als „Psychologie von mir selbst" aufzufassen. Verständnis von sozialen Interaktionsprozessen dürfte nur dann fruchtbar auf eigenes Handeln zurückwirken, wenn man in der Lage ist, auch eigenes Handeln und eigene Überzeugungen in Frage zu stellen.
Gliederungsprinzip des Buches ist eine schrittweise Ausweitung vom Individuellen zum Sozial-Strukturellen, oder − im Rahmen der Grenzdisziplin Sozialpsychologie − vom psychologischen zum soziologischen Akzent. Dieses Prinzip wird selbstverständlich durch Vorgriffe und Hinweise, durch Wiederholungen und Weiterführungen kontrastiert, so daß eine allzu starre Systematik vermieden wird.
Vollständigkeit wird nicht angestrebt, so wird z. B. der gewichtige Themenkomplex „Sozialisation" nicht behandelt, da er in zahlreichen entwicklungspsychologischen Lehrbüchern und Studientexten berücksichtigt wird und sich in diesen Zusammenhang wohl besser einfügen läßt.

Das Buch besteht aus vier Teilen:

Teil 1 „Grundfragen der Sozialpsychologie"
1. Wissenschaftliche und vorwissenschaftliche Sozialpsychologie werden einander gegenübergestellt.
2. Der zweite Abschnitt führt zu Definitionsproblemen der Sozialpsychologie. Das Verhältnis zur Psychologie, zur Soziologie und zu anderen Sozialwissenschaften wird erörtert.
3. Daran schließt sich die Frage, mit welchen Phänomenen sich Sozialpsychologie zu befassen hat. Damit ist zugleich die Frage nach den Grundbegriffen der Sozialpsychologie angesprochen (z.B. Interaktion, Kommunikation, Einstellung, Stereotyp, Gruppe). Die Rolle von Definitionen im Erkenntnisprozeß wird diskutiert.
4. Der vierte Abschnitt des ersten Teils behandelt die Beziehungen zwischen Sozialpsychologie und Erziehungswissenschaft. Hier wird auch die Frage diskutiert, inwieweit Sozialpsychologie eine normensetzende Instanz sein kann, inwieweit, bzw. ob überhaupt „sozialtechnologische" Erziehungsmaßnahmen sich auf Sozialpsychologie berufen können.

Teil 2 „Interpersonale Wahrnehmung"

1. Zunächst wird ein ‚einseitiger' Ansatz vorgeführt und erprobt: Es wird nach der Bedeutung und dem Zeichencharakter äußerer Merkmale von Personen gefragt. Dabei wird deutlich, daß erst ein ‚zweiseitiges' Konzept der sozialen Wirklichkeit gerecht wird, bei dem der Wahrgenommene seinerseits als Wahrnehmender und als Handlungszentrum mit eigenen Absichten und Zielen berücksichtigt wird.
2. Dieser Abschnitt befaßt sich mit der Entstehung von Wahrnehmungs- und Deutungsmustern, er geht auch der Frage nach, wie es kommt, daß andere Menschen offenbar unter verschiedenen, auch berufs- und erlebnisabhängigen Blickwinkeln gesehen und beurteilt werden. Für den Erzieher dürfte es wichtig sein, etwas über die Entwicklung und Differenzierung sozialer Wahrnehmungsleistungen zu erfahren.
3. Soziale Wahrnehmungs- und Beurteilungsprozesse spielen in der Schule offen oder verdeckt eine wichtige Rolle. Hier geht es vor allem um berufsspezifische Urteilsstrukturen des Lehrers und um Probleme der Leistungsbeurteilung.

Teil 3 „Soziale Interaktion in der Schule"

1. Der erste Abschnitt befaßt sich mit der gegenseitigen Verhaltensregulierung in der Schule. In diesem Zusammenhang werden auch Methoden diskutiert, mit deren Hilfe Interaktionen erfaßt und analysiert werden können.
2. Interaktion im Unterricht ist selten „symmetrisch", d. h. das Problem der Führung als zielgerichtete soziale Beeinflussung spielt eine wesentliche praktische Rolle. Verschiedene Ansätze, Erzieherverhalten zu kategorisieren und zu systematisieren, werden hier vorgeführt.
3. Der dritte Abschnitt trägt der häufigen praktischen Erfahrung Rechnung, daß Interaktion selten problemlos und glatt ablaufen kann. Es ist daher nützlich, sich mit offenen und verdeckten Interaktions- und Kommunikationsschwierigkeiten vertraut zu machen und nach Hilfen zur Bewältigung zu suchen.

Teil 4 „Gruppen und Gruppenprozesse"

1. Welches sind die sozialpsychologischen Eigentümlichkeiten der Schulklasse? Der Begriff ‚Gruppe' wird nach strukturellen und funktionellen Merkmalen untersucht.
2. Anschließend an die mehr statischen Kategorien und Beschrei-

bungsmerkmale kommen in diesem Abschnitt die dynamischen Prozesse in sozialen Gruppen zur Sprache. Probleme der Gruppenbildung und des Gruppenunterrichts werden behandelt.
3. Der abschließende Abschnitt analysiert Schule und Schulklasse als ein Feld widersprüchlicher Erwartungen und Normen. Strukturelle und institutionelle Konflikte führen einerseits zur Suche nach Verarbeitungs- und Bewältigungsmöglichkeiten für die pädagogische Praxis, andererseits führt dieses Thema zum Problem der schulischen Sozialisation.

Teil 1: Grundfragen der Sozialpsychologie

1.1 „Naive" Sozialpsychologie und Sozialpsychologie als Wissenschaft

1.1.1 Soziale Orientierung im Alltag

Jeder Mensch sammelt im Lauf seines Lebens eine Fülle verschiedenartiger sozialer Erfahrungen. Er sammelt sie mehr oder weniger systematisch; sie ergeben sich für ihn aus der Gleichförmigkeit wiederkehrender, gewohnter Situationen oder auch aus der Einmaligkeit eines außergewöhnlichen Ereignisses. Wir sind in unserer Entwicklung darauf angewiesen, uns aus der Vielfalt dieser keinesfalls widerspruchsfreien Erfahrungen ein einigermaßen stimmiges Bild vom sozialen Verhalten der Menschen — einschließlich uns selbst — aufzubauen.

Das Bestreben, unser Verhalten und das unserer Mitmenschen zu deuten und zu verstehen, ist offenbar eine Selbstverständlichkeit. Wir fassen soziales Verhalten zunächst unter der Voraussetzung auf, daß es irgendeinen Sinn habe. Dieser Sinn kann durch eine zugrundeliegende Absicht, ein Motiv, eine Ursachenangabe, durch einen Zweck oder ein Ziel für uns gegeben sein. Wir sind auch bereit, uns zunächst „sinnlos" erscheinende Verhaltensweisen durch Etikette wie „krankhaft", „Happening" o. ä. als erklärbar einzuordnen.

Entscheidend für unsere alltäglichen Interpretationsleistungen ist neben dem jeweiligen individuellen Erfahrungshintergrund, der uns Deutungsmuster und Bewertungskategorien zur Verfügung stellt, wohl vor allem der jeweilige aktuelle Situationszusammenhang, in dem ein Verhalten uns erscheint. Auch die Auffassung der Situation dürfte durch Vorerfahrungen bestimmt werden.

Beispiel:
So wird etwa ein Schüler die Nennung seines Namens („Aufrufen") vorwiegend als Disziplinierung oder gar absichtliche Bloßstellung von seiten des Lehrers auffassen, wenn frühere Erfahrungen in dieser Richtung bestätigt wurden. Der Lehrer mag dabei noch so sehr eine helfende Förderung des Schülers beabsichtigen.

Im alltäglichen sozialen Handeln wird es nicht selten verschiedene Sinndeutungen und Erklärungen von Verhalten geben. Erklären kann aber erst dann versucht werden, wenn entschieden ist, was zu interpretieren ist. Dazu ist es notwendig, zunächst das Verhalten zu beschreiben.

Beispiel:
Zwei Berichte über ein und dasselbe Ereignis:

Lehrer:
„In der Mathematikstunde vor der großen Pause, so gegen Schluß, war es wieder recht unruhig. Ich hatte Mühe, die Klasse bei der Stange zu halten. Ausgerechnet da mußte natürlich Cl. wieder stören. Als ich gerade etwas Ruhe hatte und nach hinten ging, um am letzten Tisch etwas nachzusehen, da schmiß er hinter mir scheppernd sein Zeichendreieck auf den Gang."

Schüler Cl.:
„Heute war der L. wieder furchbar nervös. Der kleinste Dreck hat ihn aufgeregt. Als ich aus Versehen mein Dreieck mit dem Buch vom Tisch schob, da hat er gleich ein wüstes Theater gemacht. Ich glaub' fast, der hat es auf mich abgesehen."

Beide Beteiligten berichten über dieselbe Situation, ihre Beschreibungen zeigen jedoch unterschiedliche Perspektiven. Jeder beschäftigt sich offenbar weniger mit sich selbst, sondern macht sich Gedanken über den anderen. Dabei können wir häufig die Bereitschaft beobachten, den anderen in ein relativ festes, sich selbst bestätigendes Erwartungsschema einzupassen („da mußte natürlich Cl. wieder"; „war der L. wieder nervös").

Mit solchen festlegenden Erwartungen bei der Personenwahrnehmung und -beurteilung werden wir uns später in Teil 2 noch ausführlich befassen.

Es ist aus diesem Beispiel vielleicht schon deutlich geworden, daß Beschreibung und Kategorisierung meistens bereits Erklärungshypothesen enthalten. Die Auswahl der Begriffe, die Abgrenzung und Akzentuierung von Verhaltenseinheiten, die Trennung des „Wesentlichen" vom „Unwesentlichen", diese Gesichtspunkte sind in der alltäglichen Interaktion sehr eng mit der Deutung und Interpretation des Verhaltens verbunden.

Es ist ein Kennzeichen unserer vorwissenschaftlichen „Laien"-Psychologie, daß sie sich nicht gern festlegt. Gerade am Beispiel der Gewichtung einzelner Verhaltensweisen läßt sich das demonstrieren.

Die Alltagspsychologie liefert meist widersprüchliche Prinzipien zur Auswahl, so daß sie im Ganzen nicht widerlegt werden kann. Diese beiden Sätze können kaum zugleich wahr sein:

„Wer einmal lügt, dem glaubt man nicht"
„Einmal ist keinmal"

Zur sozialen Orientierung im Alltag sind beide von Fall zu Fall brauchbar, der eine Satz kann Vorsicht und berechtigtes Mißtrauen begründen, der anderen von starren Prinzipien entlasten oder Chancen gewähren.

Wir haben bisher drei untereinander verbundene Funktionen einer vorwissenschaftlichen Sozialpsychologie behandelt:
– Beschreibung von sozialen Ereignissen und Verhalten
– Klassifikation, Kategorisierung
– Erklärung, Deutung, „Sinngebung"

Als wichtige weitere Funktionen sind noch zu ergänzen:
– Vorhersage, Prognose
– Planung.

Das Bedürfnis nach Erklärung sozialen Verhaltens wird oft durch Hinweise auf die Zukunft befriedigt: Jemand tut etwas, um ein erstrebenswertes Ziel zu erreichen, er nimmt z. B. die Mühen eines Studiums auf sich, um später ein gesichertes und auskömmliches Leben führen zu können oder um später anerkannt und geachtet zu sein.

Vielfach werden jedoch auch im Alltag Voraussagen des Verhaltens erwartet. Oft richten wir unser Verhalten nach seinen vermuteten Folgen, wir treffen Maßnahmen, um bestimmte Folgen zu erreichen oder aufzulösen.

Beispiel A:
Eine Mutter verbietet z. B. ihrem Kind, mehr als vier andere zu seinem Geburtstag einzuladen – weniger aus Sparsamkeit oder Bequemlichkeit – sondern weil „ ihr zu sechs oder mehr doch nicht gemeinsam spielen könnt, das sind zu viele".

Beispiel B:
Sehr häufig begegnen wir im Alltag Techniken der „Imagepflege" (Goffman): Bei Bewerbungen oder Erstkontakten z. B. ist es selbstverständlich, sich „von seiner besten Seite" zu zeigen und Informationen zurückzuhalten, denen man nachteiligen Einfluß zutraut. Wir haben dabei Prognosen über die Wirkungen z. B. von biographischen Einzelheiten abzuschätzen und unsere „Informationspolitik" entsprechend zu planen.
So z. B. der Abonnentenwerber, der vor einiger Zeit bei uns die Rolle „entlassener Strafgefangener" spielte („Ich nehme an, sie haben da keine Vorurteile".); einige Häuser weiter war er der „Student ohne Stipendium" – hier schien ihm wohl die Gefahr von Vorurteilen zu groß zu sein.

Vielleicht ist deutlich geworden, daß wir auch ohne Kenntnisse einer wissenschaftlichen Sozialpsychologie (– was das ist, soll das

nächste Kapitel untersuchen –) dauernd und durchaus mit Erfolg menschliches Verhalten
- beschreiben
- klassifizieren
- erklären
- vorhersagen
- planen.

All das sind nun auch Funktionen und Ziele einer Wissenschaft (nach *Popper*[1]).

Die vorwissenschaftliche Psychologie ist in ihrer Widersprüchlichkeit jedoch ständig dem Vorwurf der Subjektivität ausgesetzt. Ihre Schlüsse stammen aus der individuellen Erlebnisverarbeitung, aus der Sicht des Einzelnen, aus unsystematisch gesammelten Erfahrungen oder besonders eindrucksvollen Schlüsselerlebnissen und deshalb erscheinen alltagspychologische „naive" Aussagen uns nicht gerade als objektiv. Die persönliche, subjektiv begründete Meinung eines Mitmenschen über soziales Verhalten scheint uns als Grundlage sozialwissenschaftlicher Aussagen nicht tauglich zu sein. Wir wissen, daß es problematisch ist, von sich auf andere zu schließen. Es dürfte aber andererseits deutlich geworden sein, daß derartige vorwissenschaftliche „naive" Überzeugungen, Deutungen und Hypothesen als Gegenstand einer Wissenschaft vom menschlichen Verhalten unbedingt wichtig sind (→ 1.1.1.3).

Die Allgegenwart einer „naiven" Sozialpsychologie muß sich gerade derjenige vor Augen halten, der sich mit der wissenschaftlichen Sozialpsychologie im Rahmen einer praxisorientierten Ausbildung befassen will. Denn die Befunde und Theorien der Wissenschaft verführen ihn leicht zur Rolle des „Besserwissers", wenn er nicht die Erfahrungen und Überzeugungen seiner sozialen Partner (z. B. Schüler, Kollegen, Eltern) in sein Denken und Handeln mit einbezieht.

1.1.2 Forderungen an eine wissenschaftliche Sozialpsychologie

1.1.2.1 Wissenschaftssprache und Alltagssprache

Man könnte ein Bonmot von Oscar *Wilde* über das Verhältnis von England zu Amerika abwandeln und behaupten:

„Das alltägliche soziale Leben und die wissenschaftliche Sozialpsychologie sind durch eine gemeinsame Sprache getrennt."

Wir haben gesehen, daß soziales Handeln im Alltag ohne begriffliche Strukturierung, sprachliche Beschreibung, Deutung und Erklärung, Voraussage und Planung offenbar kaum denkbar ist. Wenn die Sozialspychologie als Wissenschaft vom sozialen Verhalten ähnliche Funktionen und Ziele hat (nämlich: Beschreibung, Kategorisierung, Erklärung, Prognose, Planung), dann ergibt sich daraus leicht eine Art Konkurrenzverhältnis: Die wissenschaftliche Sozialpsychologie hat ihre Vorzüge gegenüber der naiven Alltagspsychologie nachzuweisen und ihre Ansprüche zu rechtfertigen. Dabei zeigt sich nun die Schwierigkeit der „trennenden gemeinsamen Sprache". Viele Begriffe der Sozialpsychologie sind der Umgangssprache entnommen, sie haben im wissenschaftlichen Sprachgebrauch jedoch oft eine eingeschränkte oder erweiterte Bedeutung oder sind in besonderer Weise akzentuiert.

1. Beispiel:
Der Begriff „Einstellung" ist im umgangsprachlichen Gebrauch oft recht unscharf gefaßt, man spricht davon, daß jemand „einer Sache gegenüber positiv eingestellt" sei oder „er hat die richtige Einstellung dazu", oder: „das ist eben Einstellungssache".

Dagegen lauten wissenschaftliche Begriffsbestimmungen z. B. so: „Einstellungen sind kognitiv-emotionale Verhaltensbereitschaften" oder: „Einstellung ist eine überdauernde Organisation von motivationalen, emotionalen, perzeptiven und kognitiven Prozessen im Hinblick auf einen Aspekt der Welt eines Individuums"[2].

2. Beispiel:
„Aggression". Hierüber gibt es bereits im täglichen Leben oft Differenzen: Verhalten, das der eine „Aggression" nennt, nennt der andere „notwendige Erziehungsmaßnahme" oder „Selbstschutz". Wie oft erleben wir Mißverständnisse, bei denen es dann meistens auch wenig nützt, wenn man beteuert, man habe es doch nicht böse gemeint.

Im wissenschaftlichen Sprachgebrauch finden sich z. B. die folgenden Definitionen: „Aggressionen sind tätliche oder verbale Angriffe auf andere Personen oder Sachen" *(Collatz);* „Aggression wird definiert als ein Verhalten, das einem anderen Organismus Schaden zufügt" *(Buss)*[3].

Aus diesen Inkongruenzen von wissenschaftlichem und alltäglichem Sprachgebrauch ergibt sich die erste Forderung an eine wissenschaftliche Sozialpsychologie:

Begriffe sind möglichst genau und eindeutig zu definieren.

Wir werden später noch auf die weiterführende Forderung nach Operationalisierung der Begriffe, bzw. nach operationalen Definitionen zurückkommen. Hier sei nur darauf hingewiesen, daß Begriffe wie „Einstellung" oder „Aggression" noch präziser verdeutlicht werden, wenn der Forscher genau beschreibt, wie er diese Phänomene festgestellt oder gemessen hat (also durch die entsprechende Operationen).

1.1.2.2 Sozialpsychologie als empirische Wissenschaft

Wissenschaft unterscheidet sich vom vorwissenschaftlichen Reden, Meinen und Erklären vor allem dadurch, daß sie „offenlegt, wie die Erkenntnis zustande gekommen ist, daß sie also den Erkenntnisgang nachprüfbar und nachvollziehbar macht".[4] Zum einen wird der Erkenntnisgang zweifellos durch klare und eindeutige Begriffsverwendung verdeutlicht, zum anderen aber auch durch den Bezug zu konkretem sozialen Verhalten. Gegenüber sozialpsychologischen Aussagen, die sich jemand „am grünen Tisch" ausgedacht hat, wären wir mit Recht mißtrauisch. Spekulationen, Meinungen und persönliche Ansichten sind keine Wissenschaft.

Es ergibt sich die zweite Forderung:

Wissenschaftliche Erkenntnisse sind durch ihre Erfahrungsgrundlagen zu belegen und zu rechtfertigen.

Der Forscher hat also über seine empirische Methodik und über die Bedingungen und Anlässe seiner Beobachtungen und Experimente Bericht zu geben, damit seine Schlüsse nachprüfbar und nachvollziehbar werden. Die Forderung nach Wiederholbarkeit der Erfahrungen läßt sich allerdings nur selten im strengen Sinn erfüllen, weil historisch-kulturelle Bedingungen nicht willkürlich herstellbar sind.

Zur Nachvollziehbarkeit gehört selbstverständlich, daß deutlich wird, auf welche Personengruppen sich die empirischen Grundlagen des Erkenntnisprozesses beziehen. Von dieser Information hängt die Beurteilung der Generalisierbarkeit der Resultate ab. Sozialpsychologische Einzelbefunde sind oft in hohem Maße kultur-, schicht-, alters- oder auch geschlechtsspezifisch, so daß vorschnelle Verallgemeinerungen zu einer Verfälschung der Wirklichkeit führen können. Zwar hat auch die Wissenschaft im sozialen Kommunikationsprozeß ihren Anteil an der Gestaltung (Konstruktion) von Wirklichkeit (z. B. über die Verbreitung ihrer Begriffe und Befunde in den Massenmedien), sie sollte jedoch nicht ihre eigenen Ziele verraten, indem sie die Perspektivität der eigenen Methoden und die Begrenztheit ihrer empirischen Grundlagen ignoriert.

Ein Großteil der sozialpsychologischen Forscher definiert seine Disziplin ausdrücklich als *empirische* Wissenschaft[5]. Für andere ist

das eine Selbstverständlichkeit, die nicht betont zu werden braucht[6].
Wie gelangt man nun zu empirisch begründeten wissenschaftlichen Aussagen?

Wir wollen uns ein Beispiel[7] genauer ansehen. Dieses Beispiel bietet sich an, weil es
- eine sozialpsychologische Fragestellung untersucht,
- ein pädagogisch bedeutsames Problem betrifft,
- und weil der Bericht so kurz und prägnant ist, daß er hier vollständig wiedergegeben werden kann.

Beispiel:

Aus der Schulpsychologischen Beratungsstelle der Landeshauptstadt Düsseldorf unter Mitarbeit von E. Jochheim und H. Risse

Das Vorurteil des Lehrers über die Leistungsfähigkeit bestimmter Schüler im Spiegel von Aufsatzzensuren
von Willi Ferdinand

Der Bericht des nachstehenden, experimentell gewonnenen Untersuchungsresultates ist als ein bescheidener Beitrag zur Vorurteilsforschung gemeint. Er weist außerdem auf Probleme der schulischen Leistungsbewertung hin.

A. Versuchsfrage

Die bearbeitete Versuchsfrage lautete: Beeinflußt die „Meinung" des Lehrers von der allgemeinen geistigen Leistungsfähigkeit bestimmter Schüler seine einschlägigen Aufsatzbenotungen? Und als zu überprüfende statistische Nullhypothese wurde formuliert: Die „Meinung" des Lehrers von der allgemeinen geistigen Leistungsfähigkeit bestimmter Schüler beeinflußt seine einschlägigen Aufsatzbenotungen nicht.

B. Methode

1. Für das Experiment standen uns 782 von Viertkläßlern (etwa gleich viele Jungen und Mädchen) angefertigte Aufsätze zur Verfügung (Themen: „Wie ich einmal Streit hatte" bzw. „Das war ein besonders schöner Tag"). Diese Arbeiten wurden, um orthographische sowie schriftästhetische Besonderheiten zu egalisieren, mit der Schreibmaschine fehlerfrei auf DIN A 4-Bogen übertragen und dann in 54 etwa gleich große Cluster unterteilt.

Nun baten wir 54, bereits acht Monate lang Unterricht erteilende Lehramtskandidaten eines Studienseminars (36 Damen, 18 Herren) um Zensierung der Aufsätze je eines Clusters. Zur Begründung hieß es, daß bereits für alle Arbeiten von den zuständigen Klassenlehrern gegebene Benotungen vorlägen, aber einmal überprüft werden solle, ob der Faktor: „persönliches Bekanntsein" die Lehrerurteile mitbestimmt habe. Die Aufsatzschreiber seien, das wurde beiläufig erwähnt, ausschließlich Großstadtkinder des leistungsschwächsten Schülerdrittels (Versuchsanordnung a)*.

* Den am Versuch beteiligten Pädagogen, des weiteren den Herren D. Langheinrich, F. Müller und B. Mues sowie allen Kindern, die ihre (häufig eindrucksvoll amüsanten) Aufsätze für unser Experiment zur Verfügung gestellt haben, sei an dieser Stelle noch einmal herzlich gedankt.

2. In einem späteren Versuchsabschnitt erhielt jeder Lehramtskandidat wiederum eines der 54 Cluster vorgelegt (selbstverständlich nicht gerade das schon früher von ihm bearbeitete) und wurde erneut um Zensierung aller darin enthaltenen Aufsätze gebeten. Diesmal allerdings handele es sich, so lautete eine Nebenbemerkung in der Versuchsanweisung, bei den Schreibern ausnahmslos um Großstadtkinder des leistungsbesten Schülerdrittels (Versuchsanordnung b).

3. Auf die berichtete Weise gewannen wir für jeden der 782 Testaufsätze zwei von Angehörigen derselben Beurteilergruppe erteilte Zensuren (Noten von 1 über 1–, 2, 2– usw. bis 6). Dabei war jeweils die erste Zensur nach unserer Versuchsanweisung a (leistungsschwache Schüler), die zweite nach unserer Versuchsanweisung b (leistungsgute Schüler) erteilt worden.

C. Quantitative Befunde

Im folgenden seien die ausgemachten quantitativen Befunde deutungsfrei dargestellt. (Die Aufsatzzensuren wurden in eine Elferskala transformiert: 1 blieb 1, 1– wurde 2, 2 wurde 3, 2– wurde 4 usw. bis 6 wurde 11.)

1. Über das Vorkommen der Schulnoten 1–6 für dieselben Aufsätze bei Versuchsanordnung a bzw. b informiert Tabelle 1.

Tab. 1. Vorkommenshäufigkeiten der Zensuren 1–6 für dieselben Aufsätze nach einer Nebenbemerkung des Versuchsleiters, daß es sich bei den Schreibern um schlechte (Tabellenzeile 3) bzw. um gute Schüler handele (Tabellenzeile 4). Die Beurteilergruppe war in beiden Experimentalanordnungen identisch.

1	Zensuren	1	1–	2	2–	3	3–	4	4–	5	5–	6	
2	Transformierte Werte	1	2	3	4	5	6	7	8	9	10	11	
3	Vorkommenshäufigkeiten bei Versuchsanordnung a (schwache Sch.)	7	0	65	23	109	67	204	108	172	13	14	782
4	Vorkommenshäufigkeiten bei Versuchsanordnung b (gute Schüler)	13	6	96	47	169	86	204	58	88	4	11	782
5	Differenz der Vorkommenshäufigkeiten	+6	+6	+31	+24	+60	+19	±0	–50	–84	–9	–3	–

Das arithmetische Mittel der nach Versuchsanweisung a (schlechte Schüler) resultierenden (transformierten) Aufsatznoten betrug 6,86 (s 2,00). Der entsprechende Wert nach Versuchsanweisung b (gute Schüler) war 6,02 (s. 2,03). Die Mittelwertdifferenz ist (bei homogener Varianz) signifikant auf dem < 1%-Niveau (t 8,26). Sie überstieg also das Maß zufälliger Abweichung. In Abbildung 1 ist das berichtete Resultat graphisch veranschaulicht.

2. Eine zusätzliche Prüfung der gewonnenen Meßdaten auf Signifikanz wurde mit dem non-parametrischen WILCOXON-Vorzeichentest durchgeführt.

415 (53,1 %) der insgesamt 782 in unserem Experiment benutzten Auf-

sätze erhielten nach Versuchsanweisung b (gute Schüler) bessere Noten als nach Versuchsanweisung a (schwache Schüler). Bezüglich weiterer 192 (24,6 %) Arbeiten resultierten keine einschlägigen Bewertungsunterschiede. Nur 175 (22,4 %) Aufsätze wurden in Versuchsanordnungen a besser zensiert als in Versuchsanordnung b. – Die Wahrscheinlichkeit, daß bei 590 Messungen der hier aufgezeigten Art (unsere 192 Nullabweichungen werden rechnerisch vernachlässigt) 415 ein positives Vorzeichen haben, liegt nach Ausweis des WILCOXON-sign-tests unter 1 %. Unsere ergänzend durchgeführte Berechnung bestätigte also das im vorigen Abschnitt (1) beschriebene Resultat.

D. Beantwortung der Versuchsfrage

Die Versuchsfrage unserer Arbeit (Beeinflußt die „Meinung" des Lehrers von der allgemeinen geistigen Leistungsfähigkeit bestimmter Schüler seine einschlägigen Aufsatzbenotungen? (s. A)) läßt sich aufgrund der objektivierten Meßergebnisse wie folgt beantworten:

Unter den beschriebenen Experimentalbedingungen zensierte eine identische Gruppe von Pädagogen bei „positiver Voreinstellung" (Versuchsanordnung b) dieselben Schüleraufsätze hochsignifikant besser als bei entsprechender „negativer Voreinstellung" (Versuchsanordnung a). – Die Nullhypothese kann verworfen werden.

E. Diskussion

1. Wir vermuten, daß der ausgemachte Befund mit hoher Wahrscheinlichkeit über die erfaßte Stichprobe und über den gewählten Bewertungssektor (Aufsatzzensuren) hinaus wissenschaftliche Relevanz besitzt.
2. Sicherlich wären unter günstigeren Gesamtbedingungen für die Durchführung unseres Experiments mancherlei detailliertere Untersuchungsresultate zu erlangen gewesen. Nichtsdestoweniger scheint uns jedoch auch der vorgetragene empirische Einzelbefund (s. C) eine für Pädagogen und Nichtpädagogen gleichermaßen „be-merkenswerte" Information.

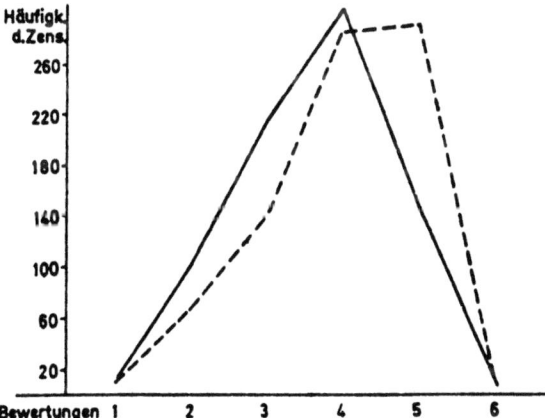

Abb. 1. Häufigkeitsverteilung der Bewertungen für dieselben Aufsätze nach der Vorinformation, daß es sich bei den Schreibern um schwache Schüler

(punktiert) bzw. um gute Schüler handele. Die Beurteilergruppe war in beiden Experimentalanordnungen identisch. (Die Abzissenwerte bedeuten: 1 entspricht Note 1; 2 entspricht Noten 1– und 2; 3 entspricht Noten 2– und 3 etc.)

Der Untersuchungsbericht läßt deutlich erkennen, daß hier der Einfluß einer Größe – der sogenannten „unabhängigen Variablen" – auf eine andere Größe – die „abhängige Variable" – untersucht werden soll. In diesem Fall ist das experimentell gesetzte Vorurteil, die ‚Meinung' des Urteilenden über das Schulleistungsniveau des Aufsatzschreibers die unabhängige Variable (genauer: die in der Instruktion mitgeteilte Information über das Leistungsniveau). Als abhängige Variable fungiert die Aufsatznote. Andere mögliche Einflußfaktoren sollten durch die Versuchsprozedur ausgeschaltet werden (z. B. persönliche Bekanntheit zwischen Schüler und Beurteiler; Handschrift etc.), ihr Einfluß auf dei Notengebung müßte in weiteren Untersuchungen geklärt werden.

Streng genommen gilt das Ergebnis zunächst nur für die Beurteilung maschinengeschriebener, anonymer Aufsätze durch Lehramtskandidaten. Vorsichtige Verallgemeinerungen über die unmittelbar untersuchten Bedingungen hinaus sind aber immer dann gerechtfertigt, wenn ähnliche Untersuchungen mit anderen Versuchspersonen und -materialien in eine ähnliche Richtung weisen.

Diese Arbeit von *Ferdinand* soll uns hier weniger inhaltlich beschäftigen (das Problem wird in Teil 2 wieder aufgegriffen), sondern sie soll uns Methodik und Aufbau einer empirischen Untersuchung exemplarisch demonstrieren.

Der Aufbau der Untersuchung:
— Fragestellung (Hypothese)
— Methode
— Befunde, Auswertung
— Interpretation
— Diskussion

entspricht dem klassischen Schema empirischer Untersuchungsberichte. Die Trennung der einzelnen Schritte hat gute Gründe: Man sollte eher skeptisch sein, wenn in einer Arbeit z. B. Befunde und Interpretationen miteinander vermengt werden. Dieser Aufbau erleichtert dem Leser nachvollziehendes Verständnis und ermöglicht begründete Stellungnahmen und Kritik.

1.1.2.3 Prinzipien empirischer Forschung

Das Beispiel eignet sich dazu, um einige Prinzipien empirischer Forschung zu verdeutlichen und zwar:
— Operationalisierung
— Quantifizierung (Messung)
— Repräsentanz
— Reduktion.

Das erste Prinzip, *Operationalisierung*, haben wir anläßlich der Begriffsproblematik (S. 23) schon kennengelernt. Dieses Prinzip fordert, daß theoretische Begriffe zum Zweck empirischer Untersuchung in Handlungen umzusetzen sind. So ist die unabhängige Variable „Meinung", „Vorurteile" in unserem Beispiel durch die Auswirkungen der „Nebenbemerkung in der Versuchsanweisung" (leistungsbeste und leistungsschwächste Schüler) operationalisiert. Diese Instruktion soll gewissermaßen das Vorurteil herstellen. Das Beispiel entspricht auch der Tendenz, daß empirische Arbeiten in der Regel mit dem Versuch der *Quantifizierung* verbunden sind: Quantifizierung erlaubt erst die Abschätzung des Ausmaßes untersuchter Effekte (hier der Grad der Urteilsbeeinflussung). Im Beispiel wird allerdings lediglich die abhängige Variable quantifiziert.

Statistische Darstellungen und Analysen sind auf Quantifizierungen angewiesen. In unserem Beispiel kann etwa das Verteilungsbild der Versuchsanordnung a (schlechte Schüler) mit dem der Versuchsanordnungen b (gute Schüler) verglichen werden (s. Tab. 1). Dabei entsteht zwar der Eindruck, daß die Hypothese bestätigt wurde. Erst das Ausmaß des Unterschieds und die Größe der Stichprobe entscheiden jedoch darüber, ob die Differenz wesentlich oder nur zufällig ist. Auf die Darstellung und Begründung der dabei angewandten statistischen Signifikanztests (hier der *Wilcoxon*-Test) kann hier nicht eingangen werden.[8]

Wenn verallgemeinerungswürdige Aussagen angestrebt werden, dann ist es einleuchtend, daß sich die experimentelle Planung nicht mit Einzelbeobachtungen zufriedengeben kann, sondern möglichst eine Vielzahl von Beobachtungen heranziehen sollte.

Dabei ist es wichtig, daß die Auswahl der Beobachtungen, bzw. der Fälle, Rückschlüsse auf den gesamten Aussagenbereich zuläßt.

Wenn etwa der Autor unseres Beispiels die Beeinflussung des Lehrerurteils allgemein hätte nachweisen wollen, dann hätte er eine „repräsentative Stichprobe" von Lehrern untersuchen müssen. Diese Gruppe hätte entweder ein zahlenmäßig verkleinertes Abbild der Lehrerschaft (z. B. nach Alter, Geschlecht, Schulart usw.) sein müssen (Quoten-Stichprobe) oder man hätte sie zufällig (z. B. nach Losverfahren) aus der Gesamtgruppe auswählen müssen (Zufallstichprobe). Unser Autor hat das nicht beabsichtigt und seine Fragestellungen und Folgerungen von vornherein begrenzter formuliert.

Streng genommen wäre die Frage erlaubt, inwieweit die Realität schulischer Beurteilung in diesem Experiment repräsentiert ist. Einige Bedingungen sind anders: Maschinenschrift der Aufsätze; kein persönlicher Kontakt zu den Schülern; minimale, aber vorurteilsetzende Informationen. So wird an diesem Beispiel auch deutlich, daß die empirische Forschung – besonders das Experiment – immer das Dilemma mit sich bringt, einfache und kontrollierte Untersuchungssituationen herzustellen, um einen Zusammenhang zwischen abhängigen und unabhängigen Variablen möglichst ohne störende Einflüsse zu testen. Auf der anderen Seite entfernt gerade die nötige Kontrolle der Untersuchungssituation leicht von der Wirklichkeit. Es gehört zu den Allgemeinplätzen, daß die soziale Wirklichkeit zu komplex ist, als daß man sie vollständig erfassen könne. Von da her ist eine *Reduktion* der Realität in empirischen Methoden unabdingbar.

1.1.2.4 Die wichtigsten empirischen Methoden

– Beobachtung
– Befragung
– Experiment
– Feldexperiment

Beobachtung:
Hier handelt es sich um eine Gruppe von Erhebungsmethoden, die sehr häufig in sozialpsychologischen Experimenten und Erkundungen eingesetzt werden. Beobachtung zur Datenerhebung ist auf Wirklichkeitsreduktion angewiesen und insofern stets von Vorannahmen, Begriffen, Kategorien und – im weiteren Sinne – Theorien abhängig. Die meisten Wissenschaftstheoretiker sind sich darin einig, daß eine völlig unvoreingenommene Beobachtung sozialen Geschehens eine Fiktion ist. Beobachtungsmethoden kann man nach dem Grad ihrer Strukturierung und Operationalisierung einteilen oder nach dem Grad der Beteiligung des Beobachters unterscheiden (Selbst-, Fremdbeobachtung; teilnehmende Beobachtung; unwissentliche Beobachtung).

Befragung:
In der empirischen Sozialforschung werden häufig mehr oder weniger standardisierte Befragungs-(Interview-)methoden angewendet, um bedeutsame Variablen zu erheben. Die Problematik dieser Methoden liegt u. a. in ihrem sozialen Charakter: der Befragte kann meist selbst bestimmen, was und wie er etwas berichtet oder einschätzt. Er kann sich dabei sowohl auf seinen Partner als auch auf dessen vermutete Befragungsabsicht einstellen und seine Antworten danach ausrichten. Seine verbalen Äußerungen müssen nicht unbedingt seinen Verhaltensweisen entsprechen. Sowohl Beobachtung als auch Befragung können auf die Messung der bedeutsamen Variablen hinzielen.

Experiment:
Das Experiment wurde aus der klassischen Naturwissenschaft in die Psychologie übernommen. Die Untersuchungssituation wird für den Untersuchungszweck künstlich hergestellt. Operationalisierung und Quantifizierung unabhängiger und abhängiger Variabler ist möglich. Die Reduktion von Wirklichkeit ist offensichtlich, da störende Variablen kontrolliert oder ausgeschaltet werden müssen; daher ist die Repräsentanz oft eingeschränkt.

Neuere Untersuchungen zur Sozialpsychologie des Experiments stellen eine naiv-positivistische Verwendung dieser Methode in der Psychologie in Frage[9] und betrachten die Interaktion Versuchsleiter – Versuchsperson als soziales Geschehen, als Rollenbeziehung im gesellschaftlichen Kontext.

Feldexperiment:
Während das Laborexperiment die Beobachtungssituation herstellt, bezieht sich das Feldexperiment auf vorfindliche soziale Felder (z. B. Schulklassen), in die allenfalls neue unabhängige Variablen eingeführt werden, deren Auswirkungen zu überprüfen sind. Hier werden störende Einflüsse oder unkontrollierte Randbedingungen, zufällige (nicht-repräsentative) Merkmalshäufungen oder fehlende Vergleichsmöglichkeiten häufig zu weniger allgemeingültigen Ergebnissen führen. Der Vorteil dieser Methode besteht in der größeren Lebensnähe: die Versuchspersonen agieren unbefangener in einem ihnen vertrauten Bereich. Es versteht sich von selbst, daß die hier skizzierten Methoden keineswegs allein der Sozialpsychologie gehören, sondern auch in anderen Sozialwissenschaften angewandt werden (→ s. 1.2).

1.1.2.5 Kritik am empirisch-positivistischen Wissenschaftskonzept – Alternativen

Kritische Einwände gegen empirische Wissenschaftskonzepte werden zum Teil auch von den Anhängern dieser Orientierung akzeptiert und übertriebenen Erwartungen entgegengehalten. Sie richten sich vor allem gegen die Illusion:

„als sei der jeweils verkündete Stand einer Wissenschaft endgültig, als gäbe es gefüllte Flächen auf einer Landkarte und ein paar weiße Flecken, die demnächst ausgemalt werden können. Empirische Wissenschaft ist kein Verfahren der Komplettierung mit einem endlichen Ziel".[10]

Ein wesentlicher Grundsatz einer selbstkritischen Auffassung empirischer Wissenschaft ist das Falsifikationsprinzip. Demnach ist es für die empirischen Wissenschaften logisch unmöglich, absolute Wahrheiten zu beweisen (verifizieren), es ist allenfalls ihre Aufgabe, empirisch widerlegbare Sätze aufzustellen und zu untersuchen. Um eine Hypothese zu widerlegen (falsifizieren), reicht streng genommen ein einziger beobachteter Fall aus; um eine Hypothese für alle Zukunft absolut sicher zu beweisen, reicht auch die größte Anzahl von bestätigenden Fällen nicht aus.

Die wissenschaftstheoretische Kritik des Positivismus bzw. des kritischen Rationalismus wurde besonders von seiten der sogenannten „Kritischen Theorie" formuliert.[11] Die Argumentation hat zweifellos einige Schwäche, Lücken und Einseitigkeiten aufgedeckt, aber kaum zu alternativen Konzepten empirischer Forschungspraxis geführt.

„Die kritische Theorie fand ihre vornehmliche Aufgabe in einer historisch orientierten Ideologiekritik des vorherrschenden Wissenschafts- und Kulturbetriebs, die ihr Pathos schon aufgibt, wenn sie sich auch nur zu empirischen Untersuchungen, zur detaillierten analyse historisch vorfindlicher Umstände herabläßt."[12]

Andere wichtige Ansätze empirischen Arbeitens sieht *Mertens* (a.a.O.) in Psychoanalyse und Handlungsforschung.

Beide Ansätze werden nur kurz angedeutet. Wir kommen an einigen Punkten später darauf zurück.

Psychoanalyse:
Diese Orientierung steht dem Erkenntnisgewinn durch Beobachtung und Befragung eher skeptisch gegenüber und versteht empirische Methodik vorwiegend im Sinne eines interaktiven Verstehensprozesses: Der Psychoanalytiker versucht, sich in das Erleben seines

Gegenüber einzufühlen, er versucht mit ihm zusammen in einem möglichst herrschaftsfreien Verhältnis vergangene Interaktionserfahrungen zu rekonstruieren. Er gelangt auf diese Weise durchaus zu sozialpsychologischen Aussagen, die die Subjektivität und auch das Unbewußte (− nicht direkt Beobacht- und Erfragbare −) mit zu berücksichtigen versuchen. (Beispiel: psychoanalytische Sozialisationstheorie, psychoanalytische Vorurteilsforschung, psychoanalytische Gruppenforschung)

Handlungsforschung:
Dieses Konzept versucht Forschung und Anwendung, Erkenntnisse und Veränderung zu integrieren, indem etwa Betroffene (z. B. Gastarbeiter) nicht bloß Objekte der Untersuchungen sind, sondern an der Zielsetzung von Forschungs- und Veränderungsstrategien beteiligt werden. Dabei werden nach *Haeberlin*[13] drei methodische Prinzipien verfolgt:
1. Verstehende Lebensweltanalyse unter bewußter Berücksichtigung unterschiedlicher Realitätsperspektiven der Betroffenen.
2. Permanente Kommunikation der Beteiligten, die die gegenseitigen Orientierungen durchsichtig und revidierbar macht. Es wird versucht, die ‚Subjekt-Objekt'-Trennung ‚Forscher-Versuchsperson' aufzuheben.
3. Praktischer Erfolg. Ziel der Handlungsforschung ist nicht bloße Erkenntnis oder Bestätigung resp. Falsifikation von Theorien, sondern konkrete Innovation der Praxis.

1.1.2.6 Zusammenfassung

Nach diesen notgedrungen etwas fragmentarischen Streiflichtern auf Wissenschaftstheorie und empirische Methodik wollen wir eine kurze zusammenfassende Charakterisierung von Sozialpsychologie als Wissenschaft versuchen:
1) Wissenschaftliche Aussagen sind auf möglichst genaue Mitteilung des Erkenntniszusammenhangs, der methodischen Bedingungen und der Erfahrungsgrundlage angewiesen. Sie sollten nachprüfbar sein.
2) Es gibt verschiedene wissenschaftstheoretische Positionen und auch historisch wechselnde Grundanschauungen, die ein geschlossenes, in sich stimmiges Wissenschaftsgebäude nicht erwarten lassen.

3) Sozialwissenschaftliche Aussagen dürften vom jeweiligen kulturellen und sozial-historischen Kontext abhängig sein, so daß ihr Geltungsbereich nur mit großer Vorsicht zu generalisieren ist.
4) Sozialwissenschaftliche Aussagen, aus empirischen Untersuchungen abgeleitet, können aus logischen Gründen nie mit absolutem Wahrheitsanspruch auftreten. Sie können lediglich Geltung behalten, solange sie nicht falsifiziert sind.
5) Ein vollständiges Abbilden oder Erfassen der komplexen sozialen Wirklichkeit ist einer empirischen Sozialpsychologie nicht möglich. Sie ist auf theoriegeleitete, möglichst begründete Reduktion von Realität und auf Kontrolle von Störvariablen angewiesen.

1.1.3 Die naive Sozialpsychologie als Gegenstand der wissenschaftlichen Sozialpsychologie

Wenn wir in den vorangegangenen Abschnitten zwischen der ‚Laien'-Sozialpsychologie und der wissenschaftlichen Sozialpsychologie unterschieden haben, dann könnte es so aussehen, als sei die erste Ebene nur etwas, das durch die strenge und systematische Wissenschaft aufgehoben wird und uns darum nicht weiter beschäftigen müsse. Die privaten Auffassungen vom menschlichen Verhalten sind demnach „vorwissenschaftlich" und für den geordneten Erkenntnisprozeß wertlos.

Lange hat man diese Konsequenz gezogen. Dagegen läßt sich allerdings einwenden, daß die naiven Theorien offenbar im alltäglichen Leben eine kaum zu überschätzende verhaltensbestimmende Rolle spielen.

Wenn diese subjektiven Erklärungs- und Deutungssysteme aber von so großer Wichtigkeit sind, dann kann eine wissenschaftliche Sozialpsychologie — die ja beansprucht, verallgemeinerungswürdige Aussagen über Sozialverhalten zu liefern —, dann kann diese Wissenschaft an den Alltagstheorien nicht vorübergehen, sondern sollte sie untersuchen und in ihren wissenschaftlichen Theorien und empirischen Analysen mit berücksichtigen. Wir müssen befürchten, daß eine Vernachlässigung dieser subjektiven Erklärungssysteme zu unrealistischen, unvollständigen und damit zu unwissenschaftlichen Ergebnissen führen würde.

Beispiel:
Das Verständnis schulischer Mißerfolge wurde durch die Berücksichtigung von Laientheorien sehr erweitert und vertieft. Hatte man vorher versucht,

z. B. nach Persönlichkeitseigenschaften, nach erblichen oder milieubedingten Belastungsfaktoren oder nach behindernden Unterrichtsmethoden zu fragen, so zeigte sich in einer Untersuchung von Elfriede *Höhn*[14], daß viele der Beteiligten (Lehrer, Mitschüler, auch die Betroffenen selbst) bei schlechten Schulleistungen ein recht starres, mit anderen negativen Kennzeichnungen gekoppeltes Erwartungs-, Vorstellungs- und Erklärungsschema aktivieren. Dieses sogenannte Stereotyp führt nicht selten zu einer Verfestigung von Mißerfolgserwartungen und Versagenserlebnissen. (Stigmatisierung).

Ziel einer angewandten Sozialpsychologie ist es natürlich, Laientheorien nicht auf sich beruhen zu lassen und hinzunehmen, sondern sie, soweit es möglich ist, durch wissenschaftliche Vorstellungen zu korrigieren und kritisieren.

Wir werden allerdings immer wieder feststellen, daß die Konkurrenz der Laientheorie von der Wissenschaft oft nicht zu schlagen ist, denn die Laientheorie hat der Wissenschaft einiges „voraus":
— sie wird spielend mit Widersprüchen fertig
— sie begnügt sich mit ad-hoc-Erklärungen
— sie paßt ihre Begriffe und Kategorien trotz schablonenhafter Denkweise der jeweiligen Situation schnell an.

Was hat die Wissenschaft demgegenüber zu bieten?
— Das Bemühen um Widerspruchsfreiheit und logische Stringenz
— das Bemühen um allgemeingültige, überprüfbare Aussagen
— das Bemühen um klare Definitionen und Operationalisierungen.

Im Alltag wiegen diese Vorzüge oft nicht schwer. Die Frage, ob Praxis von der Wissenschaft profitieren kann, ist nicht so leicht zu beantworten. Wie mit dem Glauben an den Nutzen von *Aufklärung* — die sich vielleicht zunächst eher auf Wissen und Kenntnisse bezieht — kann sich mit der Vermittlung wissenschaftlicher Aussagen auch das Ziel der praktischen *Befähigung* verbinden. Dieses Lehrziel braucht durchaus nicht nur durch die Darbietung konkreter Handlungsanweisungen angestrebt zu werden, sondern auch durch ein Bewußtmachen von Handlungsalternativen und möglichen Beschränkungen, die aus der vorwissenschaftlichen Einstellung hervorgehen. Die Gefahr, vor lauter Wissen und vor lauter theoretischer Relativierung handlungsunfähig zu werden, wird dabei im allgemeinen überschätzt: es zeigt sich eher, daß das subjektive Gefühl der Handlungs- und Entscheidungssicherheit mit differenzierten Kenntnissen zunimmt, wobei es natürlich immer den „Theoretiker" gibt, der hinter seinem Wissen Schutz vor den Gefahren der Praxis sucht!

Der für eine empirische Wissenschaft naheliegende Weg, den Wert und Nutzen der eigenen Befunde für konkrete Praxisfelder wiederum empirisch zu ermitteln, wurde eigenartigerweise bisher kaum beschritten. Ausnahmen — besonders im Bereich ökonomisch orientierter Anwendungsfelder — unterstreichen allerdings die Verwertbarkeit.

Die aufklärende Verbreitung von psychologischen Aussagen kann einmal gefundene empirische Ergebnisse verändern. Darin zeigt sich deutlich, daß Menschen keine automatisch „organismisch" reagierenden Wesen sind, wie es eine naturwissenschaftliche Konzeption von Psychologie unterstellt. Neues Wissen kann empirisch gefundene „Gesetze" außer Kraft setzen.

Beispiel:
Nach einer Untersuchung an Polizeibeamten können „einsichtige", „höfliche" Verkehrssünder damit rechnen, innerhalb der Ermessensspielräume des Polizisten bei Verwarnungsgeldern billiger wegzukommen als Verkehrssünder, die sich renitent und „uneinsichtig" verhalten.[15]
Wenn dieser Befund in das Ausbildungsprogramm von Polizeibeamten Eingang fände, könnte es zu Gegenreaktionen kommen, so daß der gefundene Zusammenhang sich reduziert oder gar ganz verschwindet. In der gleichen Untersuchung konnte man für den Satz „Die Kleinen hängt man und die Großen läßt man laufen" keinen empirischen Beleg finden. Die Autoren vermuten, daß sich darin u. U. eine Gegenreaktion der befragten Polizisten gegen Forschungsergebnisse sozialkritischer Kriminologen zeigt, nach denen „sozialprivilegierte Personen, auch bei relativ beträchtlichen Delikten, billig wegkommen."

Im Zeitalter der Massenkommunikation hat der Sozialwissenschaftler unbedingt auf mögliche Wechselbeziehungen zwischen Alltagswissen und Wissenschaft zu achten. Gerade weil in vielen Lebensbereichen nach psychologischen Hilfen gefragt wird, werden diese Wechselwirkungen laufend intensiviert und tragen zur Veränderung des Verhaltens bei. Hierin liegt nur eine von mehreren Ursachen für die dauernde Vorläufigkeit sozialpsychologischer Aussagen.

1.2 Zum Gegenstand der Sozialpsychologie

1.2.1 Sozialpsychologie zwischen Soziologie und Psychologie

Ist Sozialpsychologie eine Grenzwissenschaft zwischen Soziologie und Psychologie? „Grenze" ist allerdings eher eine gedachte Trennungslinie und kein Bereich. So wäre vielleicht die Vorstellung eines Überschneidungsgebietes angemessener:

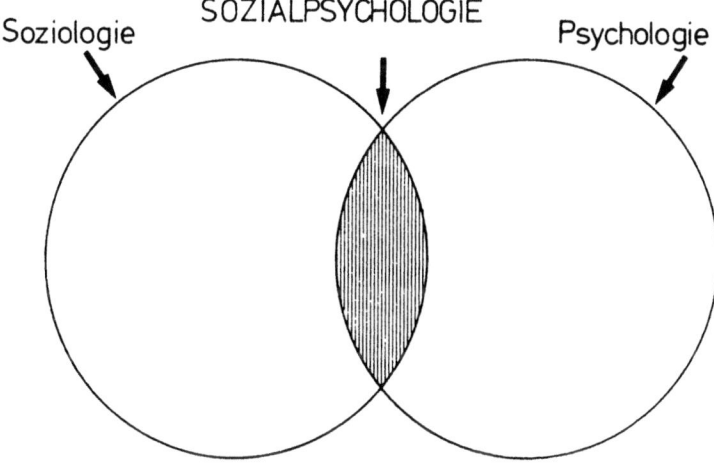

Warum aber heißt das Schnittgebiet nicht ebensogut „Psychosoziologie"?[16] Vielleicht, weil es traditionell mehr von der Psychologie her „besiedelt" worden ist.

Die herkömmliche Allgemeine Psychologie ist nicht zu Unrecht als „a-soziale" Wissenschaft[17] bezeichnet worden, da sie ihr Unterschungsobjekt aus sozio-kulurellen Beziehungen aus Gründen methodisch-empirischer Präzision zu isolieren versuchte. In Analogie könnte man argumentieren, daß schließlich die physikalischen Fallgesetze auch nicht am Verhalten von Herbstblättern oder Fallobst untersucht werden, sondern unter Reduktion der natürlichen Bedingungen (etwa im Vakuum, bei bestimmten Gewichten, Körperformen etc.). Auf der anderen Seite wurde aber gerade in der Psychologie deutlich, daß Präzision und Exaktheit mit dem Verlust von Lebensnähe oder Praxisbezug erkauft wurden. Viele Befunde der Allgemeinen Experimentalpsychologie erscheinen trivial oder praxisfern. So war es nicht verwunderlich, daß psychologische Fragen in die sozial-kulturelle Dimension hinaus „verlängert" werden mußten.

Das Schema soll diesen Prozeß verdeutlichen:

SOZIALPSYCHOLOGIE

Psychologie

- sozial-kulturelle Bedingungen des Verhaltens und Erlebens

- **Allgemeine Psychologie**
  - Motivation
  - Wahrnehmung
  - Denken
  - Lernen
- **Persönlichkeitspsychologie**
- **Entwicklungspsychologie**

Ein Beispiel für diesen Prozeß stellen die Untersuchungen über „soziale Klimata" von Kurt *Lewin* und seinen Schülern dar.
Er wies u. a. nach, daß
— Verhalten und Leistung von Jugendlichen nur unzureichend durch Antriebe, Fähigkeiten, Persönlichkeit etc. erklärt werden kann. Es ist wichtig, das soziale Klima (z. B. „autoritär", „demokratisch") mit zu beachten,

— bei Jugendleitern Verhalten und Wirkung weniger durch ihre
„Persönlichkeit" bestimmt wurden, als durch die „Rolle" (autokratisch, demokratisch, laissez-faire), die ihnen zu spielen aufgegeben war.[18]

Der Soziologe R. *König* sieht allerdings die Sozialpsychologie als eine aus „Grundfragen der allgemeinen Soziologie hervorgetriebene, verselbständigte Teildisziplin".[19] Aus seiner Definition empirischer Soziologie ist das folgende Schema abgeleitet:

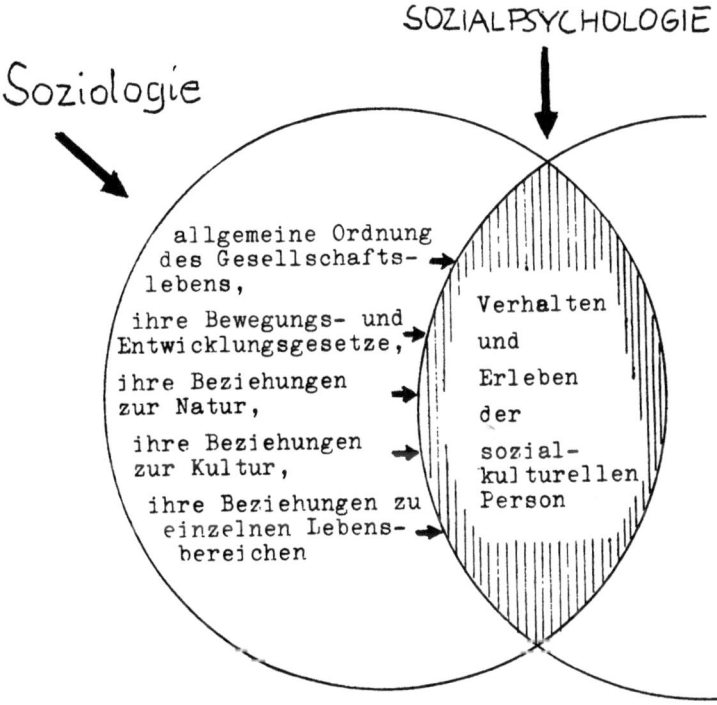

Wenn wir die beiden Schemata zu dem Schnittbild am Anfang dieses Kapitels vereinigen, dann wird die Zwischenposition der Sozialpsychologie konkretisiert.

Es ist müßig darüber zu streiten, welche Disziplin im Teilbereich Sozialpsychologie zu herrschen hat. Sinnvoller dürfte es sein, von unterschiedlichen Akzenten und Perspektiven auszugehen: Grob gesagt liegt der Akzent soziologischer Analysen auf sozialen Strukturen und Systemen, während die Psychologie mehr das Individuum betrachtet. Daraus ergibt sich für die Sozialpsychologie die Möglichkeit verschiedener Perspektiven und Interpretationsweisen für die gleichen Phänomene.

1.2.2 Abgrenzung des Gegenstandsbereichs der Sozialpsychologie

Wenn sozialpsychologische Kenntnisse vermittelt werden sollen, dann wird man auch eine Definition und eine Gegenstandsbestimmung dieses Wissenschaftsbereichs erwarten. Eine solche Klärung sollte weniger Selbstzweck sein, sie sollte vielmehr die Themenauswahl begründen und den Standpunkt des Autors verdeutlichen.

Eine weithin akzeptierte Definition stammt von G. W. *Allport* (1968):

Sozialpsychologie ist „der Versuch, zu verstehen und zu erklären, wie das Denken, Fühlen und Verhalten von Individuen durch die reale, vorgestellte oder implizite Anwesenheit anderer beeinflußt wird"[20]

Kürzer versucht M. *Sherif* (1963) die Aufgaben der Sozialpsychologie zu bestimmen:

Sozialpsychologie ist „das wissenschaftliche Studium des Erlebens und Verhaltens von Individuen in bezug auf soziale Reizsituationen"[21]

Nach T. M. *Newcomb* u. a. ist Sozialpsychologie

„Die Untersuchung menschlicher Interaktion".[22]

Wie alle verbalisierenden Definitionen führen allerdings auch diese auf neue Fragen:

– *Was ist Verhalten?*

(So paradox es klingt: auch das was nicht getan wird, ist sozial bedeutsam. Ist z. B. Schweigen ein Verhalten? Gibt es überhaupt Nicht-Verhalten?)

– *Was sind soziale Reizsituationen?*

(Ist auch durch die „vorgestellte oder implizite Anwesenheit anderer" eine soziale Reizsituation gegeben?)

— *Was ist Interaktion?*

(Interaktion ist zweifellos — ähnlich wie Kommunikation — ein sehr vielschichtiger Sammelbegriff, der von manchen mit sozialem Verhalten schlechthin gleichgesetzt wird, für andere nur konkretes, aufeinander bezogenes Handeln anwesender Personen bedeutet. → s. a. Teil 3)

Es kann sich angesichts dieser Fragen bei den referierten Definitionen des sozialpsychologischen Gegenstands- und Aufgabengebietes nur um hinweisende Umschreibungen handeln. Sie reichen keinesfalls für eine strikte Abgrenzung eines sozialpsychologischen Territoriums aus.

Bei Gegenstandsbestimmungen von Wissenschaftsdisziplinen begegnet uns allzuoft eine Art Revier-Denken, so als ob bestimmte Phänomene dieser und anderer jener Wissenschaft zuzuordnen seien.

Es dürfte deutlich werden, daß Sozialpsychologie offenbar kein eigenständiges Wissenschaftssystem für einen umschriebenen Gegenstandsbereich ist. Vielmehr haben wir es mit einer Perspektive zu tun, die im konkreten Fall natürlich durch beliebig viele weitere Perspektiven ergänzt werden kann (z. B. ökonomische, pädagogische, ethische, physiologische, biologische, ethnische, etc., um nur einige zu nennen, deren Relevanz für soziales Verhalten und Erleben offenkundig ist.)

Aus der Tatsache, daß zum Verständnis sozialen Geschehens wechselnde Perspektiven möglich und nötig sind, ergeben sich die folgenden Feststellungen:
— soziales Geschehen ist sozialpsychologisch nicht vollständig verstehbar, sondern nur perspektivisch ausschnitthaft,
— andere Perspektiven ergänzen die sozialpsychologische Deutung, ersetzen sie aber nicht unbedingt oder machen sie gar überflüssig.

Wenn sich Sozialpsychologie nicht deutlich durch ihren Gegenstand und ihre Aufgaben von anderen Wissenschaftsdisziplinen unterscheidet, dann müssen wir ergänzen, daß auch die Methoden keine Abgrenzung erlauben. Beobachtung, Befragung, Experiment und Feldexperiment dienen ebensogut anderen Herren.

Nach diesen — zugegebenermaßen etwas frustrierenden — Versuchen, zu einem Selbstverständnis unserer Thematik zu gelangen, bleibt uns nur die Zustimmung zu M. *Irle,* der „nicht mehr beansprucht, als daß Sozialpsychologie ein mehr oder minder willkürliches Konglomerat von Theorien und deren empirischen Prüfungen zur Erklärung menschlichen Verhaltens jeglicher Art sei".[23]

1.3 Welches sind die wichtigsten sozialpsychologischen Phänomene?

1.3.1 Elementare sozialpsychologische Phänomene?

Das Fragezeichen hinter diesen Überschriften ergibt sich zum Teil aus unseren bisherigen Überlegungen:
- zum einen gibt es offenbar keine Verhaltensweisen, Ereignisse oder Erlebnisse, die ausschließlich sozialpsychologisch sind – andere Wissenschaftsperspektiven beziehen sich auf dieselben Gegenstände,
- zum anderen gilt das Prinzip der Perspektivität offenbar auch innerhalb sozialpsychologischer Fragen: Ein und dasselbe Verhalten oder Geschehen (etwa ein Gespräch) kann beispielsweise einmal unter dem Gesichtspunkt „Motivation" ein anderes Mal unter dem „Wahrnehmungs"- oder „Verstärkungs"-aspekt gesehen werden, ohne daß die eine dieser verschiedenen Ansichten grundlegender als die andere wäre.

Somit dürfte die Suche nach einem sozialpsychologischen „Urphänomen" kaum sinnvoll sein; trotzdem finden wir in der Literatur wertende Gewichtungen dieser Art, die nicht nur aus didaktischen Überlegungen oder als Darstellungsproblem zu erklären sind.

Zu Beginn der modernen Sozialpsychologie, im Jahre 1908, erschien als eines der beiden ersten Bücher mit diesem Titelbegriff W. Mc *Dougall*'s „Introduction to social psychology". Mc *Dougall* versuchte, soziales Verhalten ausdrücklich auf grundlegende Antriebskräfte („Instinkte") zurückzuführen. Er nahm damit die Motivationskomponente als sozialpsychologisch elementar an.

Ein anderer Bezugspunkt ist die Wahrnehmung. Besonders die Ordnungs- und Gestaltungsleistungen der menschlichen Wahrnehmung wurden als grundlegend für soziale Orientierung und Kategorisierung herausgestellt. (→ s. dazu Teil 2).

In Beziehung dazu stehen auch Ansätze, die Einstellungen, Vorstellungsbilder (soziale Stereotype) in den Mittelpunkt stellen. Mit „Soziale Wertungen" umschreibt *Hofstätter* den Aspekt, „um den die Sozialpsychologie das herkömmliche Analyseschema bereichert".[24] Für *Hartley* und *Hartley* ist Kommunikation

„das grundlegende soziale Geschehen".
„Kommunikation ist der Träger des sozialen Geschehens".[25]

Es scheint, daß die Betonung dieses und des verwandten Interaktionsbegriffs

„der theoretisch gefährlichen Polarisierung Individuum vs. Gesellschaft entgegenwirkt, indem sie stärker, als es früher der Fall war, das was zwischen Mir und dem oder den Anderen, zwischen Individuum und Gruppe oder Gesellschaft geschieht, zu artikulieren gestattet."[26]

Beide Begriffe sind allerdings als Sammelbegriffe schwer abgrenzbar, so daß sie zuweilen sogar global mit sozialem Verhalten gleichgesetzt werden. Insofern führt die Suche nach dem Elementaren leicht in die Weite des Allgemeinen.

So nimmt es nicht wunder, wenn ein anderer Autor *(Argyle)* gerade den Globalbegriff Interaktion wiederum in „Elemente des Sozialverhaltens" zu zerlegen versucht:[27] Er unterscheidet dabei nicht-verbale und verbale Elemente und kommt zu einer differenzierten, wenn auch nur locker systematischen Aufzählung:

Nicht-verbale Verhaltenselemente	Verbale Verhaltenselemente
Taktile und visuelle Reize – Körperkontakt – Körperhaltung – äußere Erscheinung – Mimik und Gestik – Blickrichtung	
	Nichtverbale Aspekte des Sprechens – zeitliche Abstimmung des Sprechens – Sprechfehler – Akzent
	Verbales Verhalten – Arten von Äußerungen – linguistische Struktur von Äußerungen
Zusammenwirken von nichtverbalen und verbalen Elementen – Die Verbindung von verbalen und nicht-verbalen Elementen – verbale und nichtverbale Signale als Alternativen – Muster und Gruppen von Elementen – Strategien	

Man sieht an den Aufzählung *Argyles,* die wir hier übersichtlich zu schematisieren versucht haben, daß der Begriff „Element" hier durchaus großzügig und pragmatisch verwendet wird, denn es werden nicht nur isolierte Einzelphänomene betrachtet, sondern auch Sequenzen und Strategien in der Interaktion. *Argyles* Ansatz ist auch ein Beispiel dafür, wie sich die neuere Sozialpsychologie bemüht, Beiträge anderer Wissenschaften, wie z. B. der Ethologie (vergleichende Verhaltensforschung) oder der Linguistik zu integrieren. Zugleich mag diese Aufzählung einen Eindruck davon geben, wieviele einzelne Dimensionen im sozialen Geschehen analysierbar sind.

1.3.2 Begriffliche Probleme der Sozialpsychologie

Zunächst hatte ich vor, in diesem Abschnitt die „elementaren" Phänomene aus dem Vorhergehenden näher zu charakterisieren und zu definieren. In der Zwischenzeit sind mir jedoch Zweifel gekommen, ob eine vorbereitende, kommentierte Einführung in Grundbegriffe sinnvoll ist. Diese Zweifel wurden durch die Lektüre eines interessanten Buches genährt[28] und führten dazu, daß dieser Abschnitt paradox formuliert werden soll, indem ich darzustellen versuche, weshalb ich keine Aufzählung von Begriffsdefinitionen anbieten möchte.

Müßte eine Aufzählung von zentralen Begriffen nicht zu einem *Begriffsrealismus* verleiten? Begriffsrealismus ist die naive Vorstellung, es gäbe in der Realität den Gegenstand, z. B. „Kommunikation" oder „Aggression", und die Definition hätte diesen realen Gegenstand möglichst genau zu beschreiben. Diese eindeutige Realität sozialpsychologischer Gegenstände ist aber keineswegs vorauszusetzen.

Wir haben früher (1.1.2) anläßlich der Forderung nach präzisem wissenschaftlichen Sprachgebrauch auf Bedeutungsdifferenzen von Worten zwischen Wissenschafts- und Alltagssprache hingewiesen. Zu diesen Bedeutungsunterschieden kommt hinzu, daß im Alltagssprachgebrauch zumeist ein unreflektierter Begriffsrealismus selbstverständlich ist und von daher allzuleicht auch auf wissenschaftliches Denken übergreift.

Versucht man, Bemühungen um wissenschaftliche Definitionen von Grundbegriffen wie „Kommunikation", „Interaktion", „Einstellung" etc. zu überblicken[29], so wird man auf der Suche nach schlüssigen Definitionen regelmäßig frustriert:

— es gibt keine einheitlich akzeptierten handlichen Definitionen,
— es gibt offenbar auch keine fortschreitende Entwicklung zu einem Konsens,

— man trifft vielmehr auf unterschiedliche Bestimmungen, die offenbar je nach Voraussetzungen, Zielen, Untersuchungssituation variieren.

Nach *Innerhofer* u. a.[30] sind diese Schwierigkeiten dann überwunden, wenn man Begriffe funktional

> *„als eine Art Werkzeug"* (versteht) ... und *„Werkzeuge" finden wir nicht, sondern wir konstruieren sie zu einem bestimmten Zweck (...). Im funktionalen Modell müßte also zunächst die Frage beantwortet werden, wozu der Begriff dienen und welche Anforderungen er erfüllen wolle."*

Bei einigen psychologischen Begriffen handelt es sich um Konstruktionen, die nicht direkt beobachtbar sind, sondern nur erschlossen, bzw. hypothetisch angenommen werden. Beispiel dafür wären: „Einstellung" „Vorurteil", „Motiv".

Diese „hypothetischen Konstrukte", wie sie in der Wissenschaftstheorie genannt werden, bringen die Gefahr der Verdinglichung oder der „Reifikation" mit sich. Reifikation heißt die Überzeugung, daß einem Namen auch etwas Existierendes entsprechen müsse. Das geht oft so weit, daß man so tut, als ob für psychologische Konstrukte wie etwa „Intelligenz", „Motivation" u. ä. materielle Substrate vorhanden seien.

> *„Der Begriff des hypothetischen Konstrukts vermittelt also die Vorstellung, daß das, was beobachtet wird, nicht das eigentliche ist."*[31]

Es gilt also, sich bei der wissenschaftlichen Begriffsverwendung vor den Fallstricken des Begriffsrealismus einerseits und der Reifikation andererseits zu hüten. Die funktionale Auffassung von Begriffen baut durchaus auf unserer früheren Forderung nach sprachlich präziser und möglichst operationalisierter Begriffsbestimmung auf. Sie läßt uns aber skeptisch gegenüber Definitionen sein, wie sie etwa ein Glossar oder ein Lexikon zu liefern vermag. Nur, wenn wir uns dessen bewußt sind, daß auf diese Weise lediglich umschreibende Hinweise möglich sind, nur dann werden wir bei jeder konkreten Begriffsverwendung die nötigen weiterführenden Fragen nach der jeweiligen Funktion des Begriffs stellen können.

1.4 Sozialpsychologie und Erziehungswissenschaft

1.4.1 Sozialpsychologie als „Hilfswissenschaft" für Erziehung

Zwei kurze Fallbeispiele von Konfliktsituationen im schulischen Bereich:

„Frank, der die 7. Klasse im Gymnasium auch beim zweiten Anlauf nicht geschafft hat, soll in die Hauptschule zurück. Er kommt in dieselbe Klasse, in der er vor seinem Übergang ins Gymnasium gewesen ist. Seine ehemaligen Klassenkameraden nehmen ihn allerdings nicht sogleich wieder in ihre Gemeinschaft auf, da er ihnen gegenüber, in seiner Zeit als Gymnasiast, ziemlich überheblich war. Mit Schadenfreude genießen sie, daß er wieder zu ihnen zurückkehren mußte. (...) In der Mathematikstunde stellt Herr L. den Schülern eine schwierige Aufgabe und fragt, wer sie an der Tafel lösen möchte. Da ruft einer der Schüler: ‚Fragen Sie doch unseren Gymnasiasten, der weiß ja doch alles besser als wir.'"[32]

„In der sechsten Woche nach seinem Dienstantritt hat der Junglehrer Herr N. den Auftrag, vor Unterrichtsbeginn die Schüler zu beaufsichtigen. (...) Auf dem Schulweg schließen sich ihm einige Schüler an. Sie unterhalten sich recht ungezwungen über das Fußballspiel vom Vortag, und alle finden dieses Gespräch ganz lustig, irgendwie so anders als sonst im Unterricht. Herr N. steuert auf das Hauptportal zu und die Schüler verabschieden sich, um den Hintereingang aufzusuchen. Da ruft er ihnen nach: ‚Kommt doch mit mir mit.' ‚Das dürfen wir nicht', ist die Antwort. ‚Aber wenn ihr mit mir geht, dann dürft ihr es schon', meint Herr N.

Auf der nächsten Lehrerkonferenz sagt Rektor T.: ‚Was ich noch erwähnen möchte – das Hauptportal soll weiterhin der Eingang für die Lehrkräfte bleiben. So haben wir es doch immer gehalten – oder sind Sie anderer Auffassung, Herr N.?'"[33]

Auf den ersten Blick sind diese Fallbeispiele recht beliebig. Sie sollen hier Situationen verdeutlichen, in denen sich im pädagogischen Bereich sozialpsychologische Fragestellungen ergeben können. Sicherlich werden die Fragen auch auf Konfliktlösungsmöglichkeiten hinauslaufen. Im ersten Fall könnte man z. B. von der Sozialpsychologie Hilfen zur Integration des abgelehnten „Außenseiters" erhoffen, im zweiten Fall z. B. Ratschläge zur Veränderung von Normen im Lehrerkollegium.

Zumeist richtet sich das Interesse auf verwertbare Problemlösungen. Man erwartet von der Psychologie Hilfe bei Schwierigkeiten und Störungen.

- Besonders deutlich ist diese Erwartung mit dem sozialpsychologischen Stichwort „Gruppendynamik" verbunden. Von diesem Bereich verspricht man sich Tips und Tricks für den möglichst reibungslosen Umgang mit Schülern, Kollegen und Eltern.
- Immer häufiger werden in der Schule „Fälle" ausgemacht, die zu Spezialisten, meist Psychologen überwiesen werden, von denen man Hilfe im Sinne von Therapie erwartet. Derartige Hilfsinstitutionen existieren entweder außerhalb der Schule (Erziehungsberatung) oder sind in der Schulorganisation etabliert (Schulpsychologie, Beratungslehrer).
- Nicht nur auf dem pädagogischen Büchermarkt, sondern offenbar auch in der Praxis hat seit einigen Jahren die von der behavioristischen Lernforschung inspirierte Verhaltensmodifikation Hochkonjunktur. Hier scheinen leicht verständliche und praktikable Methoden gezielte Verbesserungen von schulischen Lernvoraussetzungen im Bereich des sozialen Lernens zu ermöglichen.

Diese Beobachtungen lassen erkennen, daß die psychologische und auch die sozialpsychologische Hilfe in der Erziehung offenbar in steigendem Maß beansprucht wird. Nun sind steigende Anerkennung psychologischer Praxis und die wachsende Nachfrage nach Psychologie zunächst schmeichelhaft für die „junge Wissenschaft", die sich in ihrer kurzen Geschichte erst mühsam ein Gebiet eigener Kompetenz erkämpfen mußte. Oberflächlich gesehen könnte diese Entwicklung wie ein Fortschritt erscheinen:

Spezialisierung ermöglichst schließlich oft erst angemessene, problemgerechte und effektive Hilfsmaßnahmen (wie auch z. B. in der Medizin).

Dieser optimistische Fortschrittsglaube erscheint jedoch manchem naiv. Es lassen sich gewichtige Bedenken gegen eine spezialisierte psychologische Hilfe in der Erziehung – und nicht nur dort – vorbringen. Mit zwei Einwänden wollen wir uns auseinandersetzen:

Der Pädagoge H. v. *Hentig* formulierte die folgende These:

„Indem der Lehrer der Überforderung in seiner pädagogischen Funktion zu entfliehen sucht, bestärkt und vermehrt er unbewußt die Merkmale unserer Gesellschaft, die ihm das gestörte Kind bescheren. Er weicht vor der Pädagogik aus
- *in die therapeutisch-gruppendynamische ‚Behandlung' der Kinder,*
- *in die soziologische Schematisierung,*
- *in die mit den beiden voraufgegangenen Verhaltensweisen verbundenen Determinismen,*

— *in die Arbeitsteilung...*[34]
(Es folgen noch vier weitere Fluchtziele)

Max *Horkheimer* und T. W. *Adorno* kritisierten den Ruf nach psychologischer Hilfe bereits früher (1944) wesentlich allgemeiner und — wie mir scheint — wesentlich radikaler:

> *„Wo man unter Menschen Psychologie zu Hilfe ruft, wird der karge Bereich ihrer unmittelbaren Beziehungen nochmals verengt, sie werden sich auch darin noch zu Dingen."*[35]

Kann also die helfende Psychologie etwa pädagogisch problematisch sein und Entfremdung fördern? Kann Aufklärung über psychische Phänomene unsere Beziehungen verengen?

Diese Antithesen sind zweifellos nicht völlig von der Hand zu weisen. Allerdings würde man ihre Urheber sicherlich mißverstehen, wenn man sie nicht dialektisch auffassen würde.

Dazu scheinen die folgenden Anmerkungen wichtig zu sein:
— zumindest die erste These stelle die Bedeutung der Psychologie als Hilfswissenschaft für die Untersuchung von Erziehungs- und Bildungsprozessen nicht in Frage. Sie wendet sich aber sehr wohl gegen Tendenzen in der Erziehung, Pädagogik z. B. durch Psychologie zu ersetzen,
— die zweite These hat offenbar eine bestimmte simplifizierende Psychologie (Behaviorismus?) im Blick. Im übrigen ist zu fragen, was unter dem Begriff „unmittelbare Beziehungen" verstanden werden soll. Ist hier vielleicht ein naturhaftes, unreflektiertes Zu- oder Miteinander gemeint? Dann wäre die weitere Frage, wie eine solche Konzeption mit der Tatsache des Bewußtseins vereinbart werden kann.

So ergibt sich bei dialektischer Auffassung dieser Thesen:
— eine Skepsis gegenüber der naiven Vorstellung, Spezialisierung und Arbeitsteilung im sozialen Bereich sei immer Fortschritt,
— eine Warnung vor möglichen Gefahren durch eine Psychologisierung des Zusammenlebens, besonders der Erziehung, zumal, wenn es sich um stark reduktionistische psychologische Modelle handelt,
— die Forderung nach einer Psychologie, die einer Verengung der Beziehungen vorbeugen hilft,
— eine Bestätigung der Relevanz pädagogisch-psychologischer „Tatsachenforschung", bei der die Sozialpsychologie einen wichtigen Bereich ausmacht.

1.4.2 Sozialpsychologie als normensetzende, ethische Instanz

In diesem Abschnitt wollen wir zunächst die Erwartungen der Erziehungspraxis an die Sozialpsychologie mit dem Selbstverständnis von empirisch arbeitenden Sozialpsychologen konfrontieren. Das unterschiedliche Interesse wird an dem Problem der Lernzielbestimmung („Soll-Wert"-Problem) verdeutlicht.

Anschließend wird kritisch untersucht, ob die verbal vertretenen Theorien und Ziele mit dem Handeln übereinstimmen.

Anhand eines Aufsatzes von *Argyris* wird gezeigt, daß es verblüffende Entsprechungen zwischen den impliziten Handlungstheorien des Alltags − auch des erzieherischen Alltags − und denen der Sozialpsychologen gibt. Dieses weitgehend übereinstimmende implizite Handlungsmodell erscheint wegen seiner negativen Konsequenzen ethisch und sozial problematisch. Die Suche nach realisierbaren Alternativen ist auch eine Aufgabe der empirischen Sozialpsychologie. So mündet dieser Abschnitt in den Versuch, die implizite Handlungstheorie zu umschreiben, die in ähnlicher Gestalt sowohl alltäglichem − z. B. erzieherischem − Handeln, als auch sozialwissenschaftlichem Forschen zugrundeliegt und beide wie ein Schatten begleitet.

Diese Analyse sollte auch dazu anregen, den Schatten zu überspringen.

Empirisch forschende Psychologen halten sich oft etwas darauf zugute, daß ihre Forschung wertfrei sei. Ihr Ziel sei die Beschreibung und Erkenntnis von Ist-Zuständen und nicht deren Bewertung oder gar die Bestimmung von Soll-Zuständen.

Auf der anderen Seite ist Erziehung immer mit Soll-Aussagen befaßt: Praktiker stehen unter Handlungsdruck und haben ständig Zielentscheidungen zu treffen. Nicht selten ergeben sich daraus Fehlerwartungen gegenüber der empirischen Wissenschaft:
− die empirische Grundlagen (oder, je nach Perspektive: Hilfs-) wissenschaft soll konkrete Ratschläge und Handlungsanweisungen (,Rezepte') liefern,
− sie soll damit Auskunft über ,richtiges' Verhalten geben, sie soll rechtfertigen und bestätigen, wie man sich zu verhalten hat,
− damit wird zugleich eine Zielbestimmung erwartet, die Wissenschaft soll auch über ,Soll'-Zustände etwas aussagen.

Die Vertreter einer traditionellen empirischen Sozialpsychologie müßten sich vor diesen Erwartungen auf ihr bloß funktionales Selbstverständnis zurückziehen: Sie können zwar Aussagen über psychische Bedingungen von Erziehungsprozessen empirisch begründen, sie können auch die Verwirklichungsmöglichkeiten für pädagogische Zielvorstellungen empirisch prüfen und beurteilen, sie müßten es aber weit von sich weisen, diese Zielvorstellungen zu bestimmen und damit zu sagen, was „richtig" oder wünschenswert ist. Sie würden sich damit auf empirisch begründete „wenn-dann"-Aussagen beschränken und die Formulierung von „Soll"-Aussagen der Pädagogik oder der Politik überlassen.

Zwei Beispiele belegen diese Stellungnahme:

„Da die Psychologie eine rein empirische Wissenschaft ist (oder wenigstens eine sein sollte), hat sie Wertentscheidungen, um die es sich bei der Festsetzung von Lernzielen unzweifelhaft handelt, der Pädagogik zu überlassen."[36]
„Die Erörterung und Auseinandersetzungen um die Frage nach dem Ziel der Erziehung können von einer pädagogischen Psychologie nicht geleistet werden, wenn sie auch durchaus ihren Bezug zu diesem Problem hat."[37]

Dieser Bezug zum Zielproblem ergibt sich aus den Möglichkeiten empirischer Methodik:

„Denn gerade die Psychologie hat mehr als irgendeine andere Disziplin das Rüstzeug, um die Grenzen der Möglichkeiten zur Vervollkommnung des Menschen zu erforschen."[38]

Insofern kann auch die empirische Sozialpsychologie nicht

„andere lehren, was sie wollen sollen, sondern nur, was sie wollen können und dieses nur aus bescheidener, weil beschränkter sozialpsychologischer Perspektive."[39]

Der Vollständigkeit halber sei jedoch vermerkt, daß Kritiker gerade in dieser Bescheidenheit eine nur vermeintliche Wertneutralität sehen: gerade dadurch werde die Wissenschaft beliebig instrumentell einsetzbar und stütze jedes herrschende System. Von daher sei eine bewußte sozial-politische Stellungnahme für die Forschungs- und Durchsetzungsstrategie im Interesse der Betroffenen notwendig. Diese Kritik verbindet sich vor allem mit dem Konzept der Handlungsforschung, auf das wir hier nicht näher eingehen können.[40]

Das Selbstverständnis der empirisch arbeitenden Sozialwissenschaftler muß allerdings nicht notwendig mit ihrem Handeln oder den praktischen Folgerungen aus ihren Forschungsergebnissen übereinstimmen.

Der amerikanische Sozialpsychologe Chris *Argyris* hat in einem lesenwerten Aufsatz[41] die „impliziten" Handlungsziele anwendungsorientierter Sozialpsychologie untersucht. Er hat diese Zielsetzungen mit einem Verhaltensmodell („Modell 1") verglichen, das nach seiner Auffassung „einen großen Teil unseres Verhaltens erklären kann."[42]

Dieses Modell 1 wird nach *Argyris* nicht verbal vertreten, sondern ist lediglich aus dem Handeln ableitbar (implizites Handlungsmodell). Das Modell 1 geht von vier Grundzielen oder Leitvariablen des Handelns aus:
1. Erreichen der eigenen Ziele
2. Gewinnen, nicht verlieren
3. Vermeiden negativer Gefühle
4. Betonung der Rationalität.

Nach Untersuchungen und Beobachtungen des Autors verbinden sich mit diesen Grundzielen „der meisten Leute" auch bestimmte:
— Strategien des Handelns gegenüber der Umwelt
— Konsequenzen für die Beteiligten
— Folgen für Lernprozesse
— Konsequenzen für Effektivität und Leistung.

Die folgene Übersicht stellt die Aussagen und Konsequenzen von Modell 1 zusammen:[43] (s.S. 52/3)

Zweifellos formuliert *Argyris* mit diesem Modell 1 eine Alltagstheorie, die häufig auch dem Erzieherverhalten zugrunde liegen dürfte. Einige seiner Feststellungen treffen sich mit Ergebnissen von Untersuchungen, die aus anderer Perspektive an schulische Erziehungsprozesse herangegangen sind:
— So hat etwa *Fürstenau* in seinem Aufsatz „Zur Psychoanalyse der Schule als Institution"[44] die „gefühls- und eindrucksdämpfende" (S. 79) Funktion des Schulunterrichts entsprechend der 4. Leitvariablen („Betonung von Rationalität") in *Argyris* Modell 1 beschrieben.

Über die einseitigen Kontrollstragegien und ihre Konsequenzen soll folgende Textpassage[45] unterrichten:

Eine äußerst wirksame Methode, andere Menschen zu kontrollieren, ist es, die Kontrolle darüber auszuüben, welche Informationen als valide anzusehen sind. Man braucht nur einen neuen Begriff zu schaffen, seine Gültigkeit für andere zu definieren und seine Bedeutung an andere weiterzugeben und schon hat man eine wirksame Kontrolle über andere in der Hand. Wahrscheinlich ist dies die stärkste Kontrolle, die wir über unsere Kinder ausüben. Wir vermitteln ihnen die Wertvorstellungen, die wir für ihr Leben für wichtig erachten.

In der Welt der Erwachsenen wird die Bedeutung vieler Begriffe durch die Kultur bestimmt, in der wir leben. Sie können nicht dazu benutzt werden, über andere Kontrolle auszuüben, da ihre Bedeutung nicht von Individuen bestimmt wird. Trotzdem lassen sich im Leben der Erwachsenen einige Begriffe finden, die der Steuerung anderer Menschen dienen. Es sind Begriffe,

Modell 1: Theorie des Handelns (aus dem Handeln ableitbar)

Leitvariablen für Handlung	Handlungsstrategien des Akteurs gegenüber der Umwelt	Folgen für Akteur und Umwelt
1. Die von Dir wahrgenommenen Ziele erreichen. 2. Gewinn maximieren; Verlust minimalisieren. 3. Auslösung negativer Gefühle minimalisieren. 4. Rational bleiben und Gefühle minimalisieren.	1. Entwirf und behandle die Umwelt so, daß Du vollständige Kontrolle über die für Dich relevanten Faktoren erhälst (z. B. plane unilateral, sprich überzeugend, berufe Dich auf höhere Ziele). 2. Kontrolliere eine Aufgabe und nimm sie in Besitz (fordere Aufgabe für Dich, überwache Definition und Durchführung der Aufgabe). 3. Schütze Dich selbst unilateral (sprich mit Hilfe von Interpretationen „ist schlecht, ist faul"*) ohne Verhalten beobachtbar werden zu lassen; sei blind für Deine Wirkung auf Andere sowie gegenüber der Inkongruenz zwischen Deiner Rhetorik und Deinem Handeln, reduzierte die Inkongruenz durch defensive Maßnahmen − beschuldigen, typisieren, Gefühle unterdrücken, intellektualisieren. 4. Schütze Andere einseitig davor, verletzt zu werden. Halte Information zurück, setze Regeln für die Zensur von Information und Verhalten, berufe private Sitzungen ein.	1. Akteur gilt als defensiv (inkonsistent), inkongruent, kompetitiv, kontrollierend, manipulativ; er habe Angst verletzt zu werden, halte seine Gefühle zurück, sei überbesorgt hinsichtlich Selbst u. Anderer, oder gleichgültig gegenüber Anderen. 2. Defensive interpersonelle und Gruppen-Beziehungen (Abhängigkeit vom Akteur, kaum Additivität, wenig gegenseitige Hilfe). 3. Defensive Normen (Mißtrauen, keine Risikobereitschaft, Konformität, äußerl. Engagement, Betonung von Diplomatie, Machtzentrierte Kompetition, Rivalität). 4. Wenig Wahlfreiheit, verborgenes (internes) Engagement und interne Risikobereitschaft.

*) Anmerkung des Übersetzers

Folgen für Lernprozesse	Effektivität
1. Selbstabriegelung. 2. „Single-loop learning": Einfache Regelung ohne Sollwertregelung. Kein Prüfen von Theorien in der Öffentlichkeit. 3. Viel privates Überprüfen von Theorien.	Verringere Effektivität

die dazu geschaffen wurden, andere einzustufen und ihnen bestimmte Motivationen zu unterschieben.

Läßt Person A Person B wissen, daß ihre Leistungen unzureichend seien und legt A fest, was unzureichend bedeutet und verweigert der Person B gleichzeitig die Einflußnahme auf die Kriterien der Effektivität (wann und wie sie angewendet werden), dann wird sich B stark kontrolliert fühlen. Dasselbe ist der Fall, wenn A sagt, B sei defensiv oder manipuliere Leute und A wiederum über die Gültigkeit dieser Attribute entscheidet.

Die Verhaltensstrategien haben Folgen für die Handelnden, für andere und für die Umwelt. Sie rufen – kurz gesagt – Abwehr und Verschlossenheit im Menschen hervor, weil einseitige Kontrolle nicht dazu angetan ist, valides Feedback auszulösen. Außerdem ist einseitig kontrollierendes Verhalten auch als Zeichen für die Abwehrhaltung der handelnden Person anzusehen. In Gruppen, deren Mitglieder sich nach Modell I richten, entsteht eine defensive Gruppendynamik. Informationsaustausch und freie Wahlmöglichkeiten werden eingeschränkt.

Modell 1 führt zwangsweise zu Konflikten, wenn mehrere Akteure es gegeneinander praktizieren. Es eignet sich deshalb nicht zur Beschreibung symmetrischer („gleichberechtigter, herrschaftsfreier") Interaktion, sondern für einseitig kontrollierende und beeinflussende. (Wir werden darauf zurückkommen.)

Wenn man akzeptiert, daß das Modell 1 auch für erzieherisches Handeln – zumindest teilweise – gültig ist, so interessieren vor allem die Konsequenzen für Lernprozesse (s. Spalte 4 in der Tabelle S. 53). *Argyris* meint, daß einfaches Regelkreis-Lernen die Konsequenz des Kontrollverhaltens sei, da eine Ziel-Überprüfung (oder gar -Mitbestimmung) nicht mit den Leitvariablen in Einklang zu bringen ist.

Wenn sich nun tatsächlich bestätigen sollte, daß das Modell 1 die implizite Theorie sozialen Verhaltens (einschließlich der Erziehung) einigermaßen zutreffend beschreibt, dann sollten die problematischen sozialen Folgen und die geringe Effektivität des Modells dazu veranlassen, nach Alternativen zu suchen.

Argyris analysiert daraufhin einige Anwendungsbeispiele sozialpsychologischer Theorien und Befunde und stellt (vereinfacht) fest:
— es gibt einige Versuche, sozialpsychologische Theorien und Erkenntnisse zur Veränderung der sozialen Wirklichkeit einzusetzen (z. B. Meinungen, Einstellungen und Verhaltensweisen zu ändern; gegen Anpassungszwänge zu immunisieren; Sympathie und Zustimmung zu erwerben u. a.),
— die untersuchten Ansätze lassen sich jedoch ihrerseits fast bruchlos in das Modell 1 einordnen!

P. *Gottwald* beschreibt den resultierenden Teufelskreis so: „So gewinnt man kein neues Modell, sondern setzt innerhalb des ersten Modells Strategie gegen Strategie ... Die traditionelle sozialpsychologische Forschung verschlechtert, indem sie von Modell 1 ausgeht, die Aussichten auf seine Überwindung. *Argyris* führt zwei Belege für diese Behauptung an: Da Sozialwissenschaftler die soziale Wirklichkeit beschreiben sollen, wie sie ist, und da die soziale Wirklichkeit von Modell 1 beherrscht wird, tritt eine neue „Entität" den Wissenschaftlern nicht ins Blickfeld. Anders ausgedrückt: Da sie nicht davon ausgehen (dürfen — auf Grund wissenschaftlicher Normen) was sein *sollte*, verlieren sie den Zielbezug der Verbesserung der Zustände. Je häufiger Studenten in den Lehrbüchern lesen, „wie der Mensch ist", desto mehr „wird er so sein und werden sie selbst so sein."[46]

Damit ist natürlich auf die praktischen sozialen Gefahren impliziter Theoriebildung nach Art des Modells 1 hingewiesen und es liegt auf der Hand, diesen kritischen Hinweis auch auf Ziele und Inhalte dieses Buches zu beziehen. Es wäre problematisch, wenn auch dieses Lehr- und Lernprogramm wieder zum Vehikel für die Ziele und Strategien des Modells 1 werden müßte.

Ist nun ein Alternativmodell zu Modell 1 in Sicht?

Bei *Argyris* finden wir lediglich die Skizze eines „Modells 2", das von drei Grundvariablen ausgeht:
— gültige Information
— freie und informierte Wahl
— inneres Engagement, Verbindlichkeit (Commitment).

Wenn diese Grundvariablen für alle beteiligten Personen gelten, so sind einseitige Verhaltenskontrollen, etwa durch Vorenthalten von Informationen oder einseitige Festlegung von Definitionen und Zielen nicht mit diesem Modell vereinbar. Modell 2 läßt „Lernen mit Sollwert-Regelung" zu, da die Grundvariablen es fordern, daß eine gegenseitige Verständigung und Abstimmung über Ziele und Wege stattfindet. Das bedeutet gleichzeitig, daß Kompetenz und Macht immer wieder neu bestimmt werden müssen, je nachdem, um welche Aufgaben es in der jeweiligen Situation geht.

Dieses Modell — hier gegenüber *Argyris'* andeutender Skizze noch weiter verkürzt — mag uns auf den ersten Blick naiv oder utopisch erscheinen. Man fragt sich, ob es möglich ist, daß sich Menschen tatsächlich weniger defensiv-egozentrisch und mehr kooperativ-anpassungsbereit verhalten. Mit diesem Alternativmodell sind Soll-Werte und Erziehungsziele angedeutet, die eine recht radikale Veränderung des menschlichen Zusammenlebens mit sich bringen müßten. Bisher sind derartige Alternativvorstellungen als ethische Probleme angesehen worden und zu allen Zeiten in ähnlicher Form als Sollensnormen verkündet worden (z. B. auch im religiösen Kontext). Man könnte angesichts dieser Tradition frustrierender Welt- und Menschenverbesserung leicht resignieren: ‚Vertrauen ist gut — Kontrolle ist besser!' In zahlreichen pädagogischen Konzepten steckt allerdings die Hoffnung, daß die Umkehrung dieses vielzitierten *Lenin*-Wortes sich bestätigen möge und Vertrauen letztlich doch besser als Kontrolle sei.[47]

1.4.3 Zusammenfassung in Thesen und Gegenthesen

Diese Zusammenfassung hat die folgenden Ziele:
— einige zentrale Stellungnahmen des ersten Teil zusammenzustellen,
— zu weiterführenden Fragen anzuregen,
— den dialektischen, antithetischen Charakter dieses ersten Teils zu unterstreichen und damit möglicherweise „kognitive Konflikte"[48] zu provozieren.

These 1: Alltagspsychologie
Ziel der Sozialpsychologie ist es, die vorwissenschaftliche Alltagspsychologie durch nachprüfbare und nachvollziehbare Erkenntnisschritte zu überwinden und durch gesicherte Aussagen zu ersetzen.

Antithese 1:
Sozialwissenschaftliche Forschung und Theoriebildung wird vorwissenschaftliche Deutungsansätze nie ersetzen können, da sie nie zu einem völlig geschlossenen und absolut gültigen System gelangen kann. Deshalb wird Alltagspsychologie immer bedeutsam sein; sie muß in sozialpsychologischen Forschungen analysiert und berücksichtigt werden.

These 2: Empirische Wissenschaft
Realität ist nur über Erfahrung faßbar und nur über nachvollziebare und überprüfbare Erfahrung annähernd allgemeingültig zu erschließen. Wissenschaftliches Experimentieren muß eine genaue Abbildung der Realität anstreben.

Antithese 2:
Wissenschaft befindet sich damit im ‚Gefängnis' der jeweiligen Realität und hindert sich u. U. selbst daran, innovativ zu wirken. Wissenschaftliches Experimentieren sollte nicht nur Wirklichkeit abzubilden versuchen, sondern neue Wirklichkeiten schaffen helfen, indem es sie ausprobiert.

These 3: Begriffe
Wissenschaftliche Begriffe sind sprachlich möglichst präzise und eindeutig zu formulieren.

Antithese 3:
Sprachliche Symbole und Definitionen verleiten dazu, auch hypothetischen

Konstrukten allein aus ihrer symbolischen Existenz eine Realität oder gar eine bestimmte Substanz zu unterstellen.

These 4: Experiment
Um die Verläßlichkeit empirischer Befunde zu erhöhen, ist es erforderlich, im Experiment:
- Störvariablen auszuschalten oder zu kontrollieren
- unabhängige und abhängige Variablen aus komplexen Lebenszusammenhängen zu isolieren und möglichst präzise zu messen.

Antithese 4:
Zwar werden Präzision und Bestätigungsgrad der Befunde auf diese Weise erhöht, gleichzeitig aber wird die Experimentalsituation künstlich und lebensfern; die Aussagen sind dann zwar gesichert, aber für Realsituationen eher belanglos.

These 5: Normprobleme
Sozialpsychologie setzt von sich aus keine Normen (Wertneutralität), sie untersucht lediglich Normbildungsprozesse und liefert Theorien und Erklärungsgesichtspunkte dazu.

Antithese 5:
Die Sozialpsychologie beeinflußt de facto Normvorstellungen. Sie unterstützt sie durch ihre Denkmodelle, sie ruft durch Veröffentlichungen von Befunden Gegenreaktionen hervor oder liefert Rechtfertigungen („normative Kraft des Faktischen').

These 6: Theorie und Praxis
Sozialwissenschaftliche Grundlagen und Qualifikationen sind für Sozialberufe unabdingbar. Gerade spezielle (sozial-) psychologische Kenntnisse und Techniken sind in der Erziehung hilfreich und notwendig.

Antithese 6a:
Spontaneität und Unbefangenheit des unvermittelten Kontakts bleiben auf der Strecke, wenn Psychologie im interpersonalen Bereich zu Hilfe genommen wird.

Antithese 6b:
Psychologie – und besonders Sozialpsychologie – gehört heute zum wichtigsten Herrschaftswissen, das dazu dient, andere zu manipulieren, und dazu verführt, die eigenen Ziele gegen andere – besonders gegen Abhängige – zu verfolgen.

Teil 2: Interpersonale Wahrnehmung

2.1 Das Bild vom Gegenüber

2.1.1 Gegenstandswahrnehmung und Personenwahrnehmung

Es scheint die einfachste und selbstverständlichste Sache von der Welt zu sein, daß wir uns mit Hilfe unserer Sinnesorgane von unserer Umwelt ein Bild machen. Jeder weiß, daß wir z. B. mit Hilfe der lichtempfindlichen Netzhaut unseres Auges Helligkeits- und Farbreize wahrnehmen können. Es scheint uns dabei offensichtlich, daß wir auf diese Weise zu einen „objektiven" untrüglichen Bild unserer physikalischen Umgebung kommen. Das „Mit-eigenen-Augen-sehen", „mit-eigenem-Ohr-hören" gilt uns ja in der Regel als sicherste Grundlage des „Für-wahr-Nehmens".

Wenn das für die Wahrnehmung von Farben, Helligkeiten, Formen, Geräuschen und Klängen zutreffen soll, warum nicht auch für unsere *soziale Wahrnehmung?*

Der Begriff *Soziale Wahrnehmung* (social perception) wird in der Sozialpsychologie in zwei Bedeutungen verwendet:

---

1. **Die Wahrnehmung sozialer Objekte (Menschen, Gruppen) = Interpersonale Wahrnehmung. Dies ist der Gegenstand dieses Teils 2.**
2. **Die soziale Bedingtheit der Wahrnehmung: z. B. der Einfluß von sozial vermittelten Wertungen und Bedürfnissen auf Wahrnehmung und Urteil. Diese zweite Definitionsrichtung spielt für das Folgende eine untergeordnete Rolle.**[49]

Bei näherer Betrachtung kommt allerdings der naive Glaube an die Objektivität unserer Wahrnehmung schon bei einfachen Beispielen der Gegenstandswahrnehmung ins Wanken.

Beispiele:

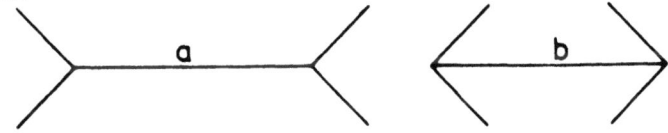

Ist die Waagerechte „a" oder „b" länger?

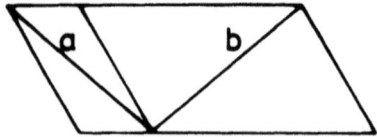

Ist die Strecke „a" länger oder kürzer als „b"?

Wenn wir nachmessen, stellen wir fest, daß a und b jeweils gleich lang sind. Der deutliche Eindruck der unterschiedlichen Länge trügt.

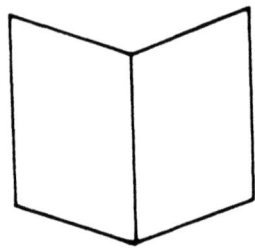

Ist dieses „Buch" von außen oder innen zu sehen?

Das sogenannte „Mach'sche" Buch — nach dem Entdecker dieses Phänomens — erzeugt einen räumlichen Eindruck; und zwar in zweifacher Weise: einmal wird der Buchrücken vorn gesehen, oft „kippt" die Figur während des Betrachtens um und es sieht so aus, als schauten wir in das geöffnete Buch hinein. Die gleiche physikalische Reizgrundlage ist also doppeldeutig.

Wenn wir durch derartige Grenzfälle der sogenannten geometrisch-optischen Täuschung und der Kippfiguren schon skeptisch gegenüber Urteilen werden, die sich auf so einfache Dimensionen wie Länge von Strecken, Größe, Gestalt oder Helligkeit beziehen, um wieviel skeptischer müßten wir da nicht unser Urteilsvermögen gegenüber weitaus weniger offen zutage tretenden Eigenschaften einschätzen! Interpersonale Wahrnehmung und Beurteilung bezieht sich nun in der Tat meistens auf Merkmale, die kaum einfach durch Nachmessen überprüfbar sind. Müssen wir nicht oft feststellen, daß ein bestimmter Mensch, ein Freund, ein Kind, ein Politiker z. B., von einem anderen offenbar ganz anders gesehen und beurteilt wird als von uns selbst?

Ist es aber wirklich nur ein gradueller Unterschied in der Komplexität des Wahrnehmungsobjektes, der zu größeren Schwierigkeiten und Unsicherheiten bei der Personenwahrnehmung führt?

Sicherlich sind es zumindest zwei gewichtige qualitative Verschiedenheiten, die die Personenwahrnehmung von der Wahrnehmung unbelebter Gegenstände unterscheidet:
a) Der Wahrgenommene wird als ein Handlungszentrum erlebt, ihm werden Fähigkeiten, Motive, Absichten und Ziele zugeschrieben.
b) Der Wahrgenommene ist selbst Wahrnehmender, er ist nicht bloßes Objekt, sondern zugleich seinerseits Subjekt, das mich, den Wahrnehmenden wahrnimmt. Diesem Phänomen versucht der Begriff „Interpersonale Wahrnehmung" Rechnung zu tragen, während der Ausdruck „Personenwahrnehmung" zunächst nur die einseitige Wahrnehmung des Objektes „anderer Mensch" meint.

Die sozialpsychologische Betrachtung gegenseitiger Wahrnehmung muß diese Besonderheiten berücksichtigen.

Wir werden allerdings gut daran tun, zunächst nicht sogleich die gesamte Problematik in den Blick zu nehmen, sondern von vereinfachenden Ansätzen auszugehen. Die empirisch-experimentelle Erforschung der interpersonalen Wahrnehmung ist ebenfalls diesen Weg gegangen.

In diesem Abschnitt werden wir zunächst die zwischenmenschlichen Wahrnehmungs- und Urteilsprozesse so betrachten, als ob man von der gegenseitigen Wahrnehmung und Interaktion absehen könnte (monologischer Ansatz). Der Abschnitt (2.1.2) wird Personenwahrnehmung in diesem eingeschränkten Sinne untersuchen; so als ob andere Menschen für uns Wahrnehmungsobjekte seien, die wir einseitig beobachten und über die wir Informationen verarbeiten. Auf diese Weise läßt sich die Bedeutung einzelner Merkmale und Informationen bei der Eindrucksbildung recht exakt untersuchen — allerdings wird dabei in Kauf genommen, daß man die Ergebnisse nur auf den ‚ersten Eindruck' oder auf recht distanzierte Wahrnehmungen (z. B. von Fotos) beziehen kann.

Der folgende Abschnitt (2.1.3) befaßt sich dann mit dem eigentlich interpersonalen Aspekt der Wahrnehmung. Gegenseitige Wahrnehmung und Beurteilung als Steuerungsfunktionen der Interaktion lassen uns die Bedeutsamkeit unseres Themas erst in aller Breite einsichtig werden. Die beiden folgenden Kapitel behandeln dann die pädagogisch wichtige Frage, wie Erwartungen bezüglich anderer Menschen entstehen und sich verändern (2.2), sowie spezielle Probleme der interpersonalen Wahrnehmung und Beurteilung in der pädagogischen Interaktion (2.3).

Exkurs zur Begriffsverwendung:
Sie werden bemerkt haben, daß in diesem Abschnitt zuweilen in einem Atemzug von ‚Wahrnehmung und Beurteilung' gesprochen wurde. Ist das nun wirklich dasselbe? Gewöhnlich fassen wir ‚Beurteilung' als ausdrückliche Stellungnahme zu eigenen Erfahrungen oder Vorstellungen auf, ‚Wahrnehmung' dagegen als etwas mehr Passives, das „uns geschieht". Da wir aber über Wahrnehmungsprozesse nur auf Grund von Reaktionen und Stellungnahmen etwas aussagen können, sind Wahrnehmung und Wahrnehmungs-Reaktion (= Urteil) für uns unlösbar verbunden.

„In Situationen des täglichen Lebens sind Wahrnehmung und die Reaktion so integral miteinander verbunden, daß es so unmöglich wie unnötig ist, beide auseinanderzuhalten."[50]

Beurteilung in diesem Sinne (als Wahrnehmungsantwort) beschränkt sich daher keineswegs auf ausdrückliche (explizite), überlegte und ‚offizielle' Beurteilungen, wie z. B. Schulzensuren (s. dazu das Kapitel 2.3).

2.1.2 ‚Nicht-sinnliche' Faktoren in der Personenwahrnehmung

2.1.2.1 Wahrnehmung – ein passiver oder aktiver Vorgang?

„Wir öffnen einfach unsere Augen und sehen die Welt in all ihrer Vielfalt und Buntheit, während durch Hören, Fühlen und andere Sinne ergänzende und bestätigende Informationen in uns hineinströmen."[51]

Bei näherem Hinsehen erweist sich die naive Vorstellung vom Wahrnehmungsprozeß als sehr ergänzungsbedürftig.

Wahrnehmung als passive Antwort des sensiblen Systems auf Umweltreize und -objekte scheint uns vielleicht noch bei relativ belanglosen Äußerlichkeiten, etwa bei Urteilen über die Haarfarbe oder über Körperformen zu passen (z. B. „groß", „dunkelhaarig", „ovales Gesicht", „hohe Stirn", „laute, tiefe Stimme"). Derartige „Steckbrief"-Informationen mögen zwar zur Identifizierung von Personen taugliche Hilfen sein, sie spielen jedoch in der Personenwahrnehmung meist eine untergeordnete Rolle.

Weitaus wesentlicher in zwischenmenschlichen Beziehungen sind weiter- und tiefergehende Beurteilungen. Weniger das, was wir sehend bloß registrieren, ist sozial bedeutsam, als das, was wir denken und schlußfolgern, das, was wir an Vorurteilen und unreflektierten Annahmen mit in Wahrnehmung und Beurteilung hineinbringen.

Zu diesen „nicht-sinnlichen", – d. h. nicht unmittelbar physikalisch begründbaren Faktoren der Wahrnehmung zählen allerdings Denkprozesse erst in zweiter Linie. Es zeigt sich nämlich bereits bei einfachen Wahrnehmungsvorgängen von Formen, Mustern und Farben, daß Wahrnehmungen

– gegliedert
– strukturiert
– abgehoben
– bedeutungshaltig

sind.

Diese Gestaltungs- und Ordnungsphänomene in unserer Wahrnehmung zeigen, daß Wahrnehmung alles andere als ein passiver, rezeptiver Vorgang ist. Der Organismus ist vielmehr äußerst *aktiv* in der Wahrnehmung. In der neueren Wahrnehmungspsychologie spiegelt die häufige Verwendung des Wortes „Wahrnehmungs*tätigkeit*"[52] wohl auch diese Erkenntnis wider.

2.1.2.2 Gestaltungs- und Ordnungsleistungen der optischen Wahrnehmung

Eine psychologische Richtung, die ‚Gestaltpsychologie', hat sich besonders eingehend mit den Gestaltungs- und Ordnungsleistungen unserer Wahrnehmung auseinandergesetzt.

Die Gestaltpsychologen[53] betonten dabei besonders ‚autochthone', – d.h. durch Eigenschaften des physiologischen und neurologischen Systems bedingte – Faktoren der Wahrnehmung.

Andere Gestaltungs- und Ordnungsleistungen werden dagegen eher auf verhaltensmäßige und soziale Determinanten, wie zum Beispiel Wünsche, Motive, frühere Erfahrungen (Lernen), Wertungen u. ä. zurückgeführt. Im konkreten Wahrnehmungsprozeß fällt eine klare Trennung zwischen autochthonen und verhaltensmäßigen Determinanten naturgemäß schwer.

Einige Beispiele sollen andeuten, welche Gestaltungsleistungen bei einfachen Wahrnehmungsprozessen eine Rolle spielen:

Gliederung

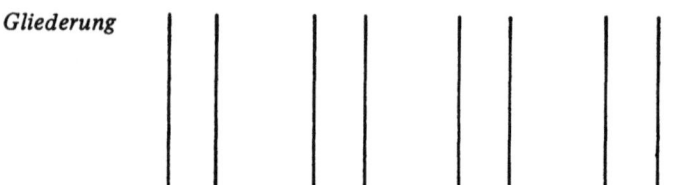

Wir sehen nicht acht einzelne Linien, sondern vier Paare von Linien, die durch den Gestaltfaktor der „Nähe" gegliedert werden.

Strukturierung

Diese Punkte erscheinen uns als zwei sich kreuzende Linienzüge; die Linien folgen dem „Gesetz der guten Kurve", eine Strukturierung im Sinne der folgenden Zeichnung:

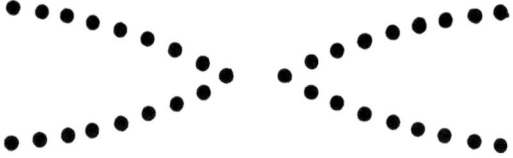

entspricht dagegen nicht der autochthonen Tendenz zur möglichst einfachen Auffassung.

Mehrdeutige „Kipp"-Figuren spielen geradezu mit diesen Strukturierungstendenzen, besonders deutlich wird das an räumlich wirkenden zwei-dimensionalen Kippfiguren wie dem im vorigen Kapitel erwähnten Mach-schen Buch oder der folgenden Figur:

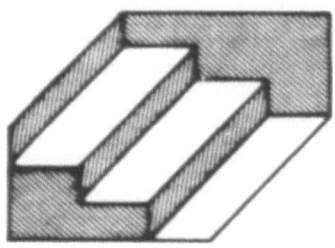

Abgehobenheit

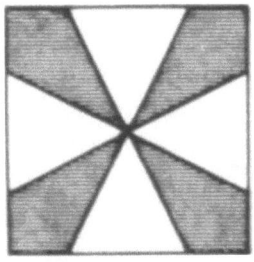

In dieser ‚Kippfigur' lassen sich zwei verschiedene ‚Figuren' sehen, allerdings kaum gleichzeitig. Es kann sein, daß eine dieser Figuren stärker herausgehoben erscheint. Die Figur-Grund-Differenzierung ist ein grundlegendes Akzentuierungsphänomen unserer Wahrnehmung: So nehmen wir musikalisches Geschehen oft recht eindeutig als ,,Melodie" mit ‚Begleitung' (Hintergrund) wahr. Von einer relativ gleichförmigen Umgebung Abweichendes erscheint als herausgehoben, akzentuiert. So fällt − um ein sozialpsychologisches Beispiel zu nennen − in einem ‚Gruppenbild mit Dame' die letztere natürlich besonders auf.

Akzentuierungen sind allerdings nicht nur unter dem Aspekt autochthoner Wahrnehmungsprinzipien zu sehen, sondern zu einem großen Teil erfahrungsabhängig (s. → 2.2.2.2).

Bedeutung

Die Psychodiagnostik macht sich in den sogenannten ,,projektiven" Tests die fast grenzenlosen (und diagnostisch aufschlußreichen) Deutungsfähigkeiten des Menschen zunutze ... Zufallsfiguren wie das obige ‚Klexogramm' können wir meist unschwer mit irgendeinem Sinn oder einer Bedeutung versehen. Diese ‚Sinngebung des Sinnlosen' zeigt uns, daß wir über einen großen Vorrat an Kategorien und kognitiven Schemata verfügen, die wir zu unseren Wahrnehmungen in Beziehung setzen können.

Piaget hat diesen Deutungs- und Kategorisierungsvorgang mit der Bezeichnung *Assimilation* versehen. Dadurch, daß er einen kognitiven Vorgang (Erkennen, Deuten, Einordnen) unter einem ursprünglich biologischen Begriff einordnete, unterstrich er den autochthonen Charakter derartiger Be-Deutungsprozesse. Erfahrungsunabhängig in diesem Sinne ist allerdings nicht der Inhalt, sondern allenfalls die allgemeine Tendenz des Organismus, seine Umwelt und seine Erfahrungen zu interpretieren und als bedeutungsvoll wahrzunehmen.

2.1.2.3 *Gestaltungs- und Ordnungsleistungen in der Personenwahrnehmung*

Im Fortgang dieses Kapitels wollen wir nun untersuchen, wie weit diese Gestaltungs- und Ordnungsphänomene über die Wahrnehmung von Linien und Figuren hinaus auch auf soziale Wahrnehmungsvorgänge übertragen werden können. Einige der möglichen Fragen sind etwa die folgenden:

Gliederung, Strukturierung
  Wie werden einzelne Informationen über Menschen gruppiert, geordnet und integriert? Welche Eigenschaften werden als ähnlich zusammengefaßt? Wie kommt es zu einem Gesamteindruck von einer Person?

Abgehobenheit, Akzentuierung
  Welche Informationen sind besonders gewichtig? Welche treten hervor und bestimmen den Gesamteindruck?

Bedeutung
  Was sagt uns das Aussehen und das Verhalten anderer Menschen? Wie deuten wir es im Handlungszusammenhang als planvolles, motiviertes Verhalten?

Ein äußerst interessantes Bindeglied zwischen den oben angeführten Beispielen optischer Wahrnehmung von Figuren und der Wahrnehmung von sich verhaltenden Menschen können wir hier leider nicht anschaulich demonstrieren. Es handelt sich nämlich um eine Trickfilm, den *Heider* und *Simmel*[54] 1944 in einem Experiment verwendeten. In diesem Film bewegten sich drei Figuren (zwei Dreiecke und eine Scheibe) in zwölf ‚Scenen' in und um ein ‚Haus' herum, das durch Linien und eine bewegliche Tür angedeutet war:

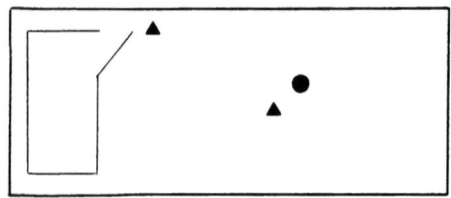

Es zeigte sich bei der Beschreibung des ‚Verhaltens' dieser Figuren durch die Versuchspersonen, daß das Geschehen als menschliches und soziales aufgefaßt wurde: die Figuren „kämpfen", „jagen sich", „schließen einander ein", stehen sich „feindlich" gegenüber, sind „aggressiv", „herrschsüchtig", „jähzornig" usw. Der Ablauf des Trickfilms (der allerdings kein Zufallsprodukt war!) wird also sinnvoll gegliedert und szenisch strukturiert. Es werden ‚soziale' Über- und Unterordnungen hineingesehen und die Zuschauer gelangen spontan zu Aussagen über Eigenschaften, Absichten und Motive der Figuren. Sogar Feststellungen über das ‚Geschlecht' der Figuren werden mit großer Übereinstimmung getroffen. Ähnliches ‚Verhalten und Handeln' zweier Figuren führt dazu, sie als ‚befreundet' und ‚ähnlich' zu erleben.

In einem ergänzenden Experiment mit dem *Heider-Simmel*-Film könnte *Shore* des Einfluß von Vorinformationen auf die Wahrnehmung der Figuren nachweisen,[55] ein Problem, das bei der alltäglichen Deutung von Sozialgeschehen immer wieder auftaucht.

Es zeigt sich, daß bei gleicher objektiver Reizkonfiguration unterschiedlich gefärbte Deutungen möglich sind, je nachdem, welche Voreingenommenheiten erzeugt worden waren. So konnte z. B. das größere Dreieck, das in den *Heider-Simmel*-Versuchen spontan sehr negativ geschildert wurde, nach positiven Vorinformationen wesentlich günstiger erscheinen, wobei gleichzeitig seine ‚Partner' (kleines Dreieck und Scheibe) in einem ungünstigeren Licht erschienen.

So können auch zwei Figuren, die sich simultan in die gleiche Richtung bewegen, verschieden aufgefaßt werden: wird der vordere als der ‚schwächere' erlebt, ist er der Gejagte, faßt man ihn dagegen als den Mächtigeren, Stärkeren auf, ist er der Führer, dem der andere nacheilt.

Vielleicht entsteht nun der Eindruck, daß wir uns zu lange bei experimentellen Spielereien der optischen Wahrnehmungspsychologie aufgehalten haben und daß es längst an der Zeit ist, auf die eigentliche Thematik sozialen Wahrnehmens einzugehen. Es ging jedoch darum, nachdrücklich deutlich zu machen, wie stark unsere Wahrnehmungstätigkeit bereits vor aller interpersonaler und interaktionaler Komplizierung von autochthonen Faktoren einerseits und von subjektiv deutenden, schlußfolgernden, ja geradezu animistischen (Lebloses beseelenden) Prozessen gekennzeichnet ist.

2.1.2.4 Eindruck und sprachliche Formulierung

Wenn bereits bei Figuren, Linien und Bewegungen der Deutungsspielraum recht groß erscheint und wenn schon dabei offenbar weit über die unmittelbar gegebenen physikalische ‚Reiz'-Grundlage hinausgegangen wird, dann müssen wir bei der Wahrnehmung von Menschen erst recht mit derartigen ‚Zutaten' zu den physikalischen Sinnesdaten rechnen.

Versuchen wir einmal, Eindrücke von anderen Menschen zu untersuchen!

Beispiele:
„K. macht einen scheuen, etwas verkniffenen Eindruck. Wenn man ihn ansieht, sieht er zur Seite. Ich glaube, er hat ziemliche Angst. Er ist sicherlich nicht dumm, aber er hat so etwas Lauerndes, Verschlagenes. So ganz bin ich aus ihm nicht schlau geworden..."

„Ich fand B. auf den ersten Blick außerordentlich sympathisch. Er sieht ausgesprochen gut aus, und er ist höflich, aber nicht übertrieben. Man sieht ihm an, daß er weiß, was er will. Ich bin fest davon überzeugt, daß wir gut miteinander auskommen werden..."

„Dieses Linkische, Eckige ist mir gleich aufgefallen. H. scheint starke Hemmungen zu haben und steht sich damit wohl etwas im Wege. Schade, daß er sich so krumm hält. Solche Typen können sich ja auch nie so recht durchsetzen..."

Zunächst handelt es sich bei diesen Charakterisierungen um sprachliche Äußerungen, die also auch mit Hilfe grammatischer Kategorien analysiert werden können.

Wir werden sehen, daß es sich dabei kaum um stilistische Spitzfindigkeiten handelt, sondern daß die sprachliche Form einer Aussage über andere Menschen einen psychologischen Sinn verrät.

Graumann[56] unterschied vier sprachliche Modi bei der Persönlichkeitscharakterisierung. Je nachdem, ob die jeweilige Eigenart durch Verb, Adverb, Adjektiv oder Substantiv gekennzeichnet wird, lassen sich die folgenden Redeweisen differenzieren:

a) verbaler Modus

Der Andere wird durch seine Tätigkeit charakterisiert. Sein Verhalten wird beschrieben.

Beispiel:
„Der Schüler öffnet die Tür, tritt ein und liest die Aufgabe und schreibt sein Resultat in sein Heft."

b) adverbialer Modus:

Der Andere wird dadurch charakterisiert, *wie* er sich verhält. Dadurch wird sein Verhalten meistens bewertet und zu Normen in Beziehung gesetzt.

Beispiel:
„Der Schüler öffnet vorsichtig die Tür, geht zögernd zu seinem Platz, setzt sich schnell und vertieft sich sogleich in seine Aufgabe, die er einfallsreich und zügig löst."

c) adjektivischer Modus:
Der Andere wird durch Eigenschaften seiner Person charakterisiert. Nicht nur sein momentanes Verhalten, sondern seine Person als etwas Dauerndes wird beurteilt und abstrahierend bezeichnet.

Beispiel:
„Der Schüler ist zurückhaltend, vorsichtig, fleißig und intelligent."

d) substantivischer Modus:
Hier steht ein Persönlichkeitszug oder eine Eigenschaft als Begriff im Mittelpunkt der Äußerung. Dieser Begriff wird universell gedacht und für den vorliegenden Einzelfall nach seiner Ausprägung beurteilt.[57]

Beispiel:
„Ängstlichkeit, Leistungsmotiv und Intelligenz sind bei dem Schüler sehr stark ausgeprägt."

Wenn wir Beispiele für Eindrucksschilderungen auszuwerten versuchen, so werden wir feststellen, daß der verbale Modus in ‚reiner‘ Form bezeichnenderweise kaum vorkommt, der substantivische Modus seltener, adverbialer und adjektivischer Modus dagegen häufiger. In unserer alltäglichen Redeweise über Menschen bedienen wir uns also kaum einer objektiv Verhalten beschreibenden Sprache (verbaler M.), sondern vorzugsweise einer Ausdrucksweise, die das ‚Wie‘, die Art und Weise des Verhaltens und Seins unseres Gegenübers auszudrücken versucht.

2.1.2.5 Empirische Forschungen zur Eindrucksbildung

In der umfangreichen empirisch-experimentellen Forschung zum Problem der Eindrucksbildung finden wir denn auch meistens adjektivische Charakterisierungen von Personen als abhängige und unabhängige Variablen.

Das klassische Experiment zur Eindrucksbildung stammt von S. Asch[58]: Asch gab seinen Versuchspersonen eine Liste mit Adjektiven (z. B.: „intelligent, geschickt, arbeitsam, warmherzig, entschlossen, praktisch, vorsichtig") und forderte sie auf, sich möglichst intensiv eine Person mit diesen Eigenschaften vorzustellen. Über diese fiktive Person waren dann weitere Aussagen zu machen, z. B. waren in anderen Adjektivlisten zu dieser ‚Person‘ passende Adjektive anzukreuzen.

Um Übersetzungsprobleme zu vermeiden, habe ich einmal ein ähnliches Experiment mit 32 deutschen Studenten durchgeführt, das hier etwas näher beschrieben werden soll:

14 der Versuchspersonen bekamen auf kleinen Zetteln die Eigenschaftsliste:
mutig
ausgeglichen
hilfsbereit
kühl
unbeweglich
zuverlässig
ausdauernd

Die übrigen 18 erhielten eine Liste mit nur einer Abweichung: der mittlere Begriff ‚kühl' war durch den Begriff ‚warmherzig' ersetzt, die übrigen Begriffe waren identisch.

Die *Hypothese* der Untersuchung gründete sich auf *Asch*s Feststellung einer ‚zentralen' Eigenschaftsdimension ‚Kalt – Warm': dieses Begriffspaar hat nach *Asch* in der Personenbeurteilung ein besonderes Gewicht, es verändert den Gesamteindruck und wirkt auf die Einschätzung anderer Eigenschaftsdimensionen stärker aus als nicht-zentrale Dimensionen.

Um diesen Zentralitätseffekt deutlich zu machen, war es nötig, die abhängige Variable, andere Aspekte des Gesamteindrucks also, zu messen. Zu diesem Zweck wurde allen Versuchspersonen anschließend eine Reihe von 23 (gegensätzlichen) Eigenschaftspaaren vorgelesen, von denen sie jeweils den zu ihrem Eindruck passenden Begriff zu notieren hatten.

Die Auswertung der Ergebnisse zeigte, daß sich die Eindrücke beider Gruppen nach einigen Begriffspaaren mehr als zufällig unterschieden:

Die ‚kühl'-Gruppe wählte im Vergleich

‚traurig'	häufiger	als	‚heiter'
‚mißmutig	"	"	‚vergnügt'
‚herrisch'	"	"	‚unterwürfig'
‚zurückhaltend'	"	"	‚offen'
‚zurückgezogen'	"	"	‚gesellig'
‚hart'	"	"	‚weich'
‚hartnäckig'	"	"	‚nachgiebig'

Selbstverständlich reicht dieser Versuch allein nicht aus, um die Dimension ‚kühl – warmherzig' als zentrale Dimension im Sinne *Asch*s nachzuweisen. Dazu wäre es nötig, andere Dimensionen als unabhängige Variable zu untersuchen, um deren Einfluß auf den Gesamteindruck vergleichen zu können.

Bemerkenswert ist aber immerhin, daß sich die Veränderung eines Eigenschaftswortes unter insgesamt sieben derart nachhaltig auf den Gesamteindruck auswirkt und daß sich diese Auswirkungen offenbar auch auf Eigenschaftsbegriffe beziehen, die nicht gerade Synonyme zu ‚kühl – warmherzig' sind (z. B. ‚hartnäckig – nachgiebig'). Wenn sich dagegen der Gesamteindruck auf die Beurteilung eines Einzelmerkmals auswirkt, spricht man vom ‚halo'- oder ‚Hof'-Effekt.

2.1.2.6 Die Reihenfolge der Informationen

Eine weitere Fragestellung zur Eindrucksbildung wurde ebenfalls von *Asch* untersucht: der Einfluß der zeitlichen Abfolge von Informationen. Eine Eigenschaftsliste wie die folgende „intelligent, arbeitsam, impulsiv, kritisch, hartnäckig, mißgünstig" erzeugte einen völlig anderen Gesamteindruck, wenn sie in entgegengesetzter Reihenfolge dargeboten wurde. *Asch* behauptete nach seinen Untersuchungen den sogenannten *Primacy*-Effekt, demnach sind die ersten Informationen entscheidend, da sie zunächst die Richtung des Gesamteindrucks bestimmen, in dessen ‚Gestalt' sich die weiteren Informationen einordnen, wobei sie zum Teil uminterpretiert oder entsprechend gewichtet werden, so daß sie zum ersten Eindruck passen.

In anderen Untersuchungen zeigte sich dagegen auch ein *Recency*-Effekt, nach dem spätere Informationen in einer dissonanten Folge von Eigenschaftsaussagen eine stärkere Wirkung haben. Nach dem jetzigen Stand der Forschung fällt eine abschließende Aussage schwer, das Primacy-Recency-Phänomen erwies sich abhängig von einer Vielzahl anderer Variablen (z. B. „Aufmerksamkeit", Grad der „Dissonanz" der Einzelinformationen, Festlegung des eigenen Urteils zwischen den Informationen usw.). Das gleiche Problem ergibt sich bei der Frage nach Strategien der Meinungsbeeinflussung. Auch hier fällt es schwer, allgemein zu sagen, ob Gegenargumente besser zuerst oder zuletzt anzuführen sind, wenn man Meinungen in eine gewünschte Richtung ändern möchte.

Es sei hier nicht verschwiegen, daß zahlreiche Experimente zur Eindrucksbildung auch deswegen unbefriedigend erscheinen, weil sie fast ausschießlich verbale Informationen über fiktive Personen verwenden, mit denen eine direkte Interaktion nicht möglich ist.

Daß Eindrücke in realen Situationen in der Interaktion sich rasch ändern können, zeigten *Argyle u. McHenry*[59] recht eindrucksvoll:

Sie wiesen in einer Untersuchung zunächst nach, daß Brillenträger als wesentlich ‚intelligenter' eingeschätzt wurden als Nicht-Brillenträger. Gab man den Versuchspersonen jedoch nur fünf Minuten Gelegenheit zur Unterhaltung mit den Beurteilten, so verschwand dieser Zusammenhang; das Urteil über ‚Intelligenz' orientierte sich offenbar nur für den allerersten Moment an dem Merkmal ‚Brille'.

2.1.2.7 Implizite Persönlichkeitstheorien

Im Anschluß an die Untersuchung von *Asch* ist mit verschiedenen Methoden die Frage erörtert worden, welche Eigenschaftsbegriffe miteinander zusammenhängen — oder, besser gesagt: von welchen angenommen wird, daß sie miteinander zusammenhängen. Es scheint ein Hauptcharakteristikum der Eindrucksbildung zu sein, daß wir dabei — mehr oder weniger unreflektiert — eine Eigenschaft aus einer anderen ableiten (Inferenz). So schließen wir etwa aus der Information ,,humorlos" auf ,,ungesellig" oder ,,pessimistisch". In empirischen Untersuchungen[60] ließ sich nachweisen, daß Menschen ein recht gut übereinstimmendes System von Zusammenhangsannahmen für sprachliche Eigenschaftsbezeichnungen haben. Dieses System fungiert als ausgeprochene ‚Laientheorie' ohne genaue empirische Überprüfung der darin enthaltenen Annahmen und ohne eindeutige Operationalisierung der verwendeten Eigenschaftsbegriffe.

Wir haben es hier mit einer ‚Laien'- oder ‚Alltags'-Theorie über den Aufbau der Persönlichkeit zu tun, deshalb hat *Cronbach* hierfür den Begriff *implizite Persönlichkeitstheorie* vorgeschlagen.

Um einen Überblick über die Hauptdimensionen dieser impliziten Persönlichkeitstheorie zu gewinnen, wollen wir die grafische Darstellung von Begriffsverwandtschaften heranziehen, die sich aus Untersuchungen von *Rosenberg* u. a. ergaben:[61]

Begriffe, die einander benachbart sind, werden von Versuchspersonen als ähnlich eingeschätzt. Die in der Abbildung angedeuteten Linien bezeichnen die Hauptdimensionen der allgemeinen impliziten Persönlichkeitstheorie[62]: Bewertung, Aktivierung und Potenz (Stärke). *Rosenberg* u. Mitarb. halten sogar nur zwei *Bewertungsdimensionen* (die *soziale* und die *intellektuelle*) zur Beschreibung der interpersonalen Urteilsstruktur für hinreichend.

Während mit dem Konzept ‚Implizite Persönlichkeitstheorie' versucht wird, einen allgemeinen Bezugsrahmen für die Einordnung und Zuordnung von Eigenschaftsbegriffen zu beschreiben, so soll demgegenüber das Konzept *soziales Stereotyp* spezielle Merkmalssyndrome einer bestimmten Menschengruppe (z. B. ,,der Beamten",

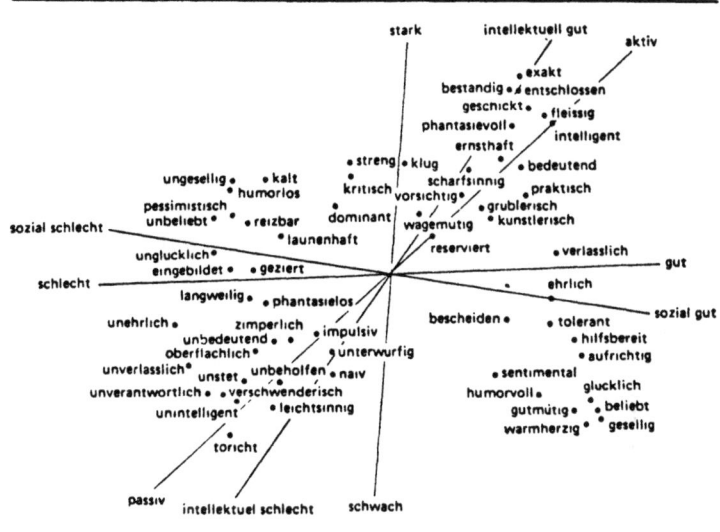

„des schlechten Schülers", „des Gastarbeiters") typisierend zusammenfassen. Stereotype sind also immer auf einen sozialen Gegenstand bezogene Vorstellungsbilder. Sie haben insofern Vorurteilscharakter, als sie sich ohne ausreichende empirische Kontrolle auf einen größeren als den eigenen unmittelbaren Erfahrungsbereich beziehen.

2.1.2.8 Zusammenfassung

Die Experimente zur Eindrucksbildung haben eine Fülle von neuen Fragen aufgeworfen. Die oft widersprüchlichen Befunde lassen es unmöglich erscheinen, einfache Folgerungen daraus zu ziehen.[63] Sie demonstrieren jedoch einige Charakteristika der auf Personen bezogenen Informationsverarbeitung:
— einzelne Informationen über eine Person werden zu einem geschlossenen, strukturierten Gesamtbild zusammengefaßt (ganzheitlicher Eindruck)
— Informationen können unterschiedliches Gewicht haben; einzelne „zentrale" Eigenschaftsdimensionen können den Gesamteindruck entschiedener beeinflussen als andere (Zentralität; Figur — Grund — Differenzierung), ferner kann die zeitliche Folge der In-

formationen zu unterschiedlicher Gewichtung führen („primacy-recency-Phänomen')
- Im Zusammenhang damit zeigte es sich immer wieder, daß bei den Beurteilern Annahmen über Zusammenhänge zwischen Eigenschaftsdimensionen nachweisbar sind („halo'-Effekt; Stereotype; implizite Persönlichkeitstheorien).

Wir werden später (2.3.2) am Beispiel der Schülerbeurteilung erfahren, daß es im konkreten sozialen Beziehungsfeld Schule offenbar zu bestimmten impliziten Persönlichkeitstheorien bei Lehrern in Bezug auf Schüler kommt und daß auch Stereotypisierung zu beobachten sind.

Alle durch die Eindrucksforschung benannten Prozesse führen über den unmittelbaren Informationsgehalt der gegebenen Daten hinaus, sie beschreiben gewissermaßen „Zutaten" des urteilenden und wahrnehmenden Individuums.

Diese „nicht-sinnlich" gegebenen Zutaten sind jedoch neben ihrer möglichen verzerrenden und die Wirklichkeit umdeutenden – und damit potentiell sozial gefährlichen – Funktion zunächst für eine soziale Orientierung des Wahrnehmenden und Urteilenden sehr wichtig. Stereotype und Zusammenhangsannahmen ermöglichen Kategorisierungen auf Grund weniger Schlüsselinformationen, sie erlauben Entscheidungen und Planungen für das eigene Verhalten, ohne auf langwierige Suche nach weiteren Informationen und umfassende Beobachtungen des Anderen angewiesen zu sein.

Problematisch wird die Informationsverarbeitung erst dann, wenn sie nach allzu starren Schemata erfolgt, wenn sie dazu führt, daß die Entfaltungsmöglichkeiten des Gegenübers durch falsche und – auf dem Hintergrund von Definitionsmacht[64] – festlegende Beurteilungen eingeengt werden. In Sozialisations- und Erziehungsprozessen, in denen es einerseits um die Identitätsfindung von Abhängigen und andererseits um die Feststellung von Fähigkeiten und damit verbundenen sozialen Chancen geht, erscheint das Problem vorurteilshafter und möglicherweise verzerrter Beurteilung besonders bedeutsam.

Die ‚nicht-sinnlich gegebenen, subjektiven Zutaten' des Individuums im Wahrnehmungs- und Urteilsprozeß sind allerdings keineswegs als willkürliche und mehr oder weniger zufällige Hervorbringungen eines Einzelnen zu verstehen; dann könnte man kaum berufsspezifische Wahrnehmungsweisen (s. 2.3.2) feststellen. Es spricht vielmehr einiges dafür, daß Orientierungsbedürfnisse und Kategorisierungsmuster unsere gesellschaftliche (z. B. berufliche) Situation widerspiegeln.[65]

2.1.3 Der Wahrgenommene als Handlungs- und Wahrnehmungszentrum

2.1.3.1 Die Gegenseitigkeit der interpersonalen Wahrnehmung

Bisher haben wir soziale Wahrnehmung als einen Informationsverarbeitsprozeß aufgefaßt: Informationen über das ‚Objekt' (die andere Person) werden aufgenommen, es kommt zu Urteilen und Eindrükken über die andere Person. Insofern ist Personenwahrnehmung lediglich als ein Sonderfall der Dingwahrnehmung betrachtet worden.

Das Eigentliche und Besondere der *interpersonalen* Wahrnehmung, nämlich die Gegenseitigkeit (Reziprozität) der Wahrnehmung wurde bisher in unseren Überlegungen noch nicht genügend berücksichtigt.

Einer der Begründer der modernen Soziologie hat schon 1908 die soziale Bedeutsamkeit dieser Tatsache hervorgehoben:

„Unter den einzelnen Sinnesorganen ist das Auge auf eine völlig einzigartige soziologische Leistung angelegt: auf die Verknüpfung und Wechselwirkung der Individuen, die in dem gegenseitigen Sich-Anblicken liegt."[66]

Wahrnehmender und Wahrgenommener unterscheiden sich folglich nicht prinzipiell, sondern allenfalls individuell. Wahrnehmendes Subjekt ist zugleich auch wahrgenommenes Objekt. Für das soziale Urteilen und Verhalten ergeben sich daraus einige Fragen:
— Was bedeutet es für meine Wahrnehmungsaktivität, wenn ich mich selbst beobachtet fühle? (→ 2.1.3.1)
— Welche Rolle spielen unsere Gedanken und Vermutungen über die Gedanken und Vermutungen unserer sozialen Partner. (→ 2.1.3.2)
— Wird der andere analog zur eigenen Person mit ihren Gefühlen, Wünschen, Absichten etc. interpretiert? Schließt man bevorzugt ‚von sich auf andere'? (→ 2.1.3.3)

Zu Beginn wollen wir uns die Frage stellen, ob in sozialen Interaktionen tatsächlich uneingeschränkte gegenseitige Wahrnehmung möglich und üblich ist, oder ob sich soziale Beziehungen und Situationen kennzeichnen lassen, in denen der eine Partner von vornherein den Status eines Objekts, der andere den des Subjekts hat.

Sie haben gewiß eigene Erfahrungen zu dieser Frage. Stellen Sie sich einmal ausgewählte soziale Kontaktsituationen vor, z. B.:
— Sie treffen einen Lehrer, der Sie früher einmal unterrichtet hat,
— Sie begegnen einem Kind aus Ihrer Bekanntschaft,
— Sie befinden sich in einer mündlichen Prüfung,
— Sie lassen sich in einer Buchhandlung über verschenkbare Bücher beraten.

Versuchen Sie einmal, für diese oder andere Situationen einzuschätzen, ob Sie sich gegenüber Ihrem Partner eher als ‚Beobachter' oder eher als ‚Beobachteter' fühlen.

Sicherlich ist diese Einschätzung nur relativ möglich; so kann der Prüfling zwar seinen Prüfer auch beobachten, meist ist die Situation jedoch stillschweigend so definiert, daß es mehr dem Prüfer zukommt, beobachtend-urteilend den anderen zu beachten. Es geht also hier wieder einmal um ein ‚mehr-oder-weniger' und nicht um ein ‚entweder-oder'.

Ich nehme an, daß Ihnen bei den oben angeführten Situationen aus eigener Erinnerung Unterschiede Ihres ‚Subjekt'- oder ‚Objekt'-Status deutlich geworden sind.

Der britische Sozialpsychologie M. *Argyle* hat dieses Problem empirisch untersucht:

Argyle und *Williams*[67] befragten die Teilnehmer von Interaktionen anschließend nach ihrem ‚Gefühl, beobachtet zu werden', das sie auf einer Schätzskala einzuordnen hatten. Die Versuchspersonen waren in verschiedenen Alters- und Geschlechtskombinationen von den Versuchsleitern konfrontiert worden.

Die unabhängigen Variablen Alter und Geschlecht erwiesen sich in diesem Experiment als bedeutsam für das Gefühl, beobachtet zu werden (abhängige Variable). Die folgende Abbildung[68] veranschaulicht die Ergebnisse:

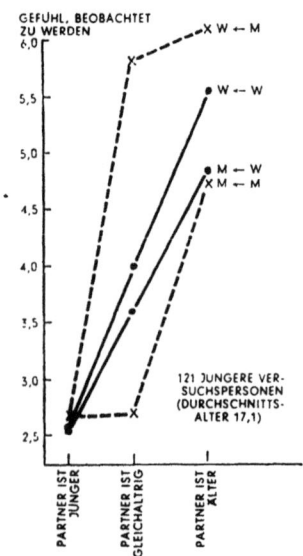

Deutlich zeigt sich, daß bei unterschiedlichem Alter der Beteiligten meist der jüngere das Gefühl hat, beobachtet zu werden. Ferner erleben sich weibliche Personen — ältere wie jüngere — gegenüber männlichen eher in der Rolle des Beobachteten. *Argyle* verallgemeinert dieses und andere Ergebnisse:[69]

„Es hat den Anschein, als ähnele die Beziehung zwischen Älterem und Jüngerem der zwischen Interviewer und Interviewten, Vorgesetztem und Untergebenem, in dem Sinne, daß man erwartet, der ältere Mensch beobachte und beurteile vielleicht den jüngeren. Die gleiche Beziehung besteht wahrscheinlich zwischen Lehrer und Schüler, da es Aufgabe des Lehrers ist, das Verhalten des Schülers zu beurteilen und zu kritisieren."

Untersuchungen über Blickrichtungen und Augenkontakt in der sozialen Interaktion[70] bestätigen und ergänzen diese Befunde: die Häufigkeit des Wegsehens kann geradezu als eine Operationalisierung für ‚soziale Unterwerfung' angesehen werden. Das Ansehen und Fixieren ist demnach ein Ausdruck ‚Visueller Dominanz', es kann entsprechend angsterzeugend wirken. Merkwürdigerweise zeigte sich, daß bei verbalen Interaktionen der jeweils Sprechende zu Beginn seiner Äußerung Blickkontakt meist vermeidet. Es scheint so, daß zur Planung des eigenen (Verbal-)Verhaltens eine Unterbrechung des Kontakts ab und zu notwendig ist, wie wenn der Sprechende sich ungestört auf seine eigene Ziele besinnen müßte und dazu einen zeitweisen Rückzug auf sich selbst brauchte.

„Die Balance zwischen Informationsbedürfnis, Wahrung der Intimität (und damit der Planungs- und Reflexionsmöglichkeit) und Dominanz/Submission bestimmt die Dynamik des optischen Wahrnehmungsverhaltens, es ist damit ein Spiegel der Symmetrie oder Asymmetrie der Interaktionsbeziehung."[71]

Die Tatsache, daß der soziale Partner seinerseits Wahrnehmender ist, beeinflußt offenbar weitgehend unser Verhalten. In einer Art Rückkoppelungsprozeß vergewissern wir uns ständig der Wirkungen unseres eigenen Verhaltens, das der Andere seinerseits wahrnimmt. Wir kontrollieren den Eindruck, den wir auf andere machen und versuchen diesen Eindruck zu korrigieren, wenn er nicht unseren Absichten entsprechen sollte.

2.1.3.2 Die Spirale reziproker Perspektiven

Zur sozialen Orientierung gehört es, daß wir uns Gedanken über die Gedanken des Partners machen, daß wir in Rechnung stellen, was er zu meinen scheint. Daß dieser Vorgang gegenseitiger Interpretation zu prinzipiell endlosen Komplikationen weitergeführt werden kann, haben *Laing, Phillipson* und *Lee* eindrucksvoll beschrieben.[72] Sie haben eine ‚Spirale reziproker Perspektiven' am Beispiel von Zweierbeziehungen aufgezeigt.

„Eine solche Spirale entwickelt sich z. B. immer dann, wenn zwei Personen einander mißtrauen." (S. 37)

Der Anfang dieser Spirale ist die *direkte Perspektive:*

mein Bild von mir selbst (ego) und mein Bild vom Anderen (alter).

Gewissermaßen ‚ein Stockwerk höher' folgt die *„Meta'-Perspektive:*

mein Bild von dem Bild, das der Andere sich von mir macht.

Auch die nächst höhere, die *Meta-meta-Perspektive* dürfte in Interaktionssituationen praktisch bedeutsam sein:

mein Bild davon, wie sich der Andere vorstellt, wie ich mich selbst sehe.

Wir wollen (wie auch *Laing* u. a.) die Spirale nicht noch weiter verfolgen, schon die Meta- und die Meta-meta-Perspektive stellen hohe Anforderungen an unser Abstraktionsvermögen. Für das Verständnis gegenseitiger Interaktionssteuerung — besonders in Problemsituationen — ist diese Analyse jedoch meist recht aufschlußreich.

Beispiel:
Die Studenten A und B bereiten sich gemeinsam auf eine Prüfung vor. B ist der ‚Motor', A scheint unkonzentriert und eher widerwillig bei der Sache zu sein. Beide sehen sich und die Situation u. a. so:
B hält A für examensmüde und für intelligent; A glaubt, daß B die Sache zu ernst nimmt (direkte Perspektive)
B nimmt an, daß A ihn (B) für weniger befähigt hält, so daß er mehr Arbeit nötig habe; A meint, daß B ihn für gelassen und zuversichtlich hält (Meta-Perspektive)
A glaubt, daß B ihn so einschätzt, daß er zu sehr von seinen Fähigkeiten überzeugt sei, daß er eine zu positive Meinung von seinem Wissen habe (Meta-meta-Perspektive)

Wir werden in Teil 3 Gelegenheit haben, Interaktionsprobleme in der pädagogischen Situation mit Hilfe dieser und anderer Modellvorstellungen zu untersuchen. Die Möglichkeit von Mißverständnissen und gegenseitigen Fehlinterpretationen führt gerade hier nicht selten zu folgenschweren Beziehungsstörungen.

In konkreten Situationen dürfte es allerdings methodisch äußerst schwierig sein, zu den einzelnen Perspektiven nachprüfbar Zugang zu finden, handelt es sich dabei doch weitgehend um ‚inneres' Verhalten, das stets nur indirekt erschließbar ist.

2.1.3.3 Attribuierung

Das Spiralmodell reziproker Perspektiven trägt besonders in *kognitiver* Hinsicht den Eigentümlichkeiten *interpersonaler* Wahrnehmung Rechnung. Eine weitere Eigentümlichkeit verdient jedoch ebenfalls Beschreibung und Erklärung: die Tatsache nämlich, daß wir über kognitive Perspektiven hinaus *Dispositionen* und *Motive* in der sozialen Interaktion „wahrnehmen".

In diesem Zusammenhang ist es unbefriedigend, von ‚Wahrnehmung' zu sprechen, weil bei Aussagen über Fähigkeiten und Absichten/Motive Denk-, Wertungs- und Urteilsprozesse offenbar eine entscheidende Rolle spielen. Deshalb erscheint es angemessener, hier von *‚Zuschreibung' (Attribuierung)* zu sprechen. Dieser Begriff wird dabei sowohl im Sinne von Eigenschaftszuschreibung als auch im erweiterten Sinne von Ursachenzuschreibung (Kausalattribuierung) gebraucht.

Wenn wir Attribuierungsprozesse untersuchen, so haben wir es mit einem Aspekt der in der Kurseinheit 1 besprochenen ‚Naiven' oder ‚Laienpsychologie' zu tun. Das Bedürfnis nach Erklärung und Begründung wahrgenommen sozialen Verhaltens scheint ebenso universell wie zweckmäßig und lebensnotwendig zu sein. *Nietzsche* hat dieses Attribuierungsbedürfnis bereits deutlich gekennzeichnet:

„Ich bemerke etwas und suche einen ‚Grund' dafür: das heißt ursprünglich: ich suche nach einer ‚Absicht' darin und vor allem nach einem, der Absicht hat, nach einem Subjekt, einem Träger: alles Geschehen ein Tun – ehemals sah man in ‚allem' Geschehen Absichten, dies ist unsere älteste Gewohnheit." (Nachl. d. 80er Jahre)

Der Begriff ‚älteste Gewohnheit' befriedigt allerdings unser Erklärungsbedürfnis wenig. Wir werden in den folgenden Kapiteln erörtern, welchen Sinn und welche Funktion die Zuschreibung von Absichten und Dispositionen für die soziale Orientierung des Einzelnen haben. Zuvor soll uns jedoch ein graphisches Modell den Attribuierungsprozeß veranschaulichen:

Das Attribuierungsmodell nach *Jones* und *Davis*[73]

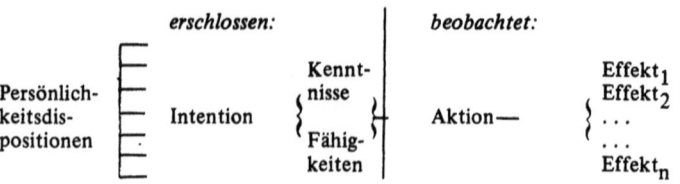

Nach *Jones* und *Davis* hängen die Attribuierungen des Beobachters wesentlich davon ab, wie er die *Entscheidungsmöglichkeiten* des Beobachteten einschätzt: ist er der Meinung, daß sein Gegenüber keinen Entscheidungsspielraum (Freiheitsgrade) hat, so werden Attribuierungen eher vermieden.

Der Beobachter ist dagegen eher bereit, aus dem beobachteten Verhalten auf Absichten (Intentionen) und Dispositionen zu schließen, wenn das Verhalten als individuelles Ergebnis persönlicher Entscheidung und Selbstdarstellung aufgefaßt wird.

In einer offensichtlichen Zwangslage wird also eine Entsprechung (‚correspondence') der drei Ebenen ‚Aktion', ‚Intention' und ‚Disposition' nicht unterstellt. Daraus ergibt sich, daß es für die Attribuierung entscheidend ist, wie der Beobachter den Entscheidungsspielraum des Wahrgenommenen einschätzt. Es ist offensichtlich, daß er bei dieser Einschätzung bereits auf sein individuelles Normensystem angewiesen ist.

Beispielhaft illustriert wird dieser Interpretationsspielraum immer wieder durch unterschiedliche Meinungen zu ‚abweichenden' Verhaltensweisen: während der eine solche störenden Aktionen als absichtsvolles, entschiedenes Handeln interpretiert, sieht ein anderer darin das nahezu unausweichliche Resultat einer Zwangslage ohne Alternativen.

Der erste Beobachter wird vermutlich eher mit Sanktionen reagieren, während der zweite wohl eher daran denken wird, die aus seiner Sicht eingeengte Zwangslage des Beobachteten zu verändern und Spielräume zu eröffnen.

Attribuierungsprozesse dispositionaler und kausaler Art spielen in der pädagogischen Interaktion eine wichtige Rolle. Sie sind einerseits zum Identitätsaufbau notwendig, sie können aber auch Entwicklungs- und Erziehungsverläufe in ungewünschte Richtungen drängen und zu Behinderungen und Einschränkungen beitragen.

Auf diese praktisch äußerst bedeutsamen Aspekte werden nicht nur die folgenden Kapitel, sondern auch der folgende Teil 3 zurückkommen.

2.2 Wie Erwartungen entstehen

2.2.1 Die Zeitdimension in der Personenwahrnehmung

2.2.1.1 Bezugsebenen für interpersonale Erwartungen

Überraschende Situationen und zufällige Begegnungen führen uns schlagartig vor Augen, daß wir gewöhnlich von einer gewissen Gleichmäßigkeit und Vertrautheit unserer Erfahrungen ausgehen. Bei aller Neugier und bei aller Faszination des Ungewöhnlichen rechnen wir zumeist damit, daß sich unsere Mitwelt im großen und ganzen gemäß unserer bisherigen Erfahrung verhalten wird. Eine soziale Orientierung wäre auch nicht vorstellbar, wenn man völlig „erwartungslos" sein Verhalten aus dem Moment heraus planen und gestalten müßte. Wir haben im vorigen Kapitel gesehen, daß wir andere Menschen als Aktionszentren auffassen und ihnen Wünsche, Ziele, Absichten und Pläne zuschreiben.

Erwartungen ergeben sich aus bisherigen Erfahrungen, sie sind somit weitgehend als gelernt anzusehen. Es kommt also darauf an, welche Erfahrungen wir bisher gemacht haben und wie wir sie verarbeiten.

Im Prozeß der Sozialisation gelangt der Einzelne einerseits zu einem Konzept seiner eigenen Eigenart (Identität, relative Konstanz eigenen Verhaltens und Erlebens), andererseits auch zu Konzepten über die Eigenart seiner sozialen Umwelt.

Diese Konzepte können
sich darauf beziehen, wie andere sind
— oder darauf, wie sie sich normalerweise verhalten,
sie enthalten aber stets eine prognostische Dimension, d. h. sie verbinden sich mit der Annahme relativer Konstanz und Kontinuität des Verhaltens.

Trotz mannigfacher Individualität ergibt sich daraus eine recht *allgemeine zwischenmenschliche Erwartungsebene:*

Erwartungen werden durch die allgemeinen sozio-kulturellen Gemeinsamkeiten und Normen bestimmt.

Zwar spiegeln sich in dem, was der Einzelne für „normal" hält, durchaus auch seine individuellen Maßstäbe wider — denn die Ansichten über das „Normale" können bekanntlich weit auseinandergehen — es gibt aber durchaus einen weiten Bereich von Selbstverständlichkeiten innerhalb eines kulturellen Bereichs.

Beispiel:
Man braucht nur eine beliebige Zeitung aufzuschlagen, um unter „Sensationen und Kuriosa" Meldungen zu finden, die gerade die Abweichung vom Selbstverständlichen mitteilenswert erscheinen lassen :

Striptease beim Fliegen
Passagiere in der billigen Klasse auf dem fünfstündigen Flug von Los Angeles nach Miami werden die Bordunterhaltung so schnell nicht vergessen: Eine splitternackte Blondine erschien plötzlich mit einer Flasche Sekt kichernd aus der ersten Klasse und hüpfte zwischen den Sitzreihen umher. In Reihe 27 der DC-10 der United Airlines ließ sie sich nieder, schlürfte Sekt und erklärte ihr ungewöhnliches Tun mit einem gerade gemachten Erbe von fünf Millionen Dollar. Der Chefsteward bemühte sich vergeblich, den Nackedei einzufangen. Die Passagiere applaudierten begeistert. Erst einer Stewardess gelang es, eine Decke um die nackte Schöne zu legen und sie in die erste Klasse zu verfrachten, wo ihr Begleiter vor Verlegenheit fast unter seinem Sitz verschwand. „Ich habe nie soviele grinsende Gesichter in meinem Leben gesehen", kommentierte ein Fluggast das Erlebnis. „Den ganzen Rest des Fluges haben wir nur gesessen und uns gefreut." dpa

Der „normale" Mensch ist eben in Gegenwart anderer angezogen und kichert als Fluggast selten oder nie...

Dieses zufällige Beispiel läßt allerdings bereits die zweite, spezifischere Erwartungsebene deutlich werden:

Zwischenmenschliche Erwartungen lassen sich oft als Rollen-Erwartungen erklären, als Erwartungen also, die an eine bestimmte gesellschaftliche Position geknüpft sind, oder sich mit einer bestimmten Gruppenzugehörigkeit verbinden.[74]

Diese Erwartungsebene meint personenunabhängige „positionelle Verfestigungen von Erwartungen".[75] Insofern hebt sie sich von der ersten, allgemeinen Ebene ab, als sie soziale Strukturen mitberücksichtigt. Wir erwarten etwa vom Inhaber einer bestimmten Berufsrolle, daß er sich entsprechend seines Status und seiner Aufgabe verhält.

Beispiel:
In der zweiten Stunde zeigt der neue Geographielehrer der Klasse einen Film. Als man danach wegen der stickigen Luft und Verdunkelung das Fenster öffnen will, klemmt das Rolleau. Der Lehrer schickt nach dem ihm bis dato unbekannten Hausmeister. Er erwartet einen mittelgroßen, kräftigen

Mann im graublauen Arbeitskittel, der das Problem mit einigen sachkundigen Handgriffen lösen wird.

Er wäre sehr überrascht, wenn z. B.:
- eine Frau oder
- ein dezent und vornehm gekleideter Herr gekommen wäre,
- wenn der Hausmeister sich nach dem Unterrichtsinhalt erkundigte,
- wenn er sich als völlig hilflos gegenüber dem Problem erweisen würde
...usw.

Der Begriff „Hausmeister" ist ebenso mit Rollenerwartungen verbunden, wie der des „Lehrers" oder des „Schülers". In der gegenseitigen zwischenmenschlichen Wahrnehmung und Beurteilung spielen derartige Rollenkonzepte, bzw. ihre Ausprägung beim Wahrnehmenden/Urteilenden eine wichtige Rolle.

In einem interessanten Experiment konnte z. B. nachgewiesen werden, daß ein Verhalten, das von einem Beobachter als rollenkonform erlebt wird, ihm über die persönliche Eigenart (Individualität) des Handelnden nur wenig Aufschluß vermittelt. Auf der anderen Seite wird das gleiche Verhalten als „persönlich" und „ehrlich", „informativ" aufgefaßt, wenn es mit der aktualisierten Rollenerwartung des Beobachters nicht übereinstimmt.[76]

Es gehört zu den oft schwierigen Aufgaben des Rollenhandelns, einerseits Erwartungen nicht zu enttäuschen und rollenkonform zu agieren, andererseits Individualität zu bewahren und nicht völlig „in der Rolle aufzugehen". So wird der Rollenträger versuchen, seine jeweilige Rolle individuell zu gestalten und zu interpretieren: der Lehrer wird beispielsweise zuweilen betonen, daß er keinesfalls nur ein „typischer Lehrer" ist, er hat es zur Bewahrung persönlicher Identität nötig, sich von anderen in der gleichen Rolle zu unterscheiden. Abgesehen von diesem Bestreben, Rolle und persönliche Identität zu balancieren, wird man auch aus biologisch-genetischen und persönlich-historischen Gründen von der Tatsache der Individualität, bzw. der Ungleichheit der Menschen auszugehen haben.

Daraus ergibt sich die *dritte Erwartungsebene:*

Zwischenmenschliche Erwartungen gegenüber Individuen sind oft als Ergebnis bisheriger Erfahrungen mit diesen Personen oder mit als ihnen ähnlich erlebten erklärbar.

Außerhalb des jeweiligen rollen- und gruppenspezifischen Verhaltens gehen wir von individuellen Verhaltensdispositionen eines jeden Menschen aus. Wenn wir eine Person länger kennen, glauben wir, ihr Verhalten und Erleben mit einer gewissen Sicherheit vorhersagen zu können.

Beispiele:
- So erwarten wir z. B., daß der Kollege X auf Kritik leicht empfindlich reagiert,
- oder wir glauben zu wissen, daß Frau A es mit Humor erträgt, wenn sie „auf den Arm genommen" wird.
- Bei der Schülerin K glaubt der Lehrer aufgrund bisheriger Erfahrungen nicht daran, daß sie eine Verständnisfrage richtig beantworten wird.
- Wenn er die Hausaufgaben nicht gemacht hat, erwartet der Schüler E bei seinem Klassenlehrer eher eine besorgte Nachfrage als eine Strafe – obwohl auch die Strafe als Rollenverhalten erwartet werden könnte.

Zusammenfassung:
Wahrnehmung und Beurteilung geschehen in zeitlichem Zusammenhang. Aus *vergangenen* Erfahrungen werden Erwartungen extrapoliert, die die Bezugsgrößen für *gegenwärtige* Erfahrungen liefern. Zugleich enthalten Erwartungen Vorhersagen über soziales Verhalten und sind damit auf die *Zukunft* gerichtet.

Interpersonale Erwartungen lassen sich auf drei Ebenen zurückführen:

1. *Erwartungsebene:*   Menschen verhalten sich gemäß allgemeiner Selbstverständlichkeiten und Normen.
   (Gesellschaft, Norm)

2. *Erwartungsebene:*   Menschen verhalten sich ihrer jeweiligen Rolle gemäß; sie entsprechen den Normen ihrer engeren Bezugsgruppe.
   (Rolle, Gruppe)

3. *Erwartungsbene:*   Menschen bleiben sich selbst in ihrem Verhalten und Erleben treu; sie verändern sich allenfalls langsam.
   (Individuum, Person)

2.2.1.2 Die ‚Erwartungs'-Theorie der Wahrnehmung

Nachdem wir uns nun etwas ausführlicher über die möglichen Ursachen von zwischenmenschlichen Erwartungen orientiert haben, könnten uns zwei Fragestellungen weiter beschäftigen:
- einmal: die Frage, wie denn nun der Zusammenhang zwischen Wahrnehmung und Erwartung theoretisch zu deuten sei,
- zum anderen: die Frage, wie Erwartungen und die zugrundeliegenden Bezugssysteme, Rollenvorstellungen, Stereotype und Projektionen in der individuellen Entwicklung entstehen.

Zur Frage nach dem Zusammenhang zwischen Erwartung und Wahrnehmung versucht die „Erwartungs"- oder „Hypothesen"-Theorie der Wahrnehmung nach *Bruner* und *Postman* eine Antwort.[77]

Nach dieser Theorie gliedert sich der (soziale) Wahrnehmungsprozeß in drei Schritte:
1. Erwartung
2. Informationseingang (Wahrnehmung im engeren Sinne)
3. Überprüfung (Vergleich von Erwartungen und Information)

Ergibt sich bei 3. eine Unstimmigkeit zwischen Erwartung und Information, so erfolgt eine Uminterpretation: eine Änderung der Erwartung, eine Änderung der Information — z. B. durch gezieltes Suchen oder Beobachten — und der Prozeß beginnt von neuem.

Intensität und Richtung der Erwartung, d. h. der Wahrnehmungsbereitschaft hängen nach *Bruner* u. *Postman* von fünf Faktoren ab:
1. von der Häufigkeit vorangegangener Bestätigungen der Richtigkeit der Erwartung in der gegebenen Situation;
2. von der vermuteten Anzahl und Wahrscheinlichkeit der erwarteten Alternativen;
3. von der kognitiven Einbettung; vom Sinnzusammenhang der Situation (z. B. erwarte ich eher, daß ein Gottesdienstbesucher singen wird, als ein Besucher eines Chorkonzerts);
4. von der motivationalen Einbettung (bin ich aggressiv und angriffslustig, werde ich eher erwarten, daß mich andere angreifen wollen; Projektion);
5. von der sozialen Einbettung. Hierbei wird ausdrücklich an soziale Faktoren wie Rolle, Schicht, u. ä. erinnert. Diesen Aspekt haben wir anfang als „Erwartungsebenen 1 und 2" bereits erörtert.

Die Erwartungstheorie erlaubt eine Beschreibung sozialer Wahrnehmungsvorgänge als Prozeß — allerdings handelt es sich wiederum um eine „monologische" Theorie, die die Interaktion zwischen Wahrnehmendem und Wahrgenommenen nicht ausdrücklich thematisiert. Immerhin wird der Wahrgenommene (im Sinne unseres vorangegangenen Kapitels) als Handlungszentrum begriffen, also nicht nur statisch aufgefaßt.

Ein ‚monologisches' Modell kann aber durchaus zum Verständnis von Beziehungen und Interaktionen beitragen, wenn man es für beide Partner konstruiert und zu verbinden versucht. Diese Möglichkeit soll das folgende Schaubild demonstrieren:[78]

Wir müssen bei diesem Schema beachten, daß der Begriff ‚Erwartung' hier als *normativer* Begriff aufgefaßt wird, während er bei *Bruner* u. *Postman* allgemeiner Voraussagen *(Antizipationen)* meint.

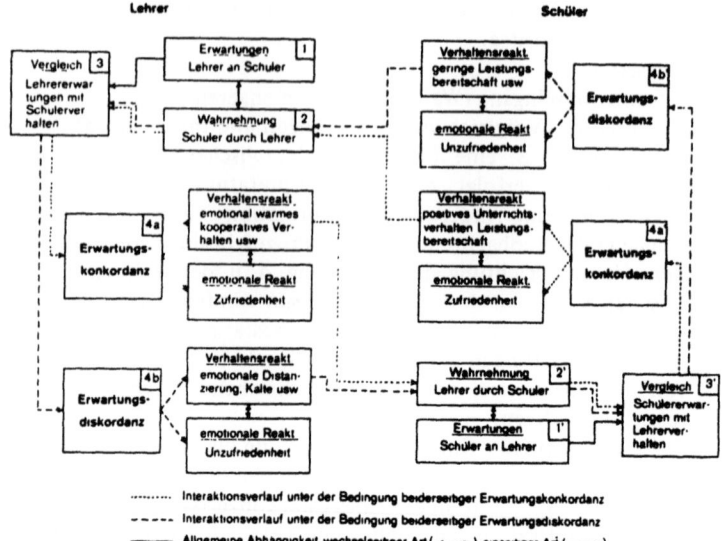

Interaktionsmodell des Lehrer- und Schülerverhaltens (n. *Rosemann*)

2.2.2 Die Entwicklung von Wahrnehmungs- und Urteilsmustern

Wir haben gesehen, welche überaus wichtige Rolle Erwartungs-, Wahrnehmungs- und Urteilsmuster in unserem Verhalten spielen. Weiterhin wurde deutlich, daß diese Bereitschaften, Schemata, Konzepte oder (Vor-)Urteile in ihrer individuellen oder gruppenspezifischen Eigenart weitgehend durch Lernerfahrungen in der Sozialisation geformt werden.

Um besser zu verstehen, wie im einzelnen Wahrnehmungs- und Urteilsmuster aufgebaut werden, wollen wir in diesem Abschnitt die folgenden Aspekte näher untersuchen:

- Interpersonale Wahrnehmung in Zusammenhang mit der „sozialen Intelligenz": wie entwickelten sich die Fähigkeiten des Fremdverstehens, der Einfühlung (Empathie) und der Rollenübernahme. (2.2.2.1)
- Interpersonale Wahrnehmung und die Entwicklung emotionaler Beziehungen (2.2.2.2)

2.2.2.1 Zur Entwicklung der „sozialen Intelligenz"

Wenn in einem sozialpsychologischen Text auf entwicklungspsychologische Befunde hingewiesen wird, dann fragt mancher Leser wohl mit Recht nach einer Begründung. Als Antwort auf diese Frage kann ich nur die Überzeugung anführen, daß nur auf diese Weise das Wahrnehmungs- und Urteilsverhalten älterer *genetisch*, d. h. von seinen Entstehungsbedingungen her verständlich wird. Wenn ich z. B. verstehen will, weshalb ein Jugendlicher oder Erwachsener seine sozialen Partner vorwiegend unter der Perspektive von potentieller Bedrohung mißtrauisch-abwehrend wahrnimmt und beurteilt, so erweisen sich Aussagen und Befunde zur frühkindlichen Sozialisation als wertvolle Verständnishilfen; sie können etwa die Hypothese nahelegen, daß frühkindliche Versagungen und Enttäuschungen in den ersten sozialen Beziehungen zu einem fortdauernden „Urmißtrauen" (*Erikson*) gegenüber der sozialen Umwelt geführt haben.

Diese Begründung ist gewiß in Bezug auf die emotionalen Beziehungsdimension (2.2.2.2) einleuchtend. Läßt sie sich aber auch für die kognitive, intellektuelle Dimension deutlich machen?

Hier richtet sich unser Interesse hauptsächlich auf die Fähigkeit zur sozialen Partner-Orientierung, oder, wie die geläufigere Bezeichnung lautet: zur Rollenübernahme (role-taking).

Zum Begriff sei angemerkt, daß „Rollenübernahme" nur bedeutet, die Perspektive des sozialen Partners im eigenen Wahrnehmen und Handeln zu berücksichtigen, nicht aber, die Rolle des anderen zu spielen. Insofern ist die Bezeichnung „Rollenübernahme" etwas irreführend.[79]

Es geht also um die Frage, wie sich differenzierte Empathie – Leistungen, wie sie für Erwachsene scheinbar selbstverständlich sind, im Laufe des Lebens entwickeln. Hierzu ist vor allem der experimentelle Ansatz von *Piaget* und seine Fortsetzung in die interpersonale Dimension durch *Flavell* und Mitarbeiter[80] wesentlich:

In einer Reihe einfallsreicher und vielgestaltiger Versuchsanordnungen wurden Kinder und Jugendliche mit Interaktionsaufgaben konfrontiert, die für den beobachtenden Versuchsleiter erkennen ließen, ob und wie differenziert die jeweilige Versuchsperson die Perspektive ihres Interaktionspartners berücksichtigt, erkennt, vorhersagt und sich in ihn „hineinzuversetzen" versucht.
Beispiele:[81]

Ein simples, alltägliches Beispiel ist die Auswahl von geeigneten Geschenken für eine andere Person. Kleinkinder gehen oft davon aus, daß das, was sie selbst gern haben möchten, auch für ihre Eltern geeignet ist (Egozentrismus).

In einem anderen Versuch werden Rollenübernahme – Leistungen dadurch gefordert, daß ein Kind zunächst zu einer Folge von sieben Bildern eine Geschichte erfindet. Dann nimmt der Versuchsleiter drei Bilder heraus und fragt das Kind, welche Geschichte ein anderes Kind wohl zu den rechtlichen vier Bildern erfinden würde. Hierbei hat das Kind zu berücksichtigen, daß ein anderer die drei entfernten Bilder nicht kennt.

Als Resultat seiner Versuchsreihe sieht *Flavell* vor allem die Unterscheidung von *fünf Teilfähigkeiten der Rollenübernahme* an:[82]

„1. *Vorhandensein* (Existence): wissen, daß es so etwas wie „Perspektive" gibt, d. h. das, was du in einer bestimmten Situation wahrnimmst, denkst oder fühlst, muß nicht mit dem identisch sein, was ich wahrnehme, denke oder fühle.
2. *Voraussetzung* (need): erkennen, daß in bestimmten Situationen eine Analyse der Perspektive anderer gefordert wird, d. h. erkennen, daß eine solche Analyse ein nützliches Mittel zur Erreichung des jeweiligen eigenen Ziels ist.
3. *Vorhersage* (prediction): wissen, wie man genau diese Analyse durchführen kann. Das erfordert die Fähigkeit, die relevanten Rollenmerkmale des anderen genau diskriminieren zu können.
4. *Bereithalten* (maintenance): wissen, wie man die Ergebnisse dieser Analyse im Gedächtnis behalten kann. Man kann annehmen, daß (sie) dann, wenn sie im geplanten Endverhalten eingesetzt werden sollen, im Wettstreit mit denjenigen Kognitionen liegen, die sich aus der Definition des eigenen Standpunktes ergeben.
5. *Anwendung* (application): wissen, wie man die Kognitionen auf das geplante Ziel anwenden kann. Wie man z. B. die Kenntnisse über die Rollenmerkmale des Zuhörers in eine effektive sprachliche Mitteilung umsetzen kann."

Nach den empirischen Befunden dürfte „das Kind schon ein Verständnis für das Vorhandensein von Perspektivenunterschieden bei seinem Schuleintritt entwickelt"[83] haben, es zeigte sich aber „auch, daß die Fähigkeiten der Erstkläßler in bezug auf die Komponenten *Voraussetzung, Vorhersage, Bereithalten* und *Anwendung* noch recht begrenzt sind, obwohl sie durchaus schon vorhanden sind."

Über diese durchschnittlichen Entwicklungs- und Differenzierungsprozesse hinaus ergaben die bisherigen Untersuchungen jedoch „auf jeder Altersstufe eine erhebliche Variation der Rollenübernahme – und kommunikativen Fähigkeiten zwischen den Individuen".[84] Wir müssen demnach damit rechnen, daß mit Abschluß der mittleren Kindheit (ca. 10.-12. Lebensjahr) noch keineswegs bei allen

Jugendlichen die gleichen Voraussetzungen für Wahrnehmung und Interpretation sozialen Handelns entwickelt worden sind.

Es zeigt sich in der Praxis immer wieder, daß Lehrer und Erzieher vor allem jüngere Kinder kognitiv überfordern, wenn sie etwa Empathie, Rücksichtnahme, Takt und zwischenmenschliches Verständnis voraussetzen oder gar moralisch daran appellieren.

Beispiel:
So weiß der 8jährige Junge, der vor meinem Fenster spielt, sicherlich, daß sein lustvoller Lärm für mich eine unangenehme Störung ist ... wenn man ihn daran erinnert. Es fällt ihm aber schwer, diese Einsicht bereitzuhalten (Komponente 4), denn die eigene, egozentrische Situationsdefinition ist die stärkere.

Auch bei älteren Jugendlichen − selbst bei Erwachsenen − erleben wir immer wieder derartige Kommunikationsprobleme − besonders dann, wenn starke emotionale und affektive Momente wirksam sind.

Die Tatsache erheblicher Variation von Empathiefähigkeiten zwingt uns zu einer weiteren Erkenntnis: unterschiedliche soziale Leistungen dieser Art sind nicht nur bei Schülern, sondern auch bei Lehrern und Erziehern anzunehmen. Wenn man an Unterrichtssituationen denkt, ist es vielleicht nicht einmal erforderlich, Kommunikationsprobleme auf das Konto geringer sozialer Intelligenz eines Lehrers zu schieben. Es ergeben sich einige Situationsmerkmale, die es dem Lehrer erschweren, etwa vorhandene Rollenübernahmefähigkeiten zu aktivieren: So kann er bei Unterrichtsgesprächen kaum den Informationsstand eines jeden Schülers kennen, geschweige denn berücksichtigen. Er ist zudem häufig in der − zunächst jedenfalls − sozial asymmetrischen Situation des Unterrichts von vornherein in einer Position, die seiner eigenen Perspektive größeres Gewicht gibt und ihn der Versuchung aussetzt, sich durchzusetzen und sich um die Perspektiven seiner Schüler nicht zu kümmern. Daß es um die soziale Sensibilität und um den Einsatz von Empathiefähigkeiten bei Erziehern nicht immer zum besten bestellt ist, belegen tiefenpsychologisch orientierte Analysen.[85]

Vielfältig sind inzwischen auch die Angebote zur Förderung von sozialer Intelligenz in diesem Sinn. Nachdem bereits bei Kindern Rollenspiele und soziale Interaktionsübungen zu meßbaren Verbesserungen von Rollenübernahmefähigkeiten führen können,[86] ist es verständlich, daß auch für Erwachsene − besonders in sozialen Berufen − Trainingsprogramme entwickelt worden sind. Diese Versuche arbeiten meist auf gruppendynamischer Basis (→ s. Teil 4), wobei jedoch der empirische Effektivitätsnachweis bisher nicht überzeugend gelang.

2.2.2.2 Interpersonale Wahrnehmung und die Entwicklung emotionaler Beziehungen

„Fremd" vs. „vertraut" scheint die erste Kategorie zu sein, nach der Kleinkinder andere Menschen unterscheiden. Die Tatsache, daß dabei der „Fremde" ängstigt, hat R. *Spitz* mit dem Begriff „Acht-Monats-Angst" zu beschreiben versucht. Wir wissen heute, daß Anfänge von Unterscheidungsleistungen bereits von Säuglingen am Ende des ersten Lebensmonats berichtet werden.[87]

Fremde Personen ängstigen nur, wenn sie in Aussehen oder Verhalten extrem vom Vertrauten abweichen oder wenn dem Kind nicht genügend Zeit gelassen wird, den Fremden aus sicherer Distanz zu beobachten.

Wenn ein Kind allerdings schmerzliche oder ängstigende Erfahrungen mit Personen macht, dann werden sich — lernpsychologisch verständliche — Aversionen herausbilden. Wir wissen, daß sich Kleinkinder etwa vom sechsten Lebensmonat an eng an unmittelbare Bezugspersonen binden. Die Bindung ist nicht nur von der Häufigkeit des Kontakts, sondern entscheidend auch von der Qualität der Interaktion abhängig. Neben Sicherheit vermittelnder Stabilität, Kontinuität und Vorhersagbarkeit der ersten Beziehungserfahrungen sind für das Kind „Positive Einstellungen" der Betreuungsperson und „wechselseitigen Sympathie und Zuneigung" wesentlich.

Genaue Beobachtung zwischenmenschlichen Verhaltens läßt allerdings an der Alternative „*Entweder* Sympathie *oder* Antipathie" zweifeln; für zwischenmenschliche Beziehungen scheint das tiefenpsychologische Konzept der *Ambivalenz* realistischer zu sein: sympathetische und Antipathie-Einstellungen können sich auf ein- und dieselbe Person richten.

Bei Beschreibungen anderer Personen, wie sie von Kindern in Experimenten erhoben worden sind, treten in der Vorschulzeit häufig Urteile wie „lieb" — „böse" auf.[88] Für die alltägliche Interaktion erweist sich diese Dimension in der weiteren Entwicklung als äußerst wesentlich. Man kann sie später unter den Begriffen „Sympathie, soziale Attraktivität, Beliebtheit" wiederfinden.

Wir haben in Abschnitt 2.1.2 gesehen, daß ein Bewertungsfaktor dieser Art für die implizite Persönlichkeitsstruktur der meisten Menschen grundlegend ist (neben einem „Tüchtigkeits"-Faktor).

Anmerkung:
Wir müssen uns allerdings einer Tatsache bewußt sein, wenn wir „Sympathie" als Wahrnehmungskategorie bei der Beurteilung anderer auffassen:

„sympathisch" ist keinesfalls ein Merkmal der anderen Person; die Feststellung sagt nichts über das „So-Sein" des Anderen aus, sondern kennzeichnet die emotional-affektive Beziehung, die der Wahrnehmende zu dem Beurteilten äußert.

Das Urteil „sympathisch" beruht insofern nicht auf Fremd- sondern auf *Selbstwahrnehmung*.

Für unsere Fragestellung ist es nun wichtig festzustellen, daß sich zum einen individuelle Unterschiede finden in der Bereitschaft, andere als „sympathisch" zu erleben.

Zum anderen sind Entwicklungs- und Sozialisationsbedingungen bekannt, die mit derartigen Unterschieden im Zusammenhang stehen. So haben *Spitz* und *Erikson* auf die frühkindlichen Wurzeln von Vertrauen und Mißtrauen hingewiesen.[89] Die ersten Erfahrungen von Verläßlichkeit und Sicherheit scheinen demnach die Grundlage für spätere Einstellungen zur sozialen Umwelt abzugeben.

Zusätzlich zu dieser grundlegenden Dimension interpersonaler Beziehungen und Einschätzungen sind die weiterführenden Konzepte von Projektion und Übertragung für die Genese individueller Sozialperspektiven wesentlich.

Diese Konzepte stammen wiederum aus der tiefenpsychologischen Begriffssphäre

---

Übertragung **bedeutet zunächst, daß Eigenschaften früherer Partner (besonders der frühkindlich erlebten Eltern) anderen aktuellen Sozialpartnern zugeschrieben werden. Darüber hinaus den „Versuch, mit jedem Objekt, das es gestattet, eine infantile Situation wieder aufzurichten und wiederzubeleben, nach der man sich sehr sehnt, weil man sie entweder sehr genoß oder sehr vermißte."**[90]
„Projektion" **wird dagegen als Abwehrmechanismus aufgefaßt: Zur Erhaltung der eigenen Integrität und Anpassung werden einige nicht-akzeptierte Impulse und Triebregungen auf andere projiziert, d. h. ihnen zugeschrieben (Beispiel: Derjenige, der eigene aggressive Regungen nicht zulassen kann, sieht andere eher als feindselig an).**

Projektions- und Übertragungsbereitschaften haben individuelle, lebensgeschichtliche Grundlagen. Sie bestimmen die soziale Wahrnehmung, somit erlauben diese – allerdings empirisch schwer überprüfbaren – Konzepte ein besseres Verständnis für individuelle verzerrende Sichtweisen. Da es sich nach Auffassung der Tiefenpsychologie jedoch im wesentlichen um unbewußte Prozesse handelt, muß man folgern, daß der Versuch einer Korrektur dieser Sichtweisen auf Grenzen der Einsicht und auf emotionale Barrieren stoßen wird. Das wird deutlich, wenn man sich klarmacht, daß diese Sichtweisen entweder zur Erhaltung der Identität des Projizierenden nötig sind oder zur grundlegenden primären Sozialerfahrung des Übertragenden gehören.

Am Beispiel der Eltern-Kind-Beziehung hat H. E. *Richter* Projektions- und Übertragungsprozesse beschrieben, die die betroffenen Kinder in neurotische Entwicklungen drängten. Seine These lautet: Eltern verfolgen mit ihren Kindern auf Grund eigener unbewältigter Kindheitskonflikte ein unbewußtes Programm: sie drängen sie unbewußt in eine Rolle hinein, sie wollen sie z. B. zu einem Ersatzpartner werden lassen oder zu einem Ebenbild ihrer selbst, mit dem sie eigene unerfüllte Wünsche verwirklichen wollen oder an dem sie abgewehrte negative Züge bekämpfen.[91]

Hier werden also unbewußte Erwartungen postuliert, die die Bezugsebene für die Wahrnehmung und Beurteilung kindlichen Verhaltens abgeben.

Für den Bereich der institutionalisierten Erziehung ergibt sich daraus die Frage, ob nicht auch ein Lehrer vergleichbare neurotisierende Sichtweisen seinen Schülern gegenüber einsetzen kann. Es liegt auf der Hand, daß eine Unterrichtssituation beim Lehrer sehr leicht Erinnerungen an eigene Schülererfahrungen aktivieren kann; wenn er mit Jugendlichen zusammen ist, wird er geneigt sein, die Jugendlichen gemäß seiner eigenen Jugenderfahrungen zu sehen und zu beurteilen. Er begegnet gewissermaßen dem Kind oder Jugendlichen in sich selbst und steht in der Versuchung, voreingenommen der Realität zu begegnen.

2.3 Urteile über Schüler

2.3.1 Explizite und implizite Schülerbeurteilung

Bisher haben wir ‚Urteilen' als integrierte Komponente von Wahrnehmungsprozessen verstanden. Der Begriff ‚Beurteilung' wird dagegen im Folgenden eingeschränkter ‚pädagogisch' verstanden.
Beurteilen ist eine der wichtigsten Aufgaben von Lehrern. Zunächst denkt man dabei wohl an das *Zeugnis* und die darin zusammengefaßten *Zensuren*.
Zensuren sind ausdrückliche, *explizite* Beurteilungen; der Lehrer hat sich auf ein bestimmtes Urteil zumeist nach gezielter Beobachtung, mehrfacher Leistungskontrolle und reiflicher Überlegung festgelegt. Diese Beurteilungen sind gewissermaßen die offiziellen Höhepunkte in einer vielfältigen Reihe von Stellungnahmen, die inoffiziell, beiläufig, unbeabsichtigt, versehentlich, probeweise, undeutlich, gut gemeint u. a. sein können.
Wir können als *1. These* formulieren:

These 1:
In der pädagogischen Interaktion hat jedes Lehrerverhalten potentiell beurteilenden und bewertenden Charakter.

Diese These ergibt sich aus der Abhängigkeitsbeziehung zwischen Lehrer und Schüler und aus der Beurteilungsmacht des Lehrers. Wenn der Schüler sich von der Beurteilung des Lehrers abhängig weiß, so kann er in allen irgendwie auf ihn bezogenen oder beziehbaren Verhaltensweisen des Lehrers wertende Stellungnahmen zu seiner Leistung und Person vermuten.
Aus der Kommunikationstheorie ist uns die Unmöglichkeit, nicht zu kommunizieren, bekannt.[92] Eine Konsequenz aus dieser Erkenntnis: die leistungsthematische Situation „Schule" kann – zumindest der Möglichkeit nach – ständig unter dem Beurteilungsgesichtspunkt aufgefaßt werden.
Für den Schüler bedeutet, das, daß – unabhängig von der Intention des Lehrers – sein interaktives Verhalten auf das Erfolgs-/Mißerfolgs-

Schema der Leistungsbeurteilung projiziert wird. Die Konsequenz aus dieser These wäre:

These 2:
Jedes Lehrerverhalten in der Interaktion mit einem Schüler kann sich hemmend oder fördernd auf die Leistungsbemühungen des Schülers auswirken.

Beispiel:
für implizite Beurteilungen aus der Sicht des Schülers:
— Bei der Rückgabe eines Klassenaufsatzes stellt der Lehrer die ersten drei als gelungene Beispiele besonders heraus. Die Schülerin B. bekommt dagegen ihr Heft wortlos zugeworfen, sie hat eine „2", aber mit dem deutlichen Gefühl, der Lehrer sei mit ihrer Leistung unzufrieden.
— Schüler K. meldet sich bei einer Mathematikaufgabe. Die Lehrerin sagt: „Hast Du Dir das auch gut überlegt?" K. wird unsicher, denkt nach. Der Mathematikprimus T., der sich ebenfalls gemeldet hatte, wird zur Tafel gerufen und löst die Aufgabe.
— Hausaufgaben werden nachgesehen; bei der Schülerin U. fällt dem Lehrer die sehr knappe, flüchtige und unsaubere Arbeit auf. Er sagt: „Na, da hast Du wohl ausnahmsweise mal ganz allein gearbeitet!"

Aus diesen Beispielen wird vielleicht deutlich, daß Schüler auf vielfältige Weise erfahren — oder zu erfahren glauben —, was ihre Lehrer (und ihre Mitschüler) ihnen zutrauen oder nicht. Dem Lehrer ist es zweifellos nicht möglich, alle Wirkungen seines Verhaltens im voraus zu berücksichtigen oder stets reflektiert einzusetzen. Daraus ergibt sich die *dritte These*.

These 3:
Wenn Schüler sich beurteilt fühlen, so geschieht das häufig ohne eine reflektierte Beurteilungsabsicht des Lehrers. Häufig wird spontanes, „beiläufiges" Lehrverhalten von Schülers als bewertende Stellungnahme aufgefaßt.

Bisher haben wir eigentlich nur danach gefragt, wie Schüler das Verhalten von Lehrern in vielfältiger Hinsicht als Beurteilung ihrer Persönlichkeit und ihrer Leistung auffassen können. In der pädagogischen Interaktion unter Vorherrschaft des Leistungsprinzips kann das Verhalten des Urteilsmächtigen immer unter diesem Urteilsaspekt gesehen werden. Wir wissen aus semantischen Untersuchungen, daß im Bereich unseres wichtigsten Kommunikationsmediums, der Sprache, in fast jedem Begriff eine wertende Komponente enthalten ist.[93] Es dürfte nicht allzu gewagt sein, diesen Befund auch auf Gesten und andere nichtverbale Verhaltensweisen zu beziehen.

Für den Lehrer ist es nicht einfach, sich darüber Klarheit zu verschaffen, wie er außerhalb von „offiziellen" Beurteilungen ständig urteilend und wertend mit seinen Schülern in Beziehung steht. Manches, was Schüler als Beurteilung registrieren, hat er „nicht so gemeint". Es ist aber für jeden Lehrer nützlich, sich klarzumachen,

daß er sich in der pädagogischen Beziehung nicht urteils-,,enthaltsam" bewegen kann:
- Keine Antwort ist bekanntlich auch eine. So wird für das Kind, dessen Leistungsbemühungen vielleicht zu Hause häufig lobend kommentiert werden, das ,,objektiv-neutrale" Verhalten des Lehrers ein Signal für Unzufriedenheit sein.
- Die Unmöglichkeit, nicht zu kommunizieren, ergibt sich so aus der Unmöglichkeit, sich nicht zu verhalten. Die Vieldeutigkeit des Verhaltens macht die Auffassung der Situation abhängig einmal vom Kontext (hier: leistungsthematische Situation ‚Schule') und von den Sozialisationserfahrungen der Schüler, durch die ihnen Deutungsmuster vermittelt worden sind.
- Lehrer fassen eigenes Verhalten meist unter anderer Perspektive auf als die Schüler. Sie verdrängen häufig den Urteilsaspekt (→ hin zu den unvermeidlichen ‚offiziellen' Anlässen) und deuten daher eigene Verhaltensweisen anders (z. B. als ‚Motivierung', ‚Aufmunterung', ‚Disziplinierung', ‚Kontaktpflege', ‚Sozialer Bezug'). Von daher ist es wahrscheinlich, daß über implizite Beurteilungen häufig vorurteilshafte Voreingenommenheiten unreflektiert vermitteln werden.

Exkurs:
Die Mehrdeutigkeit, die Relativität von Bedeutungen des Verhaltens aus der Sicht verschiedener Interaktionspartner wird übrigens durch den ‚Symbolischen Interaktionismus'[94] als sozialwissenschaftliche Perspektive am besten berücksichtigt.
Demnach hat Verhalten keinen außerhalb der jeweiligen Situation bestimmbaren, bestimmten Sinn,, sondern jeweils die Bedeutung, die ihm in der Interaktion zugeschrieben wird.

2.3.2 Die implizite Urteilsstruktur von Lehrern

2.3.2.1 Die Untersuchung von Hofer

Wenn wir zugeben müssen, daß Lehrer eine oft schicksalsentscheidende Rolle als Beurteiler ihrer Schüler spielen, dann ist die Frage nach ihrer *rollenbezogenen* Urteilsstruktur von großer praktischer Bedeutung. In diesem Abschnitt wollen wir die ‚klassische' Studie von Manfred *Hofer* über ,,Die Schülerpersönlichkeit im Urteil des Lehrers"[95] vorstellen und analysieren. Diese Untersuchung wirft inhaltliche und methodische Fragen auf. Anschließend werden ergänzende Befunde aus neueren empirischen Arbeiten zusammengestellt.

2.3.2.2 Die Fragestellungen der Untersuchung

1. Wie ist die „implizite Persönlichkeitstheorie" beschaffen, die Lehrer von der Schülerpersönlichkeit besitzen?
   - Wenn es eine berufsrollenabhängige gemeinsame Sichtweise von Lehrern gibt, dann muß sie näher beschrieben werden: Wieviele Dimensionen sind zu ihrer Charakterisierung notwendig, welche Dimensionen sind es, welche sind besonders wesentlich, welche sind weniger bedeutsam? usw.
2. Gibt es im wesentlichen *eine* Sichtweise oder lassen sich unter den Lehrern Untergruppen bestimmen, die eigene „implizite Persönlichkeitstheorien" entwickelt haben?
3. Sind die „Sichtweisen" persönlichkeitsabhängig?
   Man könnte erwarten, daß bestimmte Einstellungen (z. B. „konservativ") oder Eigenschaftsausprägungen (z. B. „unsicher, ängstlich") des Lehrers mit vom „Durchschnitt" abweichenden impliziten Urteilsstrukturen gekoppelt sind (z. B. könnte für den „konservativen" Lehrer eine Urteilsdimension „Anpassung, Disziplin" bedeutsamer sein als für einen eher „progressiven" Lehrer)
4. Wenden die Lehrer die gleiche „implizite Persönlichkeitstheorie" bei verschiedenen Beurteilungsaufgaben und -methoden an?
   - Diese Fragestellung ist mehr methodischer Art, sie zielt auf den Vergleich verschiedener Untersuchungsmethoden für „implizite Persönlichkeitstheorien". Z. B. kann man sie einmal dadurch untersuchen, daß man die Lehrer Eigenschaftsbegriffe paarweise nach ihrer Ähnlichkeit beurteilen läßt – so lassen sich Gruppierungen (Dimensionen) von Eigenschaftsbegriffen finden, ohne daß die Lehrer konkrete Schüler beurteilen müssen. Zum anderen können die Beurteilungen realer Schüler daraufhin analysiert werden, welche „internen Verknüpfungsstrukturen von Urteilsbegriffen" *(Kleiter)*[96] hier angewandt worden sind.

2.3.2.3 Methoden

Wir können in unserer verkürzten Zusammenfassung allenfalls die *Erhebungs-*, kaum aber die recht komplizierten statistischen *Analyse*-Methoden aus *Hofers* Untersuchung skizzieren.

Die Untersuchung ging von einer wichtigen Vorentscheidung aus: Die Schülerpersönlichkeit wird mit Hilfe einer vorgegebenen Auswahl von Eigenschaftswörtern charakterisiert. Die Alternative dazu, — wie sie u. a. von E. *Höhn* in ihrer Arbeit über das Stereotyp vom „schlechten Schüler"[97] angewandt wurde — gibt den Lehrern die Möglichkeit zu freien, unstrukturierten, spontanen Schilderungen. Damit verbindet sich jedoch der Nachteil, daß derartige Schilderungen nur bedingt vergleichbar und quantitativ kaum auswertbar sind.

Hofer verwendete eine Liste von 25 Eigenschaftsworten; die aus einer Sammlung von 191 Worten von 15 Lehrerstudenten und 5 Lehrern als besonders „relevant für die Charakterisierung der Persönlichkeit von Volksschulkindern"[98] ausgewählt worden waren:

1. aufgeweckt
2. aufmerksam
3. ausgeglichen
4. ehrgeizig
5. einfallsreich
6. fleißig
7. folgsam
8. führend
9. geltungsbedürftig
10. gesellig
11. höflich
12. intelligent
13. kompliziert
14. pflichtbewußt
15. schüchtern
16. selbstsicher
17. sensibel
18. sympathisch
19. unbegabt
20. uninteressiert
21. unkonzentriert
22. unordentlich
23. unruhig
24. verschlossen
25. zuverlässig

Um die Fragestellung 4. beantworten zu können, wurden insgesamt drei Datensätze erhoben und analysiert:
a) 40 Lehrer hatten die 25 Eigenschaftsbegriffe in allen möglichen 300 Paarkombinationen nach ihrer Ähnlichkeit zu beurteilen. Sie „wurden angewiesen, sich jeweils zwei Schülertypen vorzustellen, die die betreffende Eigenschaften in besonderem Maße besitzen, und diese beiden Schüler nach Ähnlichkeit zu beurteilen".[99]
Das Urteil konnte auf einer 9stufigen Skala differenziert werden (1 = maximale; 9 = minimale Ähnlichkeit).
b) 66 andere Lehrer beurteilten je fünf nach Zufall bestimmte Schüler ihrer Klasse an Hand der 25 Eigenschaften. Die Eigenschaften waren diesmal durch ihre Gegenbegriffe zu polaren Dimensionen erweitert worden, zwischen denen das Urteil auf einer siebenstufigen Skala differenziert werden konnte.

(Beispiel: „fleißig" wurde zu
fleißig — faul.
„schüchtern" zu
schüchtern — dreist)

c) Die gleichen 66 Lehrer, die den Datensatz 2 lieferten, beurteilten zusätzlich zu den realen Schülern vier *Schülertypen,* d. h. die folgenden Stereotype:

„der" Schüler
„der" schlechte Schüler
„der" gute Schüler
„der" ideale Schüler.

Dabei war jede der 25 Eigenschaftspolaritäten (z. B. „sympathisch" — „unsympathisch") im Fragebogen viermal untereinander abgedruckt (mit 7stufiger Skala); die vier Stereotype waren folglich nach allen 25 Polaritäten einzustufen.

Alle befragten Lehrer hatten außerdem noch einige psychologische Persönlichkeits- und Einstellungsfragebogen auszufüllen, die besonders zur Beantwortung der Fragestellung 3 (sind implizite Persönlichkeitstheorien persönlichkeitsabhängig?) beitragen sollten.

Wenn die Ergebnisse der drei Datensätze miteinader verglichen werden, müssen die folgenden Gesichtspunkte beachtet werden.
– allen Erhebungen lag die gleiche Auswahl von 25 vorgegebenen Eigenschaftsbegriffen (bzw. -polaritäten) zugrunde,
– Datensatz 2 und 3 stammen von denselben Versuchspersonen.

2.3.2.4 Befunde

Für uns ergibt sich nun die Schwierigkeit, daß wir den genauen statistisch-analytischen Weg nicht nachvollziehen können, der zur Bestimmung von Anzahl und Art der in den einzelnen Datensätzen enthaltenen Haupt-Dimensionen führt.

Die Methode der Faktorenanalyse ist ein anspruchsvolles mathematisches Verfahren, das nicht in kurzer Zeit didaktisch vermittelt werden kann. Im Prinzip geht es darum, aus einer größeren Gruppe von Meß-Skalen (hier den 25 Eigenschaftsbegriffen mit ihrem Gegenteil) Untergruppen zu bestimmen, die sich möglichst eng um eine hypothetische Dimension („Faktor") gruppieren. So ließ sich in der *Hofer*schen Untersuchung zeigen, daß sich die Eigenschaftsbegriffe „aufmerksam", „konzentriert", „interessiert", „ruhig", „ordentlich" zusammenfassen ließen, da sie von den Versuchspersonen ähnlich verwandt wurden, d. h. die Tendenz zu synonymem Gebrauch zeigten. Sie werden mathematisch einem Faktor zugeordnet, den der Autor mit „Arbeitsverhalten" benennt.

Dieser Faktor trug am meisten zur Variation des Urteils bei, er wird daher nach seiner Bedeutung in der impliziten Persönlichkeitstheorie des Lehrers obenan gestellt.

Die Dimensionalität der Urteilsstruktur ließ sich in allen drei Datensätzen fast übereinstimmend nach Anzahl und Inhalt der Faktoren zeigen:

Hofer sieht als Ergebnis seiner Untersuchung die folgenden fünf Dimensionen an:[100]
I. Arbeitsverhalten (Eigenschaften: „konzentriert", „pflichtbewußt", ordentlich")
II. Schwierigkeit („schüchtern", „sensibel")
III. Begabung („intelligent", „begabt")
IV. Dominanz („geltungsbedürftig", „ehrgeizig")
V. soziale Zurückgezogenheit („verschlossen", „ungesellig")

Auf die Fragestellungen der Untersuchungen ergaben sich die folgenden Antworten:
1. Wie ist die „implizite Persönlichkeitstheorie" beschaffen, die Lehrer von der Schülerpersönlichkeit besitzen?
   - Die getrennte Untersuchung der drei Datensätze ließ in recht guter Übereinstimmung die vorgenannten fünf Dimensionen erkennen. Zur Anzahl der Dimensionen räumt *Hofer* allerdings ein, daß sie mit Anzahl und Auswahl der 25 Eigenschaftsbegriffe zusammenhängt: vergleichbare Studien anderer Forscher ergaben weniger interpretierbare Dimensionen, wenn den Beurteilern z. B. nur 12 Eigenschaften vorgegeben waren; bei 30 Eigenschaftsbegriffen kamen dagegen sechs Faktoren zustande.
   - Daß „Arbeitshaltung', und „Begabung" je eine Beurteilungsdimension im „Wahrnehmungsgefüge" *(Hofer)* von Lehrern ausmachen, wird mit der speziellen Rollenbeziehung Lehrer – Schüler in Verbindung gebracht. Dagegen ist „ein Faktor der menschlichen Zuneigung, der in anderen Untersuchungen zur impliziten Persönlichkeitstheorie hervorsticht, ... hier nur von untergeordneter Bedeutung gegenüber dem leistungsorientierten Aspekt in der sozialen Wahrnehmung des Lehrers vom Schüler."[101]
2. Gibt es im wesentlichen *eine* Sichtweise?
   - Die statistische Analyse ergab, daß die Ähnlichkeit der Eigenschaftsbegriffe (1. Datensatz) von der untersuchten Lehrergruppe sehr homogen eingeschätzt wurde.
   Hofer interpretiert diese Homogenität als „Homogenität der Einstellung".
3. Sind die Sichtweisen persönlichkeitsabhängig?
   - Über die interindividuelle Homogenität des Wahrnehmungsgefüges hinaus zeigten sich andeutungsweise interpretierbare Zusammenhänge zwischen Persönlichkeitstestwerten und individuellen Sichtweisen: „psychisch stabile", „rigide" und „älte-

re" unter den befragten Lehrern neigten zu weniger differenzierten und schematischen Sichtweisen. Die Fragebogenergebnisse über soziale Variablen (wie: autoritäre Einstellung; Erziehungseinstellungen) erbrachten dagegen keine Zusammenhänge mit verschiedenen Sichtweisen.
4. Wenden die Lehrer die gleiche „implizite Persönlichkeitstheorie" bei verschiedenen Beurteilungsaufgaben und -methoden an?
   – Die relativ hohe Übereinstimmung der Analyseergebnisse für alle drei (z. T. von einander unabhängig erhobenen) Datensätze führt *Hofer* zu dem Schluß, „daß die Lehrer ein vereinfachtes Bildschema von Persönlichkeitszusammenhängen bei Schülern besitzen, das unabhängig von den tatsächlichen Zusammenhängen der Eigenschaften bei den beurteilten Schülern in die Beurteilungen eingeht."[102]

2.3.2.5 Interpretation und kritische Diskussion

Es ist *Hofer* zweifellos gelungen, in seinem Untersuchungsmaterial eine durchgehende Wahrnehmungs- und Urteilsstruktur nachzuweisen. An zahlreichen Stellen seiner Arbeit schränkt der Autor jedoch den Aussagenbereich seiner Resultate nüchtern ein.

Demnach ist es kaum gerechtfertigt, die fünf Dimensionen als „die" implizite Persönlichkeitstheorie von Lehrern schlechthin aufzufassen. Die Abhängigkeit dieses Ergebnisses von den Prämissen (vorgegebene Eigenschaften, Anzahl und Auswahl) ist zu offensichtlich. Die Darstellung ähnlicher anderer Studien im nächsten Abschnitt wird das bestätigen.

Die Auswahl der 25 Eigenschaftsbegriffe ist gewiß ein schwacher Punkt in bezug auf die Generalisierbarkeit der Ergebnisse dieser Untersuchung. Wenn 15 Lehrerstudenten und 5 Lehrer mit dem Autor zusammen letztendlich bestimmen, welche 25 Begriffe aus einer vorgegebenen Gruppe von 191 Wörtern für die Beurteilung von Volksschülern wichtig sind, so könnte man „überspitzt formulieren, daß eigentlich lediglich die implizite Theorie dieser kleinen, nicht näher charakterisierten Gruppe beschrieben und analysiert worden sei."[103]

Wenn *Hofer* konstatiert, daß es „keine zentrale Eigenschaft ‚kalt-warm'"[194] im Sinne einer emotional wertenden Dimension in der impliziten Urteilsstruktur des Lehrers gibt, dann ist das möglicherweise ein methodenbedingtes Artefakt. In die Liste der 25 Eigenschaften wurde zwar „sympathisch" zur Erfassung einer solchen

Beziehungsdimension aufgenommen, *Hofer* gibt aber selbst zu, „daß eine Eigenschaft bekanntlich nicht aus(-reicht), um einen Faktor zu bilden."[105]

Wir können ohne empirischen Nachweis natürlich nicht behaupten, es gäbe einen solchen Faktor; der Schluß jedoch, daß es nicht nachweisbar ist, ist auf den Befunden *Hofers* allerdings kaum aufzubauen. Im nächsten Abschnitt werden wir einige ergänzende empirische Untersuchungen kennenlernen, die auch zu diesem Problem etwas beitragen.

Zuvor ist jedoch festzuhalten, daß bei aller Kritik das wesentliche Ergebnis der *Hofer*-Arbeit, die Tatsache eines über Einzelpersonen und über verschiedene Erhebungsmethoden relativ homogen „subjektiven Ordnungsschemas", sehr überzeugend belegt erscheint. Die Arbeit ist gleichzeitig ein Exempel dafür, wie schwer verständlich Wissenschaft für die Betroffenen sein kann, denn wir haben in unserem Bericht wichtige Verständnisschritte fortlassen müssen, da die mathematisch-statistischen Argumente in diesem Rahmen nicht nachvollziehbar dargestellt werden können.[106]

2.3.2.6 Ergänzende neuere Untersuchungen

Einige der offenen Fragen im Anschluß an die *Hofer*sche Untersuchung lassen sich durch andere Arbeiten beantworten. Ich wähle hier bewußt zwei Arbeiten aus, die sich auf ein anderes Ausgangsmaterial beziehen und stärker den Charakter von Felduntersuchungen haben. Läßt sich doch von Untersuchungen, die an reale Beurteilungssituationen anknüpfen, ein gewisses Korrektiv zu den im engeren Sinne „laborexperimentellen" Befragungen *Hofers* erwarten.

Beide Untersuchungen gehen von einem Schülerbeurteilungsbogen aus, der Lehrern dabei helfen soll, Gutachten über Schüler anzufertigen. Derartige Gutachten sind durch Verordnungen der Schulbehörde z. B. am Ende des vierten Grundschuljahres („Übergang zu weiterführenden Schulen") vorgeschrieben. Zur Abfassungen von Schülergutachten geben die rechtlichen Vorschriften dem Lehrer meist nur allgemeine Hinweise, zuweilen verbunden mit unverbindlichen Formulierungshilfen und Anregungen in Form von Stichworten und Urteilskategorien.

Exkurs:
Inwieweit bereits in den behördlichen Vorschriften „implizite Theorien" enthalten sind, möge der folgende Ausschnitt aus einer diesbezüglichen Anordnung der Hamburger Schulbehörde von 1968 illustrieren:

„... Form und Gliederung der Entwicklungsberichte werden den Lehrern freigestellt. Die Berichte sollen ein klares und lebendiges Gesamtbild des Schülers ergeben und Beobachtungen über seine geistigen und charakterlichen Anlagen und Möglichkeiten enthalten."[107]

Entspricht etwa ein „klares Gesamtbild" immer der Realität? Gibt es nicht auch widersprüchliche, wechselnde, unstimmige Eindrücke? Kann man so etwas wie „Möglichkeiten" überhaupt „beobachten"?

Ein weiterer Schritt vom freien Persönlichkeitsgutachten zu einer stärker standardisierten und formalisierten Vorgehensweise ist der Beurteilungsbogen, der eine Reihe von Feststellungen enthält, zu denen der Lehrer auf einer Schätzskala den jeweiligen Schüler einzustufen hat.

Beispiel:

In der ersten der hier herangezogenen Untersuchungen[108] enthält der Beurteilungsbogen Feststellungen zu den folgenden 57 Gesichtspunkten:

1. Begabungsniveau
2. Abstraktionsvermögen
3. Lösen komplexer Aufgaben
4. Langzeitgedächtnis
5. Selektives Gedächtnis
6. Sachlich-richtige Gedächtnisinhalte
7. Anwendung von Gelerntem
8. Auffassen von Neuem
9. Einstellen auf Neues
10. Aufmerksamkeit
11. Mitarbeit
12. Produktivität
13. Häufigkeit sachbezogener Fragen
14. Selbständigkeit
15. Bemühen um gute Leistungen
16. Freude an der Arbeit
17. Ehrgeiz
18. Leistungsmotivation inf. v. Lob
19. Leistungsmotivation inf. v. Tadel
20. Entmutigung durch Tadel
21. Ausgeglichenheit
22. Beherrschtheit
23. Genauigkeit/Gründlichkeit
24. Konstanz des Arbeitseinsatzes
25. Ausdauer im Kognitiven
26. Leistungskonstanz
27. Ausdauer manuell-körperlich
28. Grundstimmung froh
29. Motiviert zum Schulbesuch
30. Allgemeine Angstfreiheit
31. Angstfreiheit vor Prüfungssituationen
32. Ängstlichkeit an der Tafel
33. Erfolgsoptimismus
34. Spaß an den Dingen in der Schule
35. Selbstsicherheit
36. Konzentrationsfähigkeit – Zuhören
37. Beobachtungsgenauigkeit
38. Konzentrationsfähigkeit – Aufgaben
39. Arbeitstempo – kognitiv
40. Arbeitstempo manuell körperlich
41. Kontaktstärke
42. Aufgeschlossenheit gegenüber dem Lehrer
43. Beliebtheit bei den Lehrern
44. Kooperationsbereitschaft gegenüber den Mitschülern
45. Orientierung an Gruppennormen
46. Teamgeist
47. Beliebtheit bei den Schülern
48. Kooperationsfähigkeit
49. Tendenz zur Führerrolle
50. Konflikt-Initiator
51. Konflikt-Löser
52. Konflikt-Ausweicher
53. Konflikt-Aufzeiger
54. Originalität
55. Einfallsreichtum
56. Genauigkeit der Artikulation
57. Sprachliche Differenziertheit

Zu Punkt 32 „Ängstlichkeit an der Tafel" erhielt der Lehrer z. B. die Feststellung: „Wenn der Schüler aufgerufen wird und zur Tafel kommen soll, dann reagiert er im allgemeinen sehr verängstigt."
Dem Lehrer stand eine 6stufige Skala zwischen den Polen „trifft vollständig zu" bis „trifft gar nicht zu" zur Verfügung. Dieses Beispiel zeigt, wie durch die Formulierung versucht wurde, z. B. die Variable „Ängstlichkeit" möglichst realitätsnah eindeutig zu operationalisieren.

Die Untersuchung unterscheidet sich von der Arbeit *Hofers* vor allem in den folgenden methodischen Einzelheiten:

	Hofer	*Janowski*
Urteils-„medium"	25 Eigenschaftsbegriffe „adjektivisch"	57 schulbezogene, möglichst „verhaltensnahe" formulierte Feststellungen, meist substantivisch
Urteilssituationen	experimentell, forschungsbezogen	Erprobungsphase eines „offiziellen" Beurteilungsinstruments
Schularten, Klassenstufen	Volksschullehrer Klassenstufe 4	Lehrer aller allgemeinbildenden Schulen; Klassenstufen 2-8 (N = 4598 Schüler)
Skalierung	verschiedene Verfahren; Ähnlichkeitsschätzungen; 9stufige Schätzskala	6stufige Schätzskala

Die statistische Analyse der auf dem Beurteilungsbogen abgegebenen Schätzungen führte wie bei *Hofer* zur Feststellung von Grunddimensionen (Faktoren) der Beurteilung. Allerdings ergaben sich bei *Janowski* insgesamt neun Faktoren, während bei *Hofer* lediglich fünf interpretierbare Dimensionen festzustellen waren.
— Die Erklärung dieser Differenz fanden wir bereits in der *Hofer*schen Arbeit angedeutet: je mehr Variablen in die Analyse einfließen, desto größer ist die Zahl der resultierenden Faktoren. Hier sind es mehr als doppelt soviele (57 zu 25) Ausgangsvariablen.

Wir haben gesehen, daß sie 57 Inhaltsgesichtspunkte *Janowskis* gegenüber den Eigenschaftsbegriffen *Hofers* zahlreiche Differenzierungen aufwiesen. So dürfen wir fragen, ob inhaltlich neue Dimensionen des Lehrerurteils unter den neuen Faktoren hervortreten.

Da der Autor auf eine Benennung der Faktoren zunächst verzichtet, sind wir auf eigene Interpretationen angewiesen. Die Faktoren werden hier in der Reihenfolge ihrer Bedeutsamkeit (Varianzanteil) genannt und zu charakterisieren versucht:

Faktor 1 faßt offenbar den *Begabungsaspekt* im Sinne von „Produktivität, Genauigkeit, Originalität, Abstraktionsvermögen" zusammen und findet damit seine Entsprechung in *Hofers* 3. Faktor „Begabung".

Faktor 2 betrifft die Beurteilung von *Aufmerksamkeit, Konzentration, Beteiligung*, könnte also Aspekte der Arbeitsmotivation zusammenfassen.

Faktor 3 bündelt die Aspekte *Kontakt, Kooperation* und *Beliebtheit* (auch beim beurteilenden Lehrer!) und könnte somit als empirisches Argument gegen *Hofers* These ins Feld geführt werden, es gäbe keine zentrale „Sympathie"-Dimension in der Schülerbeurteilung. Dieser Faktor weist Entsprechungen zu *Hofers* Faktor 5 „soziale Zurückgezogenheit" auf.

Faktor 4 betrifft das Führungs- und Konfliktverhalten, also die *soziale Interaktionskomponente in der Klasse*. (vgl. *Hofers* 4. Faktor!)

Faktor 5 kennzeichnet die *Lust-Unlust-Komponente* der schulischen Motivation (z. B. Variable 16: „Freude an der Arbeit"). Faktor 5 entspricht der „Hoffnung auf Erfolg"-Komponente der Leistungsmotivation.

Faktor 6 betrifft *Ängstlichkeit und Selbstsicherheit*, entspricht also *Hofers* Faktor 2 „Labilität, Schwierigkeit".

Faktor 7 bezeichnet *körperlich-manuelle Ausdauer*

Faktor 8 bildet eine Ergänzung zu Faktor 5, indem hier die „Furcht vor Mißerfolg"-Komponente der Leistungsmotivation zusammengefaßt wird (z. B. Variable Nr. 20 „Entmutigung durch Tadel")

Faktor 9 schließlich – mit dem geringsten Erklärungswert (Varianzteil) – ist durch eine „Gedächtnis"-Variable zu kennzeichnen.

Wir sehen, daß die Dimensionen der impliziten Urteilsstruktur des Lehrers nach *Hofer* sich in der Untersuchung *Janowskis* mit anderer Methodik durchaus wiederfinden lassen, daß es aber andererseits durchaus weitere Aspekte gibt, die bei geeigneter Variablenvorgabe von Lehrern in ihrem Urteil über Schüler differenzierend gehandhabt werden können.

Der zweiten Untersuchung, die wir in diesem Abschnitt noch kurz vorstellen wollen, lag eine ähnliche Methodik zugrunde (59 Feststellungen, 5stufige Skala), allerdings bezog die Variablenauswahl einige andere Aspekte mit ein. Die Untersuchung von *Hanke* u. a.[109] berücksichtigt z. B. auch fächerspezifische Fähigkeiten und familiäre Gesichtspunkte.
Daraus erklärt sich auch zum Teil die abweichende Faktorenstruktur. Es wurden bei der Beurteilung von 2268 Viertklässlern durch 72 Lehrer acht interpretierbare Faktoren gefunden und folgendermaßen benannt:

Faktor 1 „Intelligenz" — entspricht weitgehend dem Faktor 1 der *Janowski*-Untersuchung.
Faktor 2 „Soziales Verhalten, Anpassung" — entspricht Faktor 3 bei *Janowski*.
Faktor 3 „Familieneinflüsse" (z. B. „Anteilnahme der Eltern an Freizeit, kulturelle Interessen der Eltern u. a.") entsprechende Variablen fehlen bei *Janowski*.
Faktor 4 „Arbeitsverhalten" — entspricht Faktor 2 bei *Janowski*.
Faktor 5 „Expansivität" (z. B. „Geltungsdrang, Selbstgefühl, Aktivität, Führerrolle") — entspricht *Hofers* Dominanz-Faktor und Faktor 4 nach *Janowski*.
Faktor 6 „Sport" — entspricht vielleicht am ehesten Faktor 7 nach *Janowski*.
Faktor 7 „Körperliche Entwicklung" und
Faktor 8 „Musische Begabung" haben in anderen Untersuchungen keine Entsprechungen.

Nach *Hanke* u. a. fallen die Faktoren 3 („Familieneinflüsse"), 6 („Sport"), 7 („körperliche Entwicklung") und 8 („Musische Begabung") „aus dem Rahmen der üblichen (psychologisch orientierten) Beurteilungsinventare ... Dieses deutet darauf hin, daß Lehrer durch einen umfassend angelegten Beurteilungsbogen dazu veranlaßt werden können, nach mehr als drei oder vier Dimensionen zu unterscheiden."[110]

Auf die Zusammenhänge zwischen Schülerbeurteilung, sozialer Schicht und Schullaufbahn — die eigentliche Fragestellung der *Hanke*-Untersuchung — können wir hier nur kurz eingehen. Es fanden sich keine Anhaltspunkte für ausgeprägte schichtspezifische Voreingenommenheiten der Lehrer. Zwar wurden Schüler aus höheren sozialen Schichten besser beurteilt, aber hierin spiegelt sich stark der Zusammenhang zwischen Beurteilung und Schullaufbahn. Viertkläßler, die anschließend ein Gymnasium besuchen, werden durchweg (auf allen Faktoren) besser beurteilt als Schüler, die auf die Hauptschule gehen. Die Urteilsdifferenzen lassen sich durch Schulleistungsunterschiede erklären und sprachen kaum für Bevorzugung oder Benachteiligung einer Schülergruppe durch die Lehrer.

In einer weiteren Arbeit, der das gleiche Untersuchungsmaterial zugrunde lag,[111] wiesen die Autoren im Anschluß und als Bestätigung zu *Hofers* Untersuchung nach, daß es gerechtfertigt ist, die beurteilenden Lehrer zu einer homogenen Gruppe zusammenzufassen. Sie verwendeten — mit geringen individuellen Varianten — offenbar dasselbe implizite Theoriesystem.

Die folgende Übersicht soll uns noch einmal die wichtigsten Gemeinsamkeiten und Differenzen der drei Untersuchungsbeispiele zur impliziten Theorie von Lehrern aufzeigen:

Hofer, 1969	*Janowski*[112], 1977	*Hanke* u. a., 1975
(Grundschullehrer)	(Lehrer allgemeinbildender Schulen)	(Grundschullehrer)
Faktoren: I Arbeitsverhalten	Faktoren: II Aufmerksamkeit V Arbeitsmotivation VIII Furcht vor Mißerfolg	Faktoren: IV Arbeitsverhalten
II Schwierigkeit	VI Ängstlichkeit	
III Begabung	I Begabung	I Intelligenz
IV Dominanz	IV Führungs- u. Konfliktverhalten	V Expansivität
V soziale Zurückgezogenheit	III Kontakt	II soziales Verhalten, Anpassung
	VII körperliche Ausdauer	VI Sport VII körperl. Entwickl.
	IX Gedächtnis	
		III Familieneinflüsse
		VIII musische Begabung

2.3.3 Die Leistungsbeurteilung

2.3.3.1 Das Problem der Objektivität

Weshalb soll das Thema „Leistungsbeurteilung" im Rahmen der Sozialpsychologie erörtert werden?,
- zum einen deshalb, weil Leistungsbeurteilungen sich in der Regel in sozialen Beziehungen abspielen,
- und weil zum anderen Leistungsbeurteilungen durch interpersonale Wahrnehmungsprozesse beeinflußt werden können.

Wir wollen uns hier auf einige sozialpsychologische Aspekte konzentrieren, die methodischen und testtheoretischen Gesichtspunkte können hier nicht erörtert werden.

In Kapitel 2.3.1 haben wir uns verdeutlicht,
- daß erzieherische Beziehungen in der Regel mit der deutlichen „Rollen"-Zuweisung in „Urteilender" und „Beurteilter" verbunden sind, und
- daß erzieherische Situationen von seiten des Erzogenen immer auch implizit als Urteilssituationen aufgefaßt werden können.

Es ist ein Allgemeinplatz, daß dabei der Leistungsgesichtspunkt (hier also die Leistungsbeurteilung) gemäß der gesellschaftlichen Funktion der Schule eine zentrale Rolle spielt.

Wenn es zutrifft, daß „Tüchtigkeit" und „Beliebtheit" zentrale interpersonale Urteilsdimensionen sind, so wird allerdings am Beispiel der Schule deutlich, daß die Betonung des Tüchtigkeitsgesichtspunkts gerade zu einer Tabuisierung des Beliebtheitsaspekts führt.

Augenfällig wird die zentrale Rolle der Leistungsbeurteilung wohl nicht erst in der schicksalsentscheidenden Funktion einer zweiten Dezimalstelle der die Schullaufbahn krönenden Abiturdurchschnittsnote.

„Beliebtheit" oder „Antipathie" dagegen taucht in offiziellen Zeugnissen nicht auf; jeder Lehrer würde es weit von sich weisen, Beliebtheitsaspekte in Leistungsbeurteilungen mit einfließen zu lassen. Die gesellschaftliche Funktion und das Selbstverständnis des Lehrers verlangen:
- *Gerechtigkeit* ohne Ansehen der Person des Beurteilten
- *Objektivität* ohne Einfluß der Person des Urteilenden
- *Unvoreingenommenheit* ohne Einfluß der persönlichen Beziehung zwischen Urteilenden und Beurteilten.

Diesen Forderungen stehen zwei Argumente entgegen, ein pädagogisches und ein empirisches:

- das *pädagogische* Argument könnte sich am Ideal einer pädagogischen Beziehung orientieren, die emotional positiv, fördernd und wohlwollend zu sein habe und nicht starr Leistungsergebnisse feststellt, sondern die jeweilige Situation und die Persönlichkeit des Schülers mitberücksichtigt.
- das *empirische* Argument stützt sich auf die immer wieder bestätigte reale Ungerechtigkeit, Voreingenommenheit und Subjektivität der Leistungsbeurteilung.[113]

Versuchen Sie einmal, sich aus eigener Erfahrung heraus an ungerechte oder voreingenommene, subjektive Beurteilungen zu erinnern. Wodurch war Ihrer Meinung nach das Lehrerurteil beeinflußt?

Einige Einflußfaktoren sollen hier – ohne Anspruch auf Vollständigkeit – besprochen werden, dabei können wir vielleicht in Anlehnung an *Haecker*[114] von drei wichtigen Stadien des Beurteilungsvorgangs ausgehen:
1. Bestimmung der Leistungsnorm
2. Berücksichtigung der Schülerpersönlichkeit (Kausalattribuierung)
3. Anwendung des Leistungs-(Zensuren-)Maßstabs.

2.3.3.2 Die Bestimmung der Leistungsnorm

Haecker konnte in einer Befragung von 64 Lehrern zeigen, daß klar definierte Fehlerarten bei Rechenaufgaben sehr stark streuend unter die Rubriken „leicht – mittel – schwer" geordnet werden. Könnte man hier noch einwenden, daß die befragten Lehrer in der Interviewsituation ja nicht genau wissen könnten, für wen die Aufgaben gedacht waren, so konnten *Flügge* und *Schnotz*[115] zeigen, daß Lehrer nur sehr ungenau abschätzen können, wieviele und welche Schüler bestimmte Aufgaben lösen werden.

Auf die Problematik des Bezugssystems bei der Leistungsbeurteilung können wir hier nicht eingehen; es liegt nahe (und es liegen auch empirische Bestätigungen dafür vor,[116] daß ein klasseninternes Bezugssystem sich dem Lehrer immer wieder aufdrängt. Die Versuchung liegt nahe, sich am jeweiligen „Durchschnitt" zu orientieren, ohne zu prüfen, ob diese Klasse als repräsentativ für die Grundgesamtheit aller Altersgenossen anzusehen ist. Die Verbalisierung von Notenstufen, wie sie in einschlägigen Verwaltungsvorschriften unterschiedlich angeboten wird, verwendet immer wieder den „Durchschnitts"-Begriff und suggeriert damit eine *statistische Normvorstellung:* z. B.

„ausreichend" (4) = *eine Leistung, die zwar Mängel aufweist, aber im ganzen den Anforderungen noch entspricht."*
(1. Lehrerprüfung, Baden-Württemberg)

„ausreichend" (4) = *eine Leistung, die durchschnittlichen Anforderungen entspricht*
(2. Lehrerprüfung, Baden-Württemberg)

Häufig sind jedoch auf seiten des Lehrers *Sollens-* oder *Idealnormen* im Spiel.

Wohl jeder, der Erfahrungen mit der Schule hat, kennt den Fall der schlecht ausgefallenen Klassenarbeit — wie oft liegt dem aber eine Fehleinschätzung des Schwierigkeitsgrades und eine Selbstüberschätzung der Lehrfähigkeit zugrunde?

Der Lehrer hat hier offenbar eine Vorstellung davon, was seine Schüler zu leisten haben.

An dieser Stelle wird deutlich, daß die Leistungsbeurteilung offenbar nicht nur von der Bezugsebene, von den jeweiligen Normen also, abhängig ist, sondern auch davon, wie Leistungsergebnisse gedeutet und kausal erklärt werden. Das ist ohne Hypothese über die Persönlichkeit (Fähigkeiten, Motive u. a.) der Schüler nicht möglich.

2.3.3.3 Berücksichtigung der Schülerpersönlichkeit (Kausalattribuierung

Ein Laborexperiment von *Beckman*[117] zeigt, daß mit der Anwendung von Leistungsmaßstäben bereits Ursachenzuschreibungen (Kausalattribuierungen) verbunden sind:

Die erste Gruppe von Versuchspersonen, die „Lehrenden", hatte über ein Mikrophon Schülern mathematische Begriffe (Mengen und Teilmengen) zu erläutern. Von den Schülern bekamen sie anschließend Aufgabenlösungen schriftlich.

Die „Schüler" waren allerdings nicht vorhanden, die „Interaktion" war simuliert. Das ermöglichte es, den „Lehrenden" vier verschiedene Leistungsverläufe glaubhaft vorzuspielen:
— konstant schlechte Leistungen
— ansteigende Leistungen
— fallende Leistungen
— konstant hohe Leistungen

Die Versuchspersonen wurden anschließend nach ihrer Meinung über die Ursachen für die Leistungsverläufe gefragt. Dabei zeigte sich, daß ansteigende Leistungen von den „Lehrenden" vorwiegend mit der eigenen Lehrmethode erklärt wurden. Sinkende Leistungen wurden dagegen überwiegend mit Situationsfaktoren, Kommunikationsprobleme u. a. in Verbindung gebracht. Das gleiche gilt für konstant niedrige Leistungen, wogegen konstant hohe Leistungen überwiegend mit Begabungsfaktoren erklärt werden.

Dieses für sich schon interessante Ergebnis wird ergänzt durch die Untersuchung der Meinungen einer zweiten Gruppe von Versuchspersonen, der „Beobachter". Diese Gruppe beobachtete die Versuche, die eben beschrieben wurden, ohne selbst direkt daran „lehrend" beteiligt zu sein.

Dabei zeigte sich ein wesentlicher Unterschied in der Deutung der ansteigenden Leistungsverläufe: wo die „Lehrenden" sich und ihre Lehrmethode für die Leistungsverbesserung verantwortlich machten, sahen die „Beobachter" eher das Bemühen (Motivation) des Schülers als Ursache. Der Tendenz nach machten sie dagegen den Lehrer eher für Leistungsverschlechterungen verantwortlich.

In der Untersuchung von *Beckman* wurden bereits einige mögliche Kausalfaktoren für Schulleistungen genannt: Fähigkeiten, Begabung, Motivation, Bemühen, äußere Faktoren, wie z.B. Lehrereinfluß.

Diese offensichtlich erschlossenen, aus dem beobachteten Verhalten abgeleiteten Faktoren lassen in der Praxis relativ weite Interpretationsspielräume zu. Auf der anderen Seite ist es für die weitere pädagogische Interaktion von sehr weittragender Bedeutung, wie der Lehrende Leistungsresultate des Schülers erklärt.

Ein gebräuchliches Schema möglicher Ursachenfaktoren findet sich bei *Heckhausen*[118]

Veränderlichkeit über Zeit	Beeinflussungsbereich	
	internal	external
stabil	*Fähigkeit* („Begabung") *Arbeitshaltung* („Fleiß", „Faulheit") (Anstrengung als stabiler Faktor)	*Schwierigkeiten der Aufgaben* außerschulische *Faktoren* („häusliches Milieu")
variabel	*Anstrengung* (variabler Faktor) *leibseelische Zuständlichkeiten* („Ermüdung" u. ä.)	schulische Faktoren („Einfluß des Lehrers, der Mitschüler u. a.") *Zufall* („Glück" oder „Pech")

Das Schema ordnet die möglichen Ursachenfaktoren danach, ob sie als persönlich-innerlich oder äußerlich angesehen werden (Beeinflussungsbereich) und danach, ob sie zeitlich stabil oder als variabel erscheinen (Veränderlichkeit über die Zeit).

Um Ihnen selbst die Bedeutsamkeit von Kausalattribuierungen ansatzweise erfahrbar zu machen, möchte ich Ihnen das folgende Gedankenexperiment vorschlagen, − das vielleicht trotz seiner leichten Durchschaubarkeit zu fruchtbaren kognitiven Konflikten führen kann:

Stellen Sie sich Schüler A und Schüler B vor, die jeweils die gleiche Punktzahl in einer Arbeit erreicht haben. Angenommen, Sie sind gegen eine starre Notengebung nach Punkten, wem würden Sie eine etwas bessere Note geben? (Machen Sie ein + bei A oder B).

Ergebnis:	Schüler A	Schüler B
1. hohe Punktzahl	hat sich sehr angestrengt; gut begabt	hat sich weniger Mühe gegeben; gut begabt
2. niedrige Punktzahl	war faul „Durchschnittsschüler"	hat sich Mühe gegeben „Durchschnittsschüler"
3. mittlere Punktzahl	hat sich angestrengt; gut begabt	hat sich angestrengt; „Durchschnittsschüler"

Diese drei Fälle sind nur eine Auswahl aus vielen möglichen Kombinationen.

Vielleicht ist Ihnen der Konflikt deutlich geworden, was denn nun eigentlich wie zu gewichten sei: verdient Anstrengung ein höheres Gewicht als Begabung?

Daß man sich meist für „Anstrengung" entscheidet, legt eine empirische Studie mit ähnlicher Methodik nahe.[119] Sie unterstreicht die reale Bedeutsamkeit der *Meinung* des Lehrers über die Leistungsursachen beim Schüler.

In Teil 3 werden wir diesen Aspekt weiter verfolgen. Dort wird uns insbesondere die Frage beschäftigen, wie bestimmte Meinungen z. B. über Fähigkeiten sich in der pädagogischen Interaktion zu Etikettierungen (z. B. „Schlechter Schüler") verdichten und in Teufelskreise „sich-selbst-erfüllender Prophezeiungen" einmünden können.

2.3.3.4 Anwendung des Leistungs-(Zensuren-)Maßstabes

Das kurze Zitat aus verbal erläuterten Zensurenskalen am Anfang dieses Kapitels beleuchtete bereits eine Schwierigkeit bei der Fixierung von Urteilen auf vorgegebenen Maßstäben. Die Maßstäbe sind oft nicht einmal einheitlich formuliert. Hinzu kommt,
- auch gleicher Wortlaut kann unterschiedlich aufgefaßt werden (semantisches Problem)
- eine Bewertungsskala kann unterschiedlich ausgenutzt werden: einmal werden die Extreme vermieden (Mitte-Tendenz), einmal können zur Vermeidung von Konflikten schlechte Noten vermieden werden (Milde-Tendenz).

Ohne hier auf alle möglichen Urteilstendenzen einzugehen, sei nur auf Gesichtspunkte hingewiesen, die sich aus der sozialpsychologischen Perspektive ergeben.

Haecker[120] erntete in seiner Lehrerbefragung zur Zensurengebung z. T. entrüstete Ablehnung, als er die Frage stellte, ob Lehrer nach Geschlechtern unterschiedlich beurteilen sollten. In der Realität werden aber Mädchen nachweislich besser beurteilt und häufiger versetzt, obwohl sie in objektiven Schulleistungstests in der Regel gleiche Leistungen wie Jungen erreichen.[121]

Eng verbunden mit der Problematik der impliziten Persönlichkeitstheorie (2.3.2) scheint dagegen das Phänomen zu sein, daß schulische Beurteilungen sehr häufig miteinander korrelieren. In der Interpersonalen Wahrnehmung spricht man vom „Hof-Effekt" („Halo-effect'), wenn einzelne Urteile von einem allgemeinen Eindrucksurteil bestimmt werden. Sicherlich trägt zu dem allgemeinen Eindrucksurteil der Grad der sozialen Anpassung erheblich bei, wodurch u. U. geschlechtsspezifische Urteilstendenzen erklärt werden können.

Wenn schulische Beurteilungen in dieser Weise von allgemeinen Eindrücken oder vom Grad der sozialen Anpassung und auch von Voreingenommenheiten beeinflußt werden, so stellen wir damit ihre mangelnde *Gültigkeit*[122] fest. Dieser Begriff aus der Testtheorie gibt an, ob der jeweilige Maßstab wirklich das Merkmal mißt, das er zu messen vorgibt. Die Gültigkeit einer Mathematiknote wäre also dadurch eingeschränkt, daß sie nicht ausschließlich von den Mathematikleistungen des Schülers bestimmt wird, sondern auch unter dem Einfluß anderer Variablen stehen kann (wie z. B. der Angepaßtheit oder der Beliebtheit).

Die psychologische Testtheorie arbeitet – zumindest in ihrer klassischen Form – ausdrücklich mit dem Konzept des „wahren Testwerts". Dieser „wahre Testwert" für ein zu messendes Merkmal bei einer Person ist nur durch den Mittelwert mehrerer Messungen zu ermitteln. Jede einzelne Messung stellt nur eine Annäherung an den „wahren Wert" dar. Sie ist mit einem *Meßfehler* behaftet, der sich aus einmaligen Zufallseinflüssen bei der einzelnen Messung ergibt. Dieser Meßfehler kann bei der Konstruktion des Tests annähernd ermittelt werden, so daß dem Testbenutzer mitgeteilt werden kann, welchen Unsicherheitsbereich er bei einem konkreten Testergebnis einzukalkulieren hat. Hat er z. B. einen Intelligenztest durchgeführt und einen Intelligenzquotienten von 108 erhalten, so liegt der Unsicherheitsbereich (bei einer Irrtumswahrscheinlichkeit von 5 %) zwischen $\pm$ 5 IQ-Punkten, d. h. zwischen 103 und 113.

Es geht uns hier nicht um eine Einführung in die psychologische Diagnostik, sondern um die sozialpsychologische Dimension der Schülerbeurteilung. Die testtheoretischen Begriffe *Gültigkeit, Meßfehler* und *Unsicherheitsbereich* sollen uns hier nur als Prüfkriterien für die interpersonale Beurteilung ohne methodische Hilfsmittel (Tests) nützlich sein.

Die Überprüfung von Gültigkeit und Genauigkeit interpersonaler Urteile ist allerdings ein äußerst diffiziles Forschungsproblem: wir brauchten sicherlich ein langes Kapitel, wenn wir dazu einen Überblick vermitteln wollten. Deshalb sollten hier nur einige Schwierigkeiten des Problems herausgegriffen werden, die mehr grundsätzlicher Art sind:

— Auch in der zwischenmenschlichen Beurteilung wird oft unreflektiert von einem „wahren Wert" ausgegangen, den der Beurteiler möglichst genau zu bestimmen hat. Während dieser „wahre Wert" jedoch in der Testkonstruktion in einem empirischen Prozeß näherungsweise ermittelt werden kann, wobei die Irrtumswahrscheinlichkeit und der Meßfehler bekannt sind, ist in der praktischen interpersonalen Beurteilung in dieser Hinsicht von lauter Unbekannten auszugehen.

— Vielfach hat es der Urteilende in seiner Hand, nachträglich die ‚Wahrheit' und ‚Richtigkeit' seines Urteils herbeizuführen. Zumindest können die Erwartungen, die sich aus seinem Urteil ergeben, sich auf das Verhalten des Beurteilten auswirken (sichselbst-erfüllende-Prophezeiung, ‚Pygmalion'-Effekt).

— Es gibt häufig keine anderen verläßlichen empirischen Methoden, um die Gültigkeit von interpersonalen Urteilen zu überprüfen, als eben — interpersonale Urteile (anderer)! Wenn ich wissen will, ob mein Eindruck, eine Person sei ‚sensibel' zutrifft, so suche ich zunächst Bestätigung durch die Eindrücke anderer. Was ist aber der „wahre Wert" dieser Person hinsichtlich der Variable ‚Sensibilität'? Könnten nicht auch gemeinsame Vorurteile und Stereotype die ‚Wirklichkeit' verzerren?

2.3.3.5 Soziale Beurteilung und Realität

Spätestens an dieser Stelle sollte uns deutlich werden, daß die Suche nach dem „wahren Wert" oder nach dem „richtigen Urteil" die Suche nach einem Phantom sein könnte. Wir sollten uns daran erinnern, daß wir es nicht nur bei psychologischen Fachbegriffen, sondern auch bei Alltagsaussagen über andere Menschen mit *Konstrukten* zu tun haben.

Alle diese Aussagen sind mit der in Teil 1 (1.3.2) beschriebenen Gefahr der *Reifikation* verbunden.

Es ist z. B. offensichtlich, daß es „die" numerisch genau fixierbare Leistungsnorm in einem bestimmten Schulfach nicht gibt, sondern allenfalls ein gewisses Maß an Übereinstimmung darüber, welche Komponenten zur Beurteilung beitragen.

Interpersonale Beurteilungen sind wesentliche Leistungen in der Konstruktion der sozialen Wirklichkeit. Daß sie die *Wirklichkeit abbilden* (vereinfacht, versteht sich, und wohl oft deutlich verzerrt) ist nur eine Teilfunktion. Eine häufig zu wenig beachtete Funktion besteht dagegen darin, daß Wahrnehmungen und Beurteilungen *Wirklichkeit* erst *herstellen und verändern*.

Insofern sind interpersonale Urteile nicht nur nach ‚richtig' oder ‚falsch' einzustufen (es gibt dazu im allgemeinen auch wenig Möglichkeiten), sondern nach ihrer Funktion in der Interaktion zu untersuchen. Sie sind zur Identitätsbildung notwendig, in der sozialen Beziehung unausweichlich und durch ihre subjektiven Komponenten notwendig mit Verantwortung verbunden. Der Urteilende definiert mit seinem Urteil die soziale Realtiät und sollte sich dieser Funktion bewußt sein.

Es ist sicherlich weitgehend möglich, Lehrerurteile über Schülerleistungen durch Testmethoden und andere repräsentative Leistungsstichproben zu objektivieren — in einem Leistungsbereich eher, im anderen weniger —, wenn sich aber der Lehrer voll mit diesen ‚unpersönlichen' Urteilen identifiziert, so unterstützt er damit eine Identitätsdefinition des Schülers, die sich folgendermaßen ausdrücken ließe: „Du bist, was Du lernst und leistest."

Nach *Erikson*[123] ist diese Identitätskomponente allenfalls für das

‚Schulalter' (ca. 6.-12. Lebensjahr) vorherrschend, während Jugendliche differenziertere Selbstkonzepte entwickeln müssen. So könnte der Lehrer, der seine Beziehung zu den Schülern primär auf der Leistungsebene definiert und unpersönliche ‚Objektivität' als Ideal anstrebt, seinen Schülern eine ‚infantile', ihrem Entwicklungsstand nicht gemäße Identitätsdefinition vermitteln.

Wir sollten uns in diesem Zusammenhang der in Teil 1 (1.4.2) referierten Diskussion um grundlegende, meist unreflektierte *Handlungsziele* sozialpsychologischer Forschung erinnern.

— Welche Konsequenzen können sich für eine (pädagogisch) anwendungsorientierte Psychologie interpersonalen Wahrnehmens und Urteilens ergeben?
— Entsprechen diese möglichen Konsequenzen dem ‚Modell' 1 (*Argyris*, s. 1.4.2)?
— Lassen sich Alternativen zum ‚Modell 1' in diesem Zusammenhang aufzeigen?

Konsequenzen:
— Eine wichtige Konsequenz wäre bereits mit diesem Teil 2 angezielt: die Aufklärung über Zusammenhänge, Einflußfaktoren und Urteilstendenzen — verbunden mit der Hoffnung, daß Bewußtsein bereits eine positive Veränderung der Praxis ermöglicht.
— Eine weitere mögliche Konsequenz wäre der Versuch, interpersonale Beurteilung so weit wie möglich durch objektivierende diagnotische Methodik zu ersetzen.
— Der Einsatz unpersönlicher Lehrtechnologie (programmierte Unterweisung) kann den Einfluß impliziter Beurteilung während der Interaktion verringern.
= alle diese Konsequenzen lassen sich recht gut in das ‚Modell 1' nach *Argyris* einfügen und können damit einseitige Kontrollstrategien unterstützen und verstärken.

Die erste Konsequenz allerdings, die Aufklärung, müßte nicht unbedingt dem Modell 1 gehorchen, sondern könnte auch dazu beitragen, daß die Einsicht in die Relativität interpersonaler Charakterisierungen zu einem fortlaufenden Verständigungs- und Revisionsprozeß derartiger Urteile führt — vorausgesetzt, der Aufgeklärte versteht es, seine Erkenntnisse zuerst bei sich selbst einzusetzen.

Der folgende Teil 3 *Soziale Interaktion in der Schule* wird diesen Gesichtspunkt wechselseitiger Situations- und Identitätsdefinition wieder aufgreifen und zu den spezifischen pädagogischen Interaktionen und Interaktionsproblemen fortführen.

Teil 3: Soziale Interaktion in der Schule

3.1 Kommunikation und Interaktion als wechselseitiger Prozeß

3.1.1 Kommunikation und Interaktion – Definitions- und Erklärungsversuche

In Teil 2 war von „Interpersonaler Wahrnehmung" die Rede. Dabei wurde deutlich, daß Wahrnehmung letztlich nur ein Teilaspekt menschlichen Verhaltens ist – allerdings ein sehr wesentlicher!
Wahrnehmungen und Beurteilungen steuern das eigene Verhalten und beeinflussen – mittelbar – in der sozialen Beziehung auch das Verhalten anderer.
Teil 3 „Soziale Interaktion in der Schule" behandelt zwischenmenschliche Beziehungen unter diesem erweiterten Gesichtspunkt: wir wollen die Prozesse gegenseitiger Verhaltensbeeinflussung untersuchen und damit Wahrnehmungsvorgänge in den Zusammenhang von wechselseitiger Verhaltenssteuerung stellen.
Die Begriffe *Kommunikation* und *Interaktion* sind von vornherein auf soziale Beziehungen gerichtet, wogegen Wahrnehmung, wie wir gesehen haben, zunächst allgemeinpsychologisch auch auf die Reizaufnahme und -verarbeitung eines einzelnen Lebewesens bezogen werden kann.
Erst die *gegenseitige* Perspektive, als interpersonale Wahrnehmung, macht Wahrnehmen zu einem sozialen Vorgang. In diesen Sinne ist gegenseitige Wahrnehmung durchaus auch gegenseitige Kommunikation.
Zumeist wird unter dem Begriff Kommunikation *Übermittlung von Information* verstanden. Kommunikation in diesem Sinne ist auf einen den Partnern gemeinsamen Vorrat von Zeichen, Symbolen oder Gesten angewiesen, wenn die Informationsübermittlung gelingen soll. Zweifellos gibt es auch für den Menschen einige „natürliche" Ereignisse, die – ungelernt – bestimmte Reaktionen auslösen und als „Botschaften" recht eindeutig aufgefaßt werden. Auf der anderen Seite sind wohl weitaus die meisten mit Bedeutungen verbundenen Zeichen erst im Verlauf von z. T. langwierigen Lernprozessen erworben worden. Dabei bildet der Mensch nicht nur *denotativ*

Zusammenhänge zwischen sachlichen Bedeutungen und üblichen Zeichen (z. B. „Wagen" — Fahrzeuge mit meist vier Rädern), sondern auch gemäß seinen individuellen Erfahrungen *connotativ* individuelle Bedeutungsnuancen mit Bewertungscharakter (z. B. „Wagen" sind interessant, angstbesetzt o. ä.).

Zum Kommunikationsvorgang gehören auf seiten des „Senders" die Auswahl der Zeichen (Verschlüsselung) und des geeigneten Informationskanals ebenso wie auf seiten des „Empfängers" die Entschlüsselung und Deutung der Zeichen und in der Regel auch eine Rückmeldung über Verstehen oder Nichtverstehen. Das letztere ist eigentlich eine Kommunikation in entgegengesetzter Richtung.

Die verwendeten Begriffe bei dieser Beschreibung (Sender, Empfänger, Kanal, Verschlüsselung, Entschlüsselung) deuten die „technologische" Provenienz dieser Konzeption an: die Nachrichtentechnik, die sich z. B. bei der Informationsübertragung elektrischer Impulse bedingt, macht die Notwendigkeit von Ver- und Entschlüsselung besonders deutlich.

C. *Cherry* grenzt „Kommunikation" und „Beobachtung" voneinander ab:

Beobachtung:	Kommunikation:
nicht sozial:	*sozial:*
Subjekt-Objekt-Beziehung	Subjekt-Subjekt-Beziehung

Insofern sind Beobachtung und Kommunikation zwei verschiedene Wahrnehmungssituationen, in beiden werden *Zeichen* verwendet, und damit Ereignisse kategorisiert und gedeutet; die eine Situation (Beobachtung) ist allerdings im realen Leben eher ein Sonderfall.

„Gerade die Subjekt-Subjekt–Beziehung, die Kommunikation, bestimmt unser gesamtes Wissen über die gegenwärtige und vergangene Welt. Jeder von uns baut sich seine eigene, persönliche Weltvorstellung nicht so sehr durch direkte Beobachtungen auf, sondern sie wird weit mehr von der Erziehung her bestimmt: nämlich durch Eltern, Schule, Bücher, Zeitungen, Radio, Fernsehen und eine Menge anderer sozialer Einrichtungen, die unsere Kultur beeinflussen."[124]

Das technologische Vorstellungsmodell könnte — einseitig betrachtet — auch noch auf den Fall der Beobachtung angewendet werden, der nach *Cherry* eigentlich die Bezeichnung Kommunikation wegen der einfachen Subjekt-Objekt-Relation nicht verdient.

Wir sehen schon an diesen beiden Annäherungen an den Kommunikationsbegriff (technologisches Modell und Definition nach *Cherry*) Widersprüche und unterschiedliche Perspektiven.

Noch verwirrender wird es allerdings, wenn wir den Begriff „Interaktion" hinzuzunehmen versuchen. Ist soziale Interaktion der übergeordnete Begriff zu „Kommunikation"? Ist demnach „ein wechselseitiger Ablauf von Mitteilungen (Kommunikation) zwischen zwei oder mehreren Personen als *Interaktion* zu bezeichnen"?[125] Ist demnach Kommunikation zunächst nicht wechselseitig? Wer irrt bei diesem offenbar verwirrenden Sprachgebrauch?

Wie können wir nun darüber „kommunizieren", ohne zunächst einen umfassenden Überblick über alle Definitions- und Theorieaspekte zu gewinnen[126] und ohne uns willkürlich auf eine Auffassung einzuschränken? Ein Ausweg scheint durch unsere Diskussion gegen Ende des ersten Teils (1.3.20 angedeutet: Wir sollten uns vergegenwärtigen, daß Begriffe *Werkzeug*charakter haben, daß sie für eine bestimmte Beschreibungs- oder Erklärungsaufgabe zu spezifizieren sind. Es dürfte dagegen wenig nützlich sein, sich auf die *begriffsrealistische* Suche nach dem Eigentlichen, nach dem Wesen von „Kommunikation" oder „Interaktion", zu begeben; wir fänden zahlreiche unbefriedigende Antworten, an denen uns jeweils etwas Wahres zu sein schiene, die uns aber kaum zufriedenstellen könnten.

Es wird also notwendig sein, unsere Beschreibungs- und Erklärungsaufgabe genauer zu definieren:

Eine Präzisierung ergibt sich aus der Beschränkung auf pädagogische Interaktion und Kommunikation. Wir hätten unsere Begriffsbestimmungen so zu formulieren, daß sie diesem sozialen Feld angemessen wären.

Man könnte sich nun blind und folgsam an gebräuchliche Denk- und Kategorisierungsmuster der pädagogischen Psychologie anschließen (z. B. „Pädagogische Interaktion läßt sich durch den wechselseitigen Austausch von Belohnungen, bzw. dem Erleben von Bedürfnisbefriedigung oder -frustration beschreiben und erklären"). Zweifellos wäre damit ein Zugang zu empirisch prüfbaren Aussagen über soziales Geschehen gewonnen. Man könnte allerdings darüber aus dem Blick verlieren, daß auch bei der Beschränkung auf ein bestimmtes Praxisfeld („Erziehung und Schule") sehr unterschiedliche Grundpositionen möglich sind, wenn man soziales Geschehen analysieren will.

Diese im weiteren Sinne anthropologischen Denkmöglichkeiten können hier nur angedeutet werden. Es ist aber nützlich darüber nachzudenken, da sonst allzuleicht völlig unreflektiert ganz bestimmte problematische Menschenbilder als Voraussetzung in unsere Begriffe und Analysen einfließen.

Vielleicht genügen hier drei Denkmodelle, die sich uns zur Anwendung auf soziale Beziehungen anbieten:
— Das für empirische Wissenschaften geläufigste ist das der sozialen *Mechanik:* wir suchen nach den Gesetzen und Regeln des Agierens und Reagierens. Soziales Geschehen wird analog zu physikalischen oder chemischen Prozessen aufgefaßt. Das „Reiz-Reaktions-Schema" (besonders aus der behavioristischen Lerntheorie geläufig) wird auf interpersonales Geschehen angewandt.
— Ein anderes Denkmodell sieht im interpersonalen Geschehen etwas letztlich Individuelles, Existentielles. Die Begriffe „Begegnung" und „Beziehung" werden philosophisch-phänomenologisch und weniger empirisch aufgefaßt. Interpersonales Geschehen entzieht sich demnach in seinem wahren Wesen der analytisch-empirischen Betrachtung und kann letztlich nur intuitiv und einzigartig erlebt werden.
— Ein drittes Denkmodell geht von der Vorstellung des „Gemachten", des „Gespielten" im sozialen Geschehen aus. *Goffmans* Buchtitel „Wir alle spielen Theater"[127] entspricht dieser Anschauung. In der sozialen Beziehung geht es demnach vorwiegend um Selbst- oder Rollendarstellung. Das interpersonale „Spiel" gehorcht zwar durchaus gewissen Regeln, sein Ablauf ist allerdings von der Deutung der jeweiligen Situation durch die Mitspieler abhängig:

Die Eigenart dieser Auffassung ist, daß das Geschehen für die Beteiligten einen „als-ob"-Charakter haben kann und damit Spontaneität und Flexibilität grundsätzlich möglich macht.

Ehe wir diese Grundpolitionen zu sehr typisieren und durch weitere Kennzeichnung ihres allgemeinen Charakters berauben, wollen wir festhalten, daß solche und ähnliche anthropologische Vorausnahmen
— einmal unausweichlich mit jeder Annäherung und begrifflichen Fixierung des Problembereiches verknüpft sind,
— zum anderen dann problematische Auswirkungen haben können, wenn sie unreflektiert und unbefragt als Selbstverständlichkeiten ohne Alternative akzeptiert werden.

Wir wollen versuchen, uns das am Beispiel einer Interaktionstheorie deutlich zu machen:

Nach *Homans* sind menschliche Handlungen eine Funktion ihrer

Konsequenzen. Er knüpft damit an lern- und motivationspsychologische Denkmodelle an, die Verhalten und Lernen (Verhaltensänderung) durch Bekräftigung (oder Verstärkung, Belohnung) zu erklären versuchen.

Auf dieser allgemeinen Grundlage formuliert *Homans* fünf Thesen:[128]

1. Erfolgsthese

„Je häufiger die Tätigkeit einer Person belohnt worden ist, desto wahrscheinlicher wird sie diese Tätigkeit ausüben."
- Diese These kennzeichnet das ‚Lernen am Erfolg‘, wie es vor allem *Thorndike* und *Skinner* untersucht haben. Auf soziale Beziehungen angewendet besagt der Satz: Es werden solche Beziehungen gesucht oder aufrecht erhalten, die dem Individuum Belohnungen einbringen; d. h. bei mehreren Beteiligten zu einem Austausch von Belohnungen führen (Austausch-Theorie).

2. Reizthese

„Wenn in der Vergangenheit das Vorkommen eines oder mehrerer bestimmter Reize Anlaß dafür geworden ist, daß die Tätigkeit einer Person belohnt wurde, dann wird eine Person diese oder eine ähnliche Tätigkeit umso eher ausüben, je ähnlicher die gegenwärtigen Reize jenen vergangenen sind."
- Dieser Satz beschreibt das Phänomen der Reiz-Generalisation. Als Beispiel könnte man an belohnende soziale Interaktionen denken, die etwa ein Kind mit dem ‚Reizmuster‘ „tiefe Stimme, Schnurrbart, Brille" verbindet. Wenn es diese Erfahrung z. B. beim Vater gemacht hat, wird es sich bei ähnlicher Reizkonstellation ähnlich verhalten, also kontaktfreudig, offen und gesprächsbereit sein.

3. Wertthese

„Je wertvoller für jemanden der Lohn für eine Tätigkeit ist, desto eher wird er diese Tätigkeit ausüben."
- Bezog sich die ‚Erfolgsthese‘ auf die Häufigkeit der Belohnungen, so ist hier deren Wert angesprochen. Anschließend an diese These (und an den Belohnungsbegriff) ergibt sich eine ‚quasi-ökonomische‘ Betrachtungsweise der sozialen Interaktion: Interaktion als Austausch mit ‚Kosten‘ und ‚Nutzen‘ für die Beteiligten. Zum Abwägen von Kosten und Nutzen (Ergebnis = „Nettowert") gehört auch die Berücksichtigung von Alternativen. So gehört der Verzicht auf andere, wertvolle Interaktionen zugunsten der gegenwärtigen zu den Kosten dieser Interaktion.

4. Sättigungsthese

„Je öfter jemand in der Vergangenheit eine bestimmte Belohnung erhalten hat, desto weniger wertvoll werden weitere Einheiten dieser Belohnung für ihn sein."
- Diese These trägt der Tatsache Rechnung, daß sich der Belohnungswert offenbar ‚abnutzen‘ kann. Wert einer Belohnung ist demzufolge nichts Konstantes, sondern etwas aus der individuellen Lerngeschichte Ableitbares und durch Lernen Veränderbares.

5. Frustrations-Aggressions-These
„Wenn jemand in seinem Handeln nicht den Lohn, den er erwartete, dafür aber Strafe, die er nicht erwartete, bezieht, dann wird er ärgerlich, und im Ärger sind die Ergebnisse aggressiven Verhaltens belohnend."
– *Homans* übernimmt hiermit eine vieldiskutierte und kritisierte Aggressionstheorie, die als Folge von Frustrationen (Enttäuschungen) notwendig mit aggressivem Verhalten rechnet. Kritik an diesem Konzept bezieht sich vor allem auf die Frage, ob denn Aggression die einzig mögliche Folge von Frustrationen sein müsse.

Die vorstehenden Thesen sind keineswegs ‚zwischenmenschlich' oder ‚sozial' formuliert und doch versteht sie *Homans* ausdrücklich als Interaktionskonzept. Nach seiner Auffassung werden wir nämlich im Alltag vorwiegend durch die Tätigkeit anderer Menschen belohnt oder bestraft, wobei sich alle Menschen nach diesen Grundsätzen verhalten und somit interagieren. *Homans* schränkt allerdings ein, daß es sich allenfalls um „annähernd wahre", keinesfalls aber um „absolut wahre" Sätze handeln kann.

In diesem Abschnitt wurde bewußt nur eine Interaktionstheorie herausgegriffen. Diese Theorie soll eine stark reduzierende, mechanistisch-behavioristische Sichtweise demonstrieren. Andere Ansätze, wie z. B. die pragmatische Kommunikationstheorie nach *Watzlawick* u. a. und auch symbolisch-interaktionistische Ansätze werden im weiteren Text problembezogen berücksichtigt.

Dieser Abschnitt hat uns zu zeigen versucht, daß unterschiedliche Begriffsperspektiven verschiedener Autoren keine klare Abgrenzung von Interaktion und Kommunikation gestatten. Wir können lediglich konstatieren, daß in der Regel:
– beim *Kommunikations*begriff der *Informationsaspekt,*
– beim *Interaktions*begriff der *Verhaltens-* oder *Handlungsaspekt* im Vordergrund steht.

Wir beschränken uns im weiteren auf Interaktion und Kommunikation im pädagogischen Bereich, wobei zwischen den beiden Schlüsselbegriffen nicht zu trennen versucht wird.

(Wer begriffliche Feinabgrenzungen liebt, sei auf die Fragen verwiesen, ob Interaktion ohne Kommunikation, oder Kommunikation ohne Interaktion denkbar ist. Ist das eine Oberbegriff des anderen?)

3.1.2 Methodische Probleme der Interaktionsanalyse

3.1.2.1 Beobachtung von Interaktionen

Ehe wir uns mit methodischen Problemen der Analyse sozialer Interaktionen auseinandersetzen, sollten wir vorab zwei Mißverständnissen vorbeugen:
- Ein Mißverständnis könnte dadurch entstehen, daß wir Methoden als theorieunabhängig betrachten und daß wir so tun, als ob eine empirische Methode die soziale Wirklichkeit einzufangen gestattete, zu Daten führte, und damit Material zur Analyse lieferte, aus der dann vielleicht in weiteren Schritten theoretische Einsichten hervorgehen könnten.

Angemessen ist es vielmehr, die einer Methode zugrundeliegenden theoretischen Vorentscheidungen zu berücksichtigen und zu reflektieren.

- Ein weiteres Mißverständnis könnte sich auf den von uns gewählten Inhaltsbereich — Erziehung und Unterricht: pädagogische Interaktion — beziehen. Es liegt in der Gleichsetzung von sozialpsychologischer Interaktionsanalyse und empirischer Unterrichtsforschung.

Unterrichtsforschung hat sich neben den Interaktionsprozessen auch mit Unterrichtsmedien, Lernerfolg, Lehrzielen, Unterrichtsgegenständen u. ä. zu befassen, wogegen soziale Interaktionsanalyse das aufeinander bezogene Verhalten im sozialen Zusammenhang zum Gegenstand hat. So gesehen, könnte Interaktionsanalyse ein wichtiger Teilbereich von Unterrichtsforschung sein.

Auf welche Weise erfassen und analysieren wir im Alltag zwischenmenschliches Geschehen?

In Teil 2 war die wichtigste „Methode" eigentlich bereits das Hauptthema: die *Wahrnehmung.*

Wir sprechen allerdings meistens von *Beobachtung,* wenn Aufmerksamkeit gezielt auf ein Geschehen gerichtet wird, das es zu registrieren und zu analysieren gilt.

„Die absichtliche, aufmerksam-selektive Art des Wahrnehmens, die ganz bestimmte Aspekte auf Kosten der Bestimmtheit von anderen beachtet, nennen wir Beobachtung."[129]

Zwar wären auch andere Methoden zur Erfassung sozialer Interaktionen denkbar (z. B. Befragung der Teilnehmer; Registrierung physiologischer Größen), Beobachtungsmethoden sind jedoch meist andern Verfahren dadurch überlegen, daß sie den Ablauf der Interaktionen weniger beeinflussen, ihn zumindest nicht zu unterbrechen brauchen.

Aus dieser vorsichtigen Formulierung wird vielleicht schon deutlich, daß Methoden zur Analyse von sozialen Interaktionen nicht selten diese Interaktionen verändern.

Versuchen Sie, sich eine Situation zu vergegenwärtigen, in der Sie die Aufgabe hatten, soziale Interaktionen zu beobachten (Schulpraktikum; Jugendgruppen; als Berichterstatter u. ä.). Können Sie etwas über Ihre Beziehungen zu den Beobachteten aussagen? Wie wurden Sie angesehen (beobachtet!), wurde mit Ihnen Kontakt aufgenommen, haben Sie sich passiv oder aktiv verhalten?

Aus einem „Leitfaden zu Beobachtung von Schulklassen" stammen die beiden Abbildungen:

Die Autoren versahen diese Bilder mit der Unterschrift „Was Sie in der Schule sehen, wird davon abhängen, wie die Schule Sie sieht."[130]

Aus dieser Schwierigkeit heraus kann man versuchen, bei einer wissenschaftlichen, systematischen Beobachtung den Einfluß des Beobachters zu reduzieren
— einmal durch *unwissentliche* Beobachtung, wenn den Beteiligten verborgen bleibt, daß sie beobachtet werden — diese ‚heimliche' Beobachtung schaltet zwar den Beobachter-Einfluß weitgehend aus, erweckt aber ethische Bedenken,
— zum anderen durch *teilnehmende Beobachtung.* Hierbei ist der Beobachter für die Interagierenden einer der ihren, er spielt für sie nicht die Rolle des Beobachters, sondern ist Mitglied des sozialen Gefüges, wie wenn es unbeobachtet wäre. Beispiel: ein Lehrer als Beobachter, der aber für die Schüler ausschließlich als Inhaber der Lehrerrolle auftritt.

Man könnte nun daran denken, durch den Einsatz von Tonband, Film- oder Videogeräten den Einfluß von Beobachtern auszuschalten (sog. ‚vermittelte' Beobachtung). Wer jedoch einmal damit gearbeitet hat, wird auch hier keine prinzipiell andere Situation als bei der unvermittelten Beobachtung festgestellt haben: Der ‚Publikumseffekt', die Orientierung des Verhaltens an möglichen Adressaten und das Bewußtsein ‚öffentlich' zu agieren werden bei der wissentlichen vermittelten Beobachtung in der Regel noch stärker provoziert als bei der wissentlichen unvermittelten Beobachtung.

In der Praxis zeigen sich allerdings häufig Gewöhnungs- und Anpassungsprozesse, die den Beobachtereinfluß im Laufe der Zeit offenbar sehr schnell verringern.[131]

Soviel zur problematischen Rolle des Beobachters. Wenn wir uns der vorhin zitierten Definition von Beobachtung nach *Graumann* erinnern, dann muß uns auffallen, daß dort von der „Wahrnehmung ganz bestimmter Aspekte auf Kosten der Bestimmtheit von anderen" die Rede war.

Diese Definition trägt damit der Begrenztheit des Wahrnehmungsvermögens Rechnung: eine totale vollständige Erfassung von interpersonalem Geschehen in seiner ganzen Komplexität ist unmöglich, ein Beobachter —ja, selbst eine Filmkamera! — hat eine Perspektive, die die Wahrnehmung notwendigerweise begrenzt. Über diese Einschränkung auf das überhaupt Wahrnehmbare hinaus besteht zudem weiterhin die Notwendigkeit der Selektion: ein Beobachter muß *gerichtet* wahrnehmen, wenn er nicht nur zufällig auffallende Ereignisse festhalten (protokollieren) und einordnen will.

Wenn Beobachtung nicht naiv, unkontrolliert und zufällig sein soll, sondern systematisch, kontrolliert und damit wissenschaftlich brauchbar, so ergeben sich die folgenden Forderungen:
— Ziele und Gegenstände der Beobachtung müssen festgelegt werden (Was ist zu beobachten?).
— Es sind Beobachtungseinheiten zu bestimmen und Kategorien festzulegen, in die der Geschehensstrom einzuteilen und einzuordnen ist.
— Es ist nachzuweisen, daß die Identifizierung der zu beobachtenden Ereignisse den Beobachtern in ausreichend übereinstimmender und zuverlässiger Weise gelingt (Zuverlässigkeit).

Aus diesen Forderungen mag deutlich werden, daß Verhaltensbeobachtung, wenn sie systematisch und kontrollierbar erfolgen soll, nicht theoriefrei sein kann.

3.1.2.2 Kategoriensysteme zur Analyse pädagogischer Interaktion

Wenn man auf umgekehrtem Wege vorgegebene Kategoriensysteme daraufhin untersucht, welche theoretischen Annahmen in ihnen zum Ausdruck kommen, so lassen sich — im Rahmen unseres Themas — zunächst zwei Beobachtungen machen:
— einmal werden Beobachtungskategorien angeboten, die sich auf soziale Interaktion überhaupt beziehen gegenüber solchen, die z. B. schulische Interaktionen spezieller erfassen wollen und damit auf Vorentscheidungen über Unterrichtsbegriff und -theorie angewiesen sind,
— zum anderen fällt auf, daß die meisten Kategoriensysteme sich offenbar auf das verbale Interaktionsverhalten beziehen, wogegen nur wenige auch averbale Momente zu erfassen versuchen.

Dieser Abschnitt kann keine Einführung in die praktische Handhabung verschiedener sozialpsychologischer Beobachtungssysteme sein, denn die Probleme der Auswahl von Ereignisstichproben, der Darstellung von Prozeßverläufen und der statistischen Analyse verlangen breitere Informationen und dazu praktische Übungen. Wir können hier nur einen kleinen Einblick in diese Methodik gewinnen, wobei wir die Weiterverarbeitung empirischen Materials, die statistische Beschreibung und Analyse, hier unberücksichtigt lassen müssen.

Es dürfte nützlich sein, eines der meistverwendeten Kategoriensysteme als Beispiel zu demonstrieren. Es handelt sich um das System von *Flanders*.[132]

Die Tabelle der *Flanders*schen Kategorien verdeutlicht, daß dieses interaktionsanalytische System sich auf Unterrichtsprozesse bezieht und daß es sich auf verbale Verhaltensweisen beschränkt (da diese nach *Flanders* Auffassung repräsentativ für das Gesamtverhalten sind).

In der Beschränkung auf verbales Verhalten sehen *Diegritz* und *Rosenbusch* allerdings „das einschneidendste Manko" der vorliegenden Kategorienschemata.[133]

Das Unterrichtsbeobachtungssystem von *Flanders*[134] umfaßt folgende Kategorien:

Lehreräußerungen	Indirekter Einfluß	1. *Akzeptiert Gefühle:* Akzeptiert und klärt die Empfindungen des Schülers. Die Gefühle können positiv oder negativ sein. Voraussage und Erinnerung an Gefühle sind eingeschlossen. 2. *Lobt und ermutigt:* Lobt und ermutigt Handlungen des Schülers. Scherze, die Spannungen vermindern und nicht auf Kosten eines anderen Individuums gehen, Kopfnicken und auf die Aufforderung fortzufahren sind eingeschlossen. 3. *Akzeptiert und verwendet Gedanken des Schülers:* Klärt, baut auf und entwickelt die Gedanken, die vom Schüler vorgetragen werden. Wenn der Lehrer mehr seine eigenen Gedanken ins Spiel bringt: Übergang zu Kategorie 5. 4. *Stellt Fragen:* Stellt Fragen über Inhalt und Ablauf in der Erwartung, daß der Schüler antwortet
	Direkter Einfluß	5. *Lehrervortrag:* Referiert Fakten und Meinungen über Inhalt oder Methoden; druckt seine eigenen Ideen aus, stellt rhetorische Fragen. 6. *Gibt Anweisungen:* Anweisungen oder Anordnungen, die der Schüler befolgen soll. 7. *Kritisiert den Schüler oder rechtfertigt die eigene Autorität:* Äußerungen, die das Schülerverhalten berichtigen sollen; laute Zurechtweisungen; Rechtfertigungen des eigenen Verhaltens; extremer Selbstbezug.
Schüleräußerungen		8. *Schüleräußerungen – Antworten:* Ein Schüler antwortet in vorhersehbarer Weise dem Lehrer. Der Lehrer initiiert den Kontakt und setzt für die Reaktion des Schülers Grenzen. 9. *Schüleräußerungen – Initiative:* Schüler äußern sich aus eigener Initiative. Unvorhergesehene Äußerungen als Reaktion auf den Lehrer. Übergang von 8 auf 9, wenn der Schüler eigene Gedanken einführt.
		10. *Schweigen oder Verwirrung:* Pausen: kurze Perioden des Schweigens oder Perioden des Lärms und der Verwirrung, in welchen die verbale Interaktion vom Beobachter nicht verstanden werden kann.

Es hat nicht an Versuchen gefehlt, die einzelnen Verhaltenskategorien aufzugliedern und genauer zu formulieren, denn bei näherem Hinsehen zeigt sich, daß sie zum Teil recht global formuliert sind.
Eine stärkere Differenzierung steht allerdings immer in der Gefahr, die praktische Verwendbarkeit einzuschränken, denn der Beobachter muß bei einem handlichen Kategoriensystem stets alle Kategorien schnell überblicken können, um ein wahrgenommenes Verhalten einzuordnen. Ohnehin ist kaum ein Kategoriensystem denkbar, bei dem Beobachter ohne trainierende Einarbeitung auskommen können.
Eine Variante des *Flanders*schen Systems[135] versucht, es gleichzeitig zu vereinfachen und auch der Tatsache Rechnung zu tragen, daß Lehrer- und Schülerverhalten nicht nur in einer Richtung voneinander abhängig sind, sondern daß es sich um *reziproke Interaktionen* handelt. Jede Kategorie kann also sowohl vom Lehrer als auch vom Schüler erwartet werden:

Verhaltenskategorien nach *Ober, Bentley* und *Miller:*

Lehrer		Schüler
1	Trägt zur Verbesserung des Klassenklimas bei	11
2	Akzeptiert	12
3	Ergänzt die Beiträge eines anderen	13
4	Provoziert	14
5	Antwortet	15
6	Initiiert	16
7	Gibt Anweisungen	17
8	Verbessert	18
9	Trägt zur Verschlechterung des Klassenklimas bei	19
10	Schweigen oder Durcheinander	20

Kategoriensysteme wie diese erlauben es, Verhaltensphänomene einzuordnen und zu signieren (z. B. mit Hilfe einer Zahl). Ferner ergibt sich die Möglichkeit, Verhaltenssequenzen darzustellen und zu untersuchen. Beobachtet man beispielsweise in festgelegten Zeitintervallen (etwa alle 3 sec.), so kann der Wechsel von Kategorie zu Kategorie untersucht werden.
– Es kann sich dabei zeigen, daß sehr oft die Kategorie ‚Lehrervortrag' auf die Kategorie ‚Lehrervortrag' folgt – ein Beispiel für eine Unterrichtssequenz, in der es nicht zu Lehrer-Schüler-Interaktionen kommt (Monolog).
– Es könnte sich aber auch zeigen, daß auf die Kategorie „Lehrer

lobt und ermutigt' sehr häufig die Kategorie ‚Schüleräußerung —
Antwort oder Initiative' folgt.
Auf die detaillierten Auswertungs- und Anwendungsmöglichkeiten
können wir hier nicht eingehen.[136]
Es dürfte jedoch einleuchten, daß
— recht komplexe Analysen mit derartigen Systemen möglich sind,
— der Nutzen für den Lehrenden, den er aus einer solchen Analyse
  seiner Interaktionen ziehen könnte, groß sein dürfte,
— der methodische Aufwand einer differenzierten Analyse verbaler
  Interaktionen nicht zu unterschätzen ist.

Hinweis:
In Teil 4 werden wir im Zusammenhang mit gruppendynamischen Prozessen
Methoden zur Interaktionsanalyse in Gruppen und zur Analyse von Gruppenstrukturen (Soziometrie) kennenlernen. Diese Verfahren unterscheiden sich
von den hier besprochenen dadurch, daß sie ihr Hauptaugenmerk auf Beziehungen von Gruppenmitgliedern untereinander richten, während die unterrichtsbezogenen Kategoriensysteme zum größten Teil von einer ‚Zweier'-Beziehung ‚Lehrer-Schulklasse' auszugehen scheinen. Das ist auch eine theoretische (?) Vorannahme!

Kategoriensysteme zur pädagogischen Interaktionsalanyse zeigen
oft deutlich, daß Lehrer- und Schülerverhalten unter verschiedenen
Gesichtspunkten beobachtet und eingeordnet wird (z. B. *Flanders*).
Entspricht das real unterschiedlichen Rollen und unterschiedlichem
Verhalten? Der folgende Teil (3.2) wird sich mit der Frage beschäftigen, welche Verschiedenheiten es gibt, wie sie zu erklären sind und
wie sie die schulischen Interaktionen bestimmen.

3.2 Führung als Interaktionsphänomen

3.2.1 Lehrer- und Schülerrolle

Für die soziale Interaktion im Unterricht ist durch den institutionellen Rahmen der Schule, durch die gesetzlichen Aufgaben und Pflichten von Lehrern und Schülern, allerdings auch durch Tradition und Gewohnheit eine ganze Reihe von *Verhaltenswartungen* festgelegt.

Für die beschreibende Zusammenfassung derartiger Verhaltenserwartungen bietet sich der Begriff der *sozialen Rolle* an.

Soziale Rollen sind nach soziologischer Auffassung

Verhaltensvorschriften, die an bestimmte gesellschaftliche Positionen gebunden sind.[137]

Nach dieser Definition lassen sich in Schulklassen wohl nur zwei verschiedene soziale Rollen unterscheiden: „Lehrer"- und „Schülerrolle". Nach *Ulich*[138] entsprechen diese beiden Rollen gesellschaftlich bestimmten Positionen. Andere „Rollen" sind entweder zu unscharf bestimmt oder gesellschaftlich zu unbedeutend (z. B. „Klassensprecher") oder sie sind lediglich typisierende Klassifikationen, die aber weder einer gesellschaftlichen Aufgabe entsprechen noch notwendig in einer Schulklasse vorgefunden werden müssen (z. B. „Streber", „Clown"). *Ulich* spricht in diesen Fällen von *Verhaltenstypen*, zu deren Verständnis eher individuelle psychologische Analysen beitragen, weniger dagegen die Betrachtung der Schulklasse als soziales System.

An diesem Beispiel wird die unterschiedliche Perspektive soziologischen und psychologischen Fragens deutlich: vom soziologischen Rollenbegriff her sind die Rollenträger austauschbar, das Interesse richtet sich auf überindividuelle soziale Gebilde, wie etwa die gesellschaftliche Institution Schule. Psychologisch gesehen steht dagegen das Individuum im Mittelpunkt:

Claessens[139] hat im Gegensatz zu *Ulich* den Rollenbegriff nicht

so eng auf *soziale* Rollen beschränkt, sondern den Begriff auch für die folgenden Rollentypen gelten lassen:
- Bio-soziale Rolle (z. B. „Mutter", der „Dicke" usw.)
- psychische Rolle (z. B. „der Freigebige", der „Traurige")
- kulturelle Rolle (z. B. „der Franzose", „der Rheinländer")

Diese drei Rollentypen sind noch keine sozialen Rollen, sie bereiten sie allenfalls vor. Wenn *Claessens* allerdings die „Berufsreife" als Voraussetzung für die Übernahme *sozialer* Rollen im engeren Sinne ansieht, dann kann man sich wieder fragen, welchen Rollentypen „Lehrer"- und „Schülerrolle" zuzuordnen sind. Ist dann nur die (Berufs-) Rolle des „Lehrers" eine soziale? Die des „Schülers" wäre es dagegen nicht — allenfalls eine Vorform.

Die Zuordnung der Schülerrolle zu den Rollentypen bereitet in der Tat Schwierigkeiten: Eine „bio-soziale" Rolle ist sie nicht, denn diese sind laut Definition „auch vor einer Sozialisation einfach ‚da'" ... „sie gründen sich auf Eigenschaften, die durch die Gesellschaft nicht oder nur selten verliehen werden können."[140] Eine „Psychische" oder „Kulturelle" Rolle wird man nach Definitionen und Beispielen *Claessens* kaum in der Schülerrolle sehen. So bleibt nach dieser Gruppierung die Feststellung, daß
- die Lehrerrolle offenbar eine soziale (Berufs-) Rolle ist,
- daß die Schülerrolle dagegen eine Vorform sozialer Rollen, eine „Sozialisationsrolle" ist, die sich einer genauen Zuordnung zu den *Claessens*schen Rollentypen entzieht.

Lehrer- und Schülerrolle sind *komplementär*, d. h. beide Funktionen sind ohne die jeweils andere nicht denkbar. Ein Lehrer ohne Schüler ist kein Lehrer; lehren ohne Lernende ist eine Angelegenheit des absurden Theaters. Auf der anderen Seite ist „Lernen" durchaus nicht unbedingt auf Lehren angewiesen. Selbst- oder sachgeleitetes Lernen in diesem Sinne ist allerdings weniger mit der Instituationen Schule verbunden, für die ja gerade das komplementäre Rollenverhältnis „Schüler-Lehrer" konstitutiv ist.

Es wäre wohl wenig nützlich, wenn wir nun diese beiden, jedem aus eigener Anschauung geläufigen Rollen, beschreiben wollten, indem wir Verhaltenserwartungen auflisten („Ein Lehrer unterrichtet", „Ein Schüler soll sich am Unterricht beteiligen, er hat Anweisungen zu befolgen und Aufgaben zu bearbeiten" usw.). Das sind Selbstverständlichkeiten, die uns auf ermüdende Weise nur zeigen könnten, daß in dieser Gesellschaft tatsächlich gemeinsame Rollenkonzepte bestehen. Fruchtbarer dürfte es sein, auf einige Probleme der Rollendefinition hinzuweisen.

Probleme der Differenzierung von globalen Rollenkonzepten

Das Problem der Differenzierung der globalen „Lehrer"-Rolle wird immer dann besonders deutlich, wenn man eine schulbezogene Beispielsituation konkret zu charakterisieren versucht und entscheiden muß, ob von einer Lehrerin oder von einem Lehrer die Rede sein soll.

Die gesellschaftlich definierten Erwartungen gegenüber den Geschlechtern sind indes keineswegs so übereinstimmend und eindeutig. Gewiß stehen die Erwartungen gegenüber Lehrerinnen für viele Menschen eher in Affinität zur „Mutter"-Rolle. Die – allerdings zusehends im öffentlichen Bewußtsein problematisierten – tradierten Geschlechtsrollen modifizieren die Lehrerrolle.

Wir haben in Teil 2 einem dem Rollenkonzept verwandten Begriff kennengelernt: das *Stereotyp* als Vorstellungsbild mit verallgemeinernden und bewertenden Zügen. Stereotype fassen nicht wie Rollen Verhaltensvorschriften zusammen, sondern kognitiv-affektive Konzepte über soziale Gegenstände. Das Gemeinsame beider Begriffe ist ihr antizipatorischer Gehalt:
— beim sozialen Rollenbegriff handelt es sich vorwiegend um *normative* Verhaltenserwartungen ('Vorschriften'),
— beim Stereotyp um Verallgemeinerungen aus bisherigen Erfahrungen und Informationen.

Aus dieser gemeinsamen Perspektive ergibt sich, daß auch aus Untersuchungen über Begriffs-Stereotype Hinweise auf Rollendefinitionen abzuleiten sind.

In diesem Zusammenhang sei nur eine Untersuchung über das Vorstellungsbild vom ‚Lehrer' bei Schülern erwähnt:[141]

Wenn wir uns nur auf die Ergebnisse von 15-16jährigen beziehen, so fällt auf, daß bei dem Vergleich von 12 Stereotypen

1. Lehrer
2. Wunschlehrer
3. Sportler
4. Clown
5. Mutter
6. Polizist
7. Mannequin
8. Richter
9. Handwerker
10. Pfarrer
11. Vater
12. Dieb

das ‚Lehrer'-Stereotyp den ‚Polizisten'- und ‚Richter'-Stereotypen am ähnlichsten beurteilt wurde. Das Wunschbild vom Lehrer hatte dagegen eher Ähnlichkeit mit den Stereotypen ‚Mutter', ‚Mannequin' (!) und ‚Vater'.

Es scheint also so zu sein, daß das Schüler-Stereotyp vom Lehrer ihm eher Kontroll- und Disziplinierungsfunktionen zuschreibt.

Entspricht dieser Befund nun auch der gesellschaftlichen Rollenzuschreibung?

Die Antwort auf diese Frage ist sehr schwer zu geben, denn eine soziale Rolle ist empirisch nicht eindeutig beschreibbar; sie enthält eine Anzahl von verschiedenen Bestimmungsperspektiven, die zum Teil zu widersprüchlichen Ergebnissen führen:

— das Rollen*verhalten* von Lehrern

Beispiel:
Verhaltens- und Interaktionsbeobachtungen ergaben häufig ein hohes Maß von dirigierendem und lenkendem Verhalten (*Tausch* und *Tausch* 1971)[142], worin sich eine Bestätigung der Schüler-Stereotype finden ließe.

— das *Selbstverständnis* von Lehrern

Beispiel:
Für die berufliche Identität des Lehrers hat E. *Lemberg*[143] verschiedene Leitbilder herausgearbeitet, die für die eigene Rolleninterpretation wesentlich sein können: so z. B. das Modell des „Gelehrten", als Philologe mit klassischer Bildung (besonders für Gymnasiallehrer), das des „Fachmannes", „Technikers", „Experten" (etwa bei Lehrern berufsbildender Schulen) oder auch seit der Jugendbewegung — das des „Jugendleiters", „Erziehers".

— die explizit formulierten *Aufgaben* des Lehrers.

Hier ist die Frage genauer zu stellen: wer definiert die Aufgaben des Lehrers, wer gibt ihm Vorschriften und Hinweise für sein Verhalten? Schulgesetze und andere rechtlich bindende Texte können hier herangezogen werden. Hier sei aus den Empfehlungen der Bildungskommission des Deutschen Bildungsrates (1970) zitiert:

„Die Aufgaben des Lehrers lassen sich darstellen unter den Gesichtspunkten des Lehrens, Erziehens, Beurteilens, Beratens und Innovierens."

Natürlich sind nicht nur ‚amtliche' oder programmatische Rollenbestimmungen wichtig, sondern auch solche, die als Erwartungen von einzelnen Personen oder Gruppen an den Lehrer herangetragen werden (z. B. von Schülern, Eltern, Schulaufsichtsbehörden, Schulleiter, Kollegen). Mit diesen Rollendefinitionen befinden wir uns bereits wieder in der Nähe des Stereotyp-Begriffs.

Schon aus den wenigen Beispielen für Rollenbestimmungen für den Lehrer ergibt sich, daß es kaum möglich sein wird, *die* Lehrerrolle zu beschreiben. Die Rollenvorschriften beziehen sich zum Teil auf unterschiedliche Bereiche:

So enthält etwa das Leitbild „Gelehrter" kaum Vorschriften über das Unterrichtsverhalten des Lehrers; das beobachtete Unterrichtsverhalten dagegen gibt keine Auskunft über die Lehrerrolle in bezug auf andere soziale Positionen (z. B. Schulleitung, Eltern).

Die Rollenvorschriften sind zudem untereinander nur selten deckungsgleich:

So wurde in einer englischen empirischen Untersuchung[144] nachgewiesen, daß im Verlauf einer dreijährigen Lehrerausbildung im zweiten Studienjahr (gegenüber dem ersten und dem dritten) die Rolle des Lehrers mehr im Sinne einer „schülerzentrierten Pädagogik" gesehen wird (= der Lehrer als Förderer selbständigen Lernens, weniger Gehorsamkeitsforderungen, weniger Strafen und Beurteilen). Eigenartigerweise ließen sich kaum Unterschiede zwischen studenten des 1. und 3. Studienjahres nachweisen, so daß insgesamt der Einstellungsänderungseffekt des Studiums gering oder nur vorübergehend (2. Studienjahr) ist.[145]

In der Untersuchung wurden die Rollenvorstellungen der 268 Studenten mit denen von 183 Schulleitern verglichen. Dabei zeigte sich, daß die Schulleiter in ihrer Rollendefinition mehr in die Richtung eines „relativ organisationsorientierten, den Schülern gegenüber dominierenden und konformitätsfordernden Standpunkts"[146] tendierten. Für diese Differenzen sind nach *Finlayson* und *Cohen* unterschiedliche Bezugsgruppen für Rollenerwartungen verantwortlich: In der Lehrerausbildung – besonders im zweiten Studienjahr – ist der Kontakt zur Schulwirklichkeit nicht so eng wie in der Arbeit der Schulleiter, die die Anforderungen an die Lehrertätigkeit weniger von normativen, als von praktisch erlebten Gesichtspunkten her bestimmen.

Nicht nur zwischen Ausbildung und Schulpraxis bestehen zum Teil diskrepante Erwartungen. *Biddle* und *Thomas*[147] untersuchen in diesem Zusammenhang auch Meta-Perspektiven:[148] also Rollenvorstellungen, die nach Meinung von Lehrern bei Eltern, Schülern, Kollegen und Schulaufsichtsbeamten anzunehmen waren. Dabei zeigte sich, daß aus der Sicht der Lehrer die Erwartungen anderer recht gut mit ihrer Selbsteinschätzung übereinstimmen. Sie fühlen sich also relativ kongruent in ihrem Verhalten mit den Erwartungen anderer.

Vergleicht man jedoch die tatsächlichen – also nicht die von Lehrern vermuteten – Verhaltenserwartungen der Eltern, Kollegen, Aufsichtsbeamten oder Schüler, dann stellt man fest, daß sich z. B. zwischen den Beamten der Schulbehörde auf der einen und den Eltern und Schülern auf der anderen Seite recht deutliche Unterschiede in den Erwartungen an den Lehrer zeigen.

Es hat dabei wenig Sinn, die inhaltlichen Einzelheiten der Unterschiede zu verfolgen, da gerade hier die einzelnen empirischen Untersuchungen kaum verallgemeinert werden können. Wenn etwa *Biddle* u. a. feststellen, daß Eltern und Schüler vom Lehrer eher als Schulaufsichtsbeamte erwarten, daß der Lehrer Täuschungsversuche von Schülern beachtet, so kann man wohl zweifeln, ob in unserer augenblicklichen Schulsituation ein solcher Befund zu bestätigen wäre.

Festzuhalten bleibt, daß die Lehrerrolle durch eine Reihe von zum Teil widersprüchlichen und spannungsvollen Erwartungen schwer zu beschreiben ist und daß von daher trotz einer rechtlichen Einengung der individuelle Orientierungs- und Verhaltensspielraum innerhalb der Position des Lehrers recht groß sein müßte. Dem steht jedoch entgegen, daß die Definitionsmacht einzelner Gruppen von „Erwartungshegern" stärker ist als die anderer. So ist etwa der Einfluß der Schüler auf die Rollendefinition des Lehrers bedeutend geringer als der der Schulbehörde oder der Kollegen. Das führt nun auf das Problem der asymmetrischen Interaktionsstruktur der Schulklasse.

Wenn wir diesen Abschnitt damit abschließen würden, dann hätten wir die *Schüler*rolle zweifellos etwas stiefmütterlich behandelt. Dieses Rollenkonzept ist zwar, wie wir gesehen haben, kaum in einen bestimmten soziologischen Rollentypus einzuordnen, niemand wird jedoch leugnen, daß es gegenüber Schülern Verhaltenserwartungen gibt.

Wie bei der Lehrerrolle, so zeigen sich allerdings auch hier zum Teil widersprüchliche, zum Teil einander ergänzende Erwartungen auf verschiedenen Ebenen und von verschiedenen Gruppen.

Man kann sich zunächst verdeutlichen, daß dem Schüler eine unterschiedliche Rolle zugewiesen wird, je nachdem, ob er z. B. als
- das unmündige Kind angesehen wird, das zu irgendeinem späteren späteren Nutzen durch Erziehung und Unterricht zu einem brauchbaren Mitglied der Gesellschaft geformt werden muß,
- sich und seine Möglichkeiten verwirklichendes, in seiner Perspektive und in seinen Wünschen ernstzunehmendes Subjekt angesehen wird, dem in Erziehung und Unterricht Hilfen dazu in seinem eigenen Interesse vermittelt werden.

Ergeben sich aus solchen und ähnlichen Grundpositionen bereits Erwartungen an das Schülerverhalten, so ist damit nur eine Ebene der Rollendefinition skizziert. Eine andere, im praktischen Zusammenhang äußerst wichtige — aber auch nicht weniger widersprüchliche — Rollenbestimmung zeigt sich in den Verhaltensregeln, die sich komplementär zur Lehrerrolle unter Schülern herausbilden:

Der amerikanische Erziehungswissenschaftler P. W. *Jackson* hat in einigen, meist sehr anschaulichen, gut lesbaren Veröffentlichungen auf diese ‚inoffizielle' Seite des Unterrichts hingewiesen.[149]

Um nur einige dort herausgestellte Merkmale zu nennen:
- *Warten* gehört zu den häufigsten Verhaltensweisen des einzelnen Schülers während der Schulzeit,

3.2.2 Führung in der Schulklasse

3.2.2.1 Lehren und Lernen als komplementäre soziale Aufgaben

Die Rollenbeziehung „Lehrer" – „Schüler" ist komplementär, wenn man sie soziologisch denkt. Aus der Sicht der Kommunikationspsychologie wird von „Komplementären Kommunikationsabläufen" gesprochen, wenn „die Beziehung zwischen den Partnern auf Unterschiedlichkeit beruht."[151]
Die Rollenanalyse bietet *Erklärungs*ansätze für Unterschiedlichkeiten, dagegen beschränken sich *Watzlawick* u. a. ausdrücklich auf die *Beschreibung* von Interaktionsgeschehen. Für uns sind beide wissenschaftlichen Aufgaben wesentlich; wir haben sowohl zu untersuchen, wie die Beziehungen zwischen den Partnern ablaufen, als auch Hypothesen darüber aufzustellen, warum sich die Beziehungen meistens so und nicht anders zeigen.
Mit den unterschiedlichen Aufgaben des „Lehrens" und des „Lernens" ist neben dem Alters- und Kenntnisunterschied wohl die wichtigste Differenz zwischen Lehrer und Schüler angesprochen.
Die Aufgabe des Schülers (,Lernen') ist zudem durch die institutionalisierte Erziehung in bestimmter Weise eingegrenzt und spezifiziert. H. *Fend*[152] hat die Konsequenzen institutionalisierten Lernens sehr prägnant zusammengefaßt:

„ – Lernen ist nicht mehr freiwillig, sondern gefordert.
 – Lernen erfolgt nicht mehr sporadisch (es kann nicht mehr abhängig von den jeweiligen Wünschen des Individuums sein), sondern kontinuierlich.
 – Die Lernziele werden nicht mehr vom Individuum gesetzt, sondern vorgegeben.
 – Lernen erfolgt im Zusammenhang mit einem sozialen Überordnungs-Unterordnungsverhältnis.
 – Lernen erfolgt in einer Gruppensituation.
 – Die Festsetzung von Lernzielen erfolgt weitgehend unabhängig von den Valenzstrukturen der Individuen."

Diese Kennzeichnung, die sich auf die Lernbedingungen bezieht, ist zu ergänzen durch andere institutionell-situative Momente der Schule:
Unter der Perspektive der Organisationssoziologie klassifizieren *Lohmann* und *Prose* die Schule „als eine bürokratische Organisation mit hierarchischen Strukturen, einseitig von oben nach unten verteilten Entscheidungsbefugnissen und Kontrollrechten sowie der Betonung von Reglementierungen und Verwaltungsvorschriften" ...

„Die institutionellen Bedingungen (begünstigen) mit der hierarchischen Stellung des Lehrers und seinem generationsmäßigen Übergewicht eindeutig den Lehrer als den, der die unterrichtlichen und erzieherischen Situationen definiert, d. h. das Lehrer-Schüler-Verhältnis einseitig als Autoritäts- und Abhängigkeitsverhältnis für den Schüler bestimmt."[153]

Die Lernbedingungen und die soziale Interaktion werden also offenbar durch die institutionelle Organisation in ganz bestimmter Weise vorgeformt; die komplementäre Beziehung wird durch Begriffe wie „Autorität", „Abhängigkeit", „Macht", „Hierarchie", „Kontrolle", „Führung" deutlich. Alle diese Begriffe sind werthaltig und zumeist werden sie im erzieherischen Zusammenhang in Frage gestellt und kritisiert. Mit den globalen Erziehungszielen „Mündigkeit", „Emanzipation", „Selbständigkeit", „Selbstbestimmung" u. ä. pflegt man dagegen mehr oder weniger konkret eine Utopie der unbefriedigenden Wirklichkeit gegenüberzustellen.

So sinnvoll es ist, über pädagogische Zielvorstellungen und Alternativen zu diskutieren, so falsch wäre es, darüber die derzeitigen Bedingungen des Unterrichtens und Erziehens zu ignorieren. Wir wollen deshalb versuchen, die Interaktionsstrukturen zunächst unter diesen Prämissen zu beschreiben und zu erklären, wobei gewiß genügend Fragwürdigkeiten ins Auge springen, die uns zum Nachdenken über Veränderungen Anlaß geben. Es gibt allerdings kaum ein sozialpsycholologisches Forschungsthema, bei dem das Interesse an der Verbesserung herkömmlicher Praxis derart offen zutage tritt, wie bei den Problemen der erzieherischen Interaktion. So wird etwa „Diskursfähigkeit", als Fähigkeit zur „Kritik aller unreflektierten sozialen Normen" *(Mollenhauer)*[154] im Sinne eines „herrschaftsfreien Dialogs" zwischen „mündigen" Individuen nicht nur als pädagogische, sondern durchaus als politische Zielvorstellung für Erziehung – und damit als Leitbild für pädagogische Interaktion – formuliert. Andere Forscher motivieren ihre Arbeit u. a. damit, daß sie Lehrern und Erziehern praktische Möglichkeiten aufzeigen wollen, wie sie ein „emotional reifes, soziales, demokratisches Verhalten bei Jugendlichen anstreben" und erreichen können *(Tausch* und *Tausch)*[155].

Offensichtlich fordert die Realität der komplementären Rollenbeziehung „Lehrer-Schüler" und ihre Prägung durch die Organisation schulisches Lernens immer wieder unsere Kritik und auch unser mißtrauisch schlechtes Gewissen heraus. Einerseits ist uns die Vorstellung von „Führung", „Abhängigkeit" u. ä. unangenehm,[156] weil wir Mißbräuche kennen und Gefahren befürchten, andererseits sind in der Realität allenfalls einzelne, nicht generalisierbare Ansätze von Alternativen auszumachen, so daß es eher angemessen zu sein scheint, von einer gewissen Notwendigkeit von Führung in der Erziehung auszugehen, sofern man nicht nur auf Utopien setzen möchte.

3.2.2.2 Führung als Verhaltenssteuerung – Das Interaktionsmodell von Jones und Gerard

Es bleibt also festzuhalten, daß „Führung" nach den bestehenden Rollenvorstellungen eine wichtige Aufgabe von Lehrern zu sein scheint. Doch was ist nun „Führung" sozialpsychologisch?

Zur Klärung dieses Begriffes trägt vielleicht zunächst ein Blick auf ein recht anschauliches Modell sozialer Interaktion bei.

Dieses Modell von *Jones* und *Gerard*[157] stellt die gegenseitigen Abhängigkeitsbeziehungen zweier Interaktionspartner in zeitlicher Abfolge dar. Dabei wird davon ausgegangen, daß es
- *Effekt*-Abhängigkeiten und
- *Informations*-Abhängigkeiten gibt.

Mit anderen Worten: Man kann das Verhalten anderer dadurch mitbestimmen,
- daß man ihnen Belohnungen (Effekte) vermittelt oder vorenthält.

Und auch,
- daß man ihnen Wissen (Information) vermittelt oder vorenthält.

Außerdem wird unterstellt, daß beide Partner für sich einen mehr oder weniger genauen Plan verfolgen und unter diesem Ziel auch das Verhalten des Partners mitberücksichtigen (man will z. B. vorbeugen, verhindern, fördern u. a.).

Der eigene Plan wird als „selbsterzeugte Reizung"[158] aufgefaßt; das Verhalten und die (vermuteten) Absichten des Anderen dagegen sind die „soziale Reizung". Beide Reizgruppen, „selbsterzeugte" und „soziale", wirken bei der Verhaltensdetermination zusammen.

Jones und Gerard stellen verschiedene Interaktionsbziehungen in Form von vier Grundtypen dar. Die Typen unterscheiden sich danach, ob „selbsterzeugte" oder „soziale" Reize *Haupt-* oder *Nebendeterminanten* des Verhaltens sind.

1. Interaktionstypus: „Pseudointeraktion"

Partner A:

Partner B:

„R" bedeutet: ‚Reaktion'; ein unterbrochener Pfeil (- - - -→) ist eine Nebendeterminante; ein durchgehender Pfeil (——→) eine Hauptdeterminante. Die Zeit verläuft von links nach rechts.

Bei diesem Interaktionstypus gehorchen beide Partner jeweils ihrem eigenen Plan („Hauptdeterminanten"), die sozialen Reize, die vom Verhalten des anderen ausgehen, haben allenfalls auslösenden „Stichwort"-Charakter.

Als Beispiel
für eine Pseudointeraktion könnte man einstudiertes, ritualisiertes Verhalten anführen, wie z. B. das zweier Schauspieler oder das alltägliche „Guten Tag! – Guten Tag! – Wie geht's? – Danke gut; und selbst? – Danke – usw. – usw."

2. Interaktionstypus: asymmetrische Interaktion

Partner A: R → R → R → R → R →

Partner B: R ---→ R ---→ R ---→ R ---→ R

Der Partner A verfolgt offenbar seinen Plan und bestimmt mit seinem Verhalten die Reaktionen des Partners B. Partner B ist also abhängig von A's Verhalten, B's Plan spielt keine wesentliche Rolle für den Verlauf des Geschehens.

Beispiel:
für asymmetrische Interaktionen: A führt ein Interview mit B durch, A hat dabei einen Plan (vorbereiteter Fragebogen); B gibt nur Antworten auf Einzelfragen.

Unterricht kann ebenfalls in dieser Form ablaufen: Der Lehrer A folgt einem differenzierten Unterrichtsentwurf (Plan) und bezieht den abhängigen Schüler B durch Fragen und Aufforderungen in den Geschehensablauf ein. (Bei diesem Beispiel erhebt sich sogleich die Frage, ob die Interaktionstypen nach *Jones* und *Gerard* auch über Zweier-Beziehungen hinaus zum Verständnis von Interaktionsprozessen beitragen können. Dieses Problem wollen wir später wieder aufgreifen.)

3. Interaktionstypus: reaktive Interaktion

Partner A: R ——→ R ——→ R ——→ R ——→ R →

Partner B: R ---→ R ---→ R ---→ R ---→ R

Aus dem Schema wird deutlich, daß beide Partner sich hier zwar wechselseitig in ihrem Verhalten beeinflussen, daß dabei aber keiner der Partner einen wirksamen Plan verfolgt.

Beispiel:
Prototyp der reaktiven Interaktion ist eine Paniksituation; zwar könnte man behaupten, hier habe jeder das Ziel, zu überleben, jedoch wird dieses Ziel nicht planvoll (überlegt) verfolgt, sondern relativ blind, je nach dem spontanen Verhalten der anderen.

Man sollte meinen, daß reaktive Interaktion in einer so „offiziellen" Veranstaltung wie dem Schulunterricht wohl nicht vorkommt. Es spricht aber einiges dafür, daß in affektiv stark aufgelandenen Ausnahmesituationen derartige Verläufe durchaus vorkommen, so etwa, wenn bei einem Streit oder bei einem Disziplinkonflikt beide Partner die Selbstkontrolle zeitweise verlieren.

4. Interaktionstypus: totale Interaktion

Partner A:

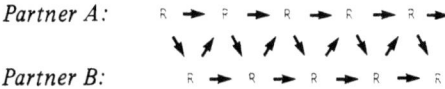

Partner B:

Alle möglichen Determinanten sind hier Hauptdeterminanten. Das Verhalten wird sowohl vom eigenen Plan als auch von den Verhaltensweisen des Partners entscheidend beeinflußt. Das bedeutet natürlich, daß die jeweiligen Pläne und Ziele fortlaufend revidiert, auf einander abgestimmt und korrigiert werden müssen. Dabei wäre es einseitig, hier von vornherein von einer Beziehung in „totaler Harmonie" zwischen beiden Partnern auszugehen, denn totale Interaktion ist ebenso bei gegnerischen Auseinandersetzungen denkbar! An diesem Beispiel wird deutlich, daß das veranschaulichende Modell von *Jones* und *Gerhard* ein formales und funktionales Modell ist, das über die psychologischen Beziehungsdimensionen der Interaktionspartner nichts aussagt, außer daß Haupt- und Nebendeterminante unterschieden werden.

Das Interaktionsmodell von *Jones* und *Gerard* veranschaulicht *dyadische Interaktionen* (= Zweierbeziehungen). Die reale pädagogische Interaktion geschieht in der Form des Schulunterrichts jedoch in der Regel in größeren Gruppen. Daraus ergibt sich die Begrenztzeit des Modells, wenn man es auf Schulsituationen anwenden will. Zweifellos geht der herkömmliche Frontalunterricht häufig von der Fiktion eines dyadischen Lehrer-Schüler-Bezuges aus, indem entweder nacheinander wechselnde Zweier-Interaktionen (meist zwischen Lehrer und einem Schüler) hergestellt werden oder indem die Schüler insgesamt vom Lehrer angesprochen werden (... und ihm vielleicht sogar im Chor antworten!).

3.2.2.3 Typen des Lehrverhaltens

Zurück zum Thema Führung in der Schulklasse:
Das *Jones-Gerard*-Modell hat uns Fälle einseitiger und wechselseitiger Verhaltenssteuerung verdeutlicht. Man kann sich nun fragen, welches Vorstellungskonzept über die Lehrer-Schüler-Beziehung angemessen erscheint. Die Interaktionstypen nach *Jones-Gerard* schienen uns nicht alle zutreffend zu sein und manchmal nur für Grenzfälle zu gelten. Es fällt deshalb schwer, über ‚die Lehrer-Schüler-Beziehung' an sich etwas auszusagen, und es zeigt sich auch, daß die Vorstellungen darüber sich offenbar im Laufe der Zeit verändert haben — zumindest soweit es das wissenschaftliche Schrifttum anlangt.

H. *Nickel* hat in seinem Buch „Psychologie des Lehrerverhalten"[159] drei Stadien herausgearbeitet:

1. Zu Beginn der empirischen Forschungen über Lehrer-Schüler-Interaktionen richtete sich die Aufmerksamkeit auf „entwicklungs-, lern- und motivationspsychologische Voraussetzungen", und damit vor allem auf den Schüler als Ausgangspunkt für das unterrichtliche Verhalten. (Lehrerverhalten = abhängige Variable)
2. Im Anschluß daran fand das Lehrerverhalten stärkere Aufmerksamkeit, wobei die Überzeugung bestimmend war, daß das Unterrichtsgeschehen durch seine Einstellungen, Absichten und Ziele gesteuert wird. Der Begriff des „Erziehungs"- oder „Führungsstils" ist für dieses Stadium der Forschung kennzeichnend. (Lehrerverhalten = unabh. Variable)
3. Das dritte Stadium ist durch Versuche eingeleitet worden, die Lehrer-Schüler-Interaktion als Wechselwirkungsprozeß, als ‚transaktionalen Prozeß' *(Nickel)* zu verstehen. Das heißt keinesfalls, daß nun in der Schule die ‚totale Interaktion' im Sinne von *Jones-Gerard* verwirklicht ist! Es heißt nur, daß im Denkmodell für die Lehrer-Schüler-Beziehung der *Möglichkeit* wechselseitiger Verhaltenssteuerung Rechnung getragen wird.

Diese drei Stadien entsprechen drei verschiedenen Forschungsparadigmen (Denkmodellen). Sie liefern ein anschauliches Beispiel, wie empirische Forschung sich durch einseitige Denkmodelle selbst — meist unbemerkt — begrenzen kann.

Da empirische Forschung immer auf Reduktion der komplexen Wirklichkeit angewiesen ist (vgl. Kap. 1.1.2.3), sind auch heute noch Ergebnisse und Forschungsansätze bedeutsam, die den — nach *Nickel* — ‚früheren' Stadien der Problementwicklung entsprechen.

Die früheren Forschungen sind nach wie vor nützlich, allerdings nicht ohne das Bewußtsein ihrer Begrenztheit und partiellen Einseitigkeit.

Insofern können wir es rechtfertigen, einen gerafften Überblick über die wichtigsten Ansätze und Entwicklungen zur Lehrerverhaltensforschung zu geben, der sich auf die Stadien 2 und 3 bezieht. (Im Stadium 1 wurden sozialpsychologische Aspekte weitgehend außer acht gelassen.)

Wenn es um die Kennzeichnung von Erzieherverhalten geht, dann ist in der Alltagssprache ein Merkmalsbegriff schnell zur Hand, von dem viele seiner eifrigen Benutzer nicht wissen, welche Rolle er in der wissenschaftlichen Diskussion spielt. Ich meine den Begriff *autoritär*.

Der Begriff wurde von *Lewin* und Mitarbeitern als Typenbegriff des Führungsverhaltens gegenüber Kindern und Jugendlichen in die Diskussion eingeführt. *Lewin* interessierte sich als emigrierter deutscher Jude für die Auswirkungen von totalitären *(autokratischen)* und *demokratischen* Erziehungs- und Führungskonzepten. Dabei erarbeitete er mit seinen Mitarbeitern eine Reihe von Verhaltensvorschriften für Gruppenleiter, die seiner Meinung von diesen globalen Erzieherverhaltenstypen entsprachen. In einzelnen Experimenten hatten Gruppenleiter gegenüber Freizeitgruppen amerikanischer Jungen diese Rollenvorschriften zu realisieren.

Mit Hilfe von Verhaltensbeobachtungen wurden sodann die ‚Reaktionen' der Kinder (abhängige Variable) auf die verschiedenen ‚Führungsstile' untersucht, ebenso auch die Auswirkungen des Wechsels von Führungsstilen. Im Verlauf der Untersuchungen kam zu *autokratisch* und *demokratisch,* quasi als Kontrollgruppenbedingung, noch *laissez-faire* (‚Laufenlassen', völlige Passivität des Leiters) als dritter Führungsstil hinzu.[160]

Später versuchte man durch die Begriffe ‚dominativ' und ‚sozialintegrativ' die politischen Wurzeln der Typenkonzepte zu verdecken, um eine zunächst wertneutrale Analyse der Erziehungskonzepte zu ermöglichen. Es lag jedoch in der Natur der Sache eines kontrastierend umschriebenen Typenkonzepts, daß einige deutliche Auswirkungen auf das ‚soziale Klima' bestätigt wurden und nicht ohne pädagogische Wertungen diskutiert werden konnten.[161]

Der Nachteil eines Typenkonzepts — und noch dazu eines, das mit drei, streng genommen sogar zwei, Kategorien auszukommen versucht — liegt vor allem in der Schwierigkeit, konkretes Verhalten einzuordnen und in die Vielfalt der Wirklichkeit abzubilden.

Die *Lewin*schen Führungsstile sind insofern ‚Schreibtisch'-Konstruktionen, als sie nicht induktiv aus der Beobachtung von Verhalten hervorgegangen sind, sondern idealtypisch bestimmte Erziehungsbedingungen repräsentieren sollten.

3.2.2.4 Dimensionen des Lehrverhaltens

Bei Diskussionen über konkretes Verhalten von Erziehern ist es oft unmöglich, eindeutig zu entscheiden, in welche der drei Stilkategorien es einzuordnen ist. In dieser Verlegenheit hilft man sich gern durch die ad-hoc-Konstruktion von ‚Mischtypen', die einem ‚sowohl-als-auch' oder ‚teils-so-teils-so' Rechnung tragen sollen. Dabei ist uns die Vorstellung vertraut, daß Verhaltensmerkmale mehr oder weniger stark ausgeprägt sein können. Wir denken also nicht nur in *typologischen Konzepten,* sondern auch in *Verhaltensdimensionen.* In der vorwissenschaftlichen Umgangssprache werden Erzieher z. B. gern nach dem Ausmaß der von ihnen praktizierten ‚Strenge' beurteilt.

Bei der Erforschung des Erzieherverhaltens hat der sog. *dimensionsanalytische Ansatz* den typologischen Ansatz (Erziehungsstile) abgelöst, da er differenziertere Analysen erlaubt und zudem eine genauere Beschreibung der klassischen Erziehungsstile ermöglichst.

Im dimensionsanalytischen Ansatz wird die Frage nach den Hauptdimensionen des Erzieherverhaltens untersucht: Welches sind die wesentlichen Dimensionen zur Beschreibung konkreten Erzieherverhaltens?

Das methodische Vorgehen beschreibt *Nickel* mit den folgenden Schritten:[162]

„1. Zunächst wird das Verhalten von Lehrern nach einer möglichst großen Zahl von Merkmalen eingeschätzt, in der Regel durch neutrale Beobachter mittels mehrstufiger bipolarer oder unipolarer Skalen (z. B. freundlich vs. unfreundlich oder Ausmaß der Anregungen zur Selbständigkeit).
2. Die Ergebnisse dieser Einschätzung werden sodann miteinander korreliert, so daß sich eine Matrix für den Grad des Zusammenhangs eines jeden Merkmals mit einem jeden anderen ergibt (Interkorrelationskoeffizienten).
3. Mittels der Faktorenanalyse lassen sich nun diejenigen Merkmalsgruppen isolieren und zu einer Dimension zusammenfassen, die untereinander hoch korrelieren oder, wie man sagt, hoch auf einem Faktor laden. Gleichzeitig läßt sich ermitteln, welcher Anteil an der gesamten erfaßten Verhaltensstreuung (Gesamtvarianz) durch jeden dieser Faktoren erklärt werden kann.
4. Anschließend wird dann in einem weiteren Schritt der Zusammenhang zwischen verschiedenen, durch solche unabhängigen Dimensionen charakterisierten Verhaltensformen des Lehrers und dem Erleben und Verhalten der mit ihm in Interaktion stehenden Schüler untersucht."

Die Methode der Dimensionsanalyse ist in den Schritten 2. und 3. identisch mit der in Abschnitt 2.3.2 anläßlich der ‚impliziten Persönlichkeitstheorie' dargestellten. Daraus ergibt sich das Problem, ob nicht auch die ‚Dimensionen des Lehrverhaltens' als Ausdruck der impliziten Urteilsstruktur der ‚neutralen' Beobachter (Schritt 1.) interpretiert werden können. Die Realität des Lehrverhaltens wird ja durch deren kognitiven Ordnungs- und Differenzierungsvermögen abbildend gefiltert.[163]

Immerhin haben zahlreiche empirische Untersuchungen zu recht ähnlichen Ergebnissen geführt, so daß es gerechtfertigt erscheint, von den *Hauptdimensionen des Erzieherverhaltens* zu sprechen.[164]

Übereinstimmend werden dabei die folgenden Dimensionen genannt:

1. ‚emotionale und soziale Zuwendung zum Schüler', ‚Wertschätzung-Wärme-Zuneigung vs. Geringschätzung-Kälte-Abneigung' *(Tausch; Nickel)*

Diese Dimension ist zweipolig mit eine, ‚neutralen' Nullpunkt zu denken:

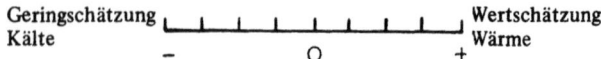

Geringschätzung / Kälte — 0 + Wertschätzung / Wärme

2. Ausmaß der Lenkung und Kontrolle
   Diese Dimension ist einpolig zu verstehen:

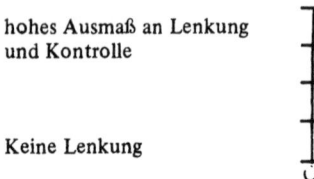

hohes Ausmaß an Lenkung und Kontrolle

Keine Lenkung

Kombiniert man diese beiden Hauptdimensionen zu einem zweidimensionalen Koordinatensysten, so wird es möglich, verschiedene Erzieherverhaltensweisen anschaulich zu machen (auch die klassischen Erziehungsstile!):

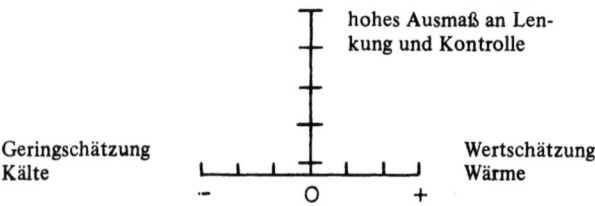

Wir wollen diesen Abschnitt über das Problem der Führung und des Erzieherverhaltens nicht abschließen, ohne uns die vielfältigen Bedingungszusammenhänge noch einmal deutlich zu machen, in denen das Lehrerverhalten steht. Wir verwenden dazu das ‚transaktionale Modell' der Lehrer-Schüler-Beziehung, wie es *Nickel*[165] vorgeschlagen hat. Dieses Modell berücksichtigt die Wechselwirkungen zwischen Lehrer- und Schülerverhalten und geht damit über die bisher referierten Ansätze hinaus.

Das Diagramm stellt zugleich den Zusammenhang zum zweiten Teil (Interpersonale Wahrnehmung) wieder her.

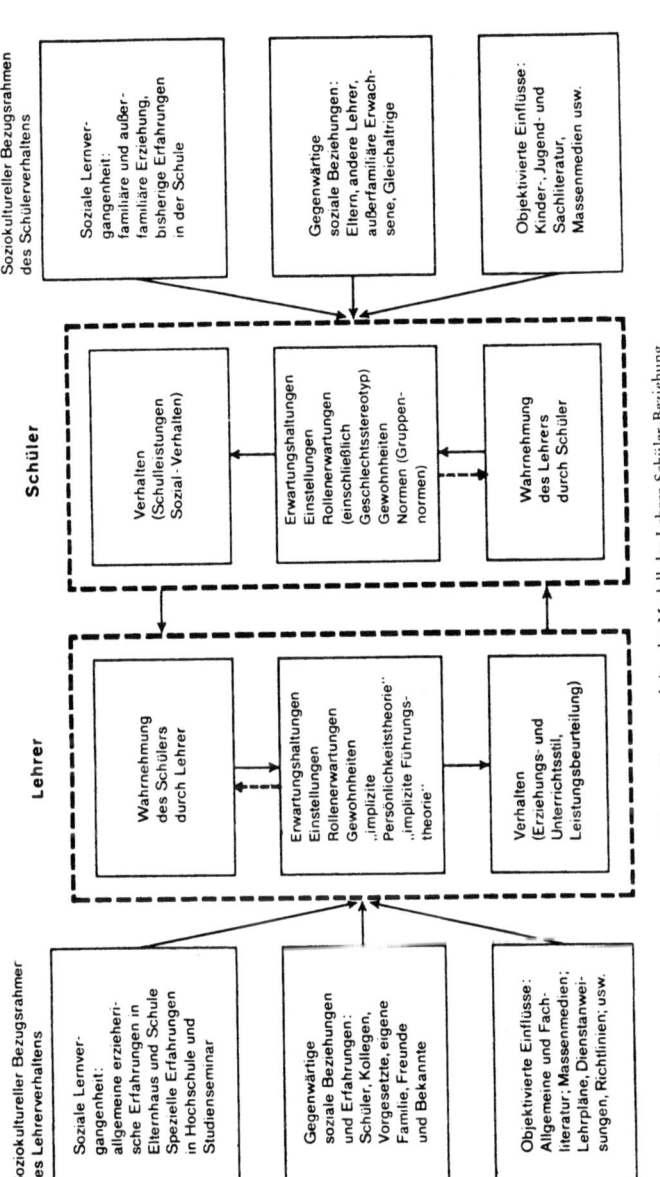

Abb. 1: Ein transaktionales Modell der Lehrer-Schüler-Beziehung

(*Nickel*, a.a.O., S. 65)

3.3 Offene und verdeckte Interaktionsprobleme

3.3.1 Unterschiedliche Situationsdeutungen

3.3.1.1 Schwierigkeiten bei der Definition der Realität

Weshalb interessieren soziale Beziehungen, Kommunikations- und Interaktionsprozesse überhaupt als Diskussions- und Forschungsthema? Wohl nicht zuletzt deshalb, weil das Miteinander der Menschen nicht mehr in selbstverständlichen Ritualen oder in unreflektierten festen Formen abläuft. In vielen Lebensbereichen wird das soziale Verhalten selbst zum Problem – im pädagogischen Bereich ist diese Tendenz wohl besonders deutlich hervorgetreten: Der Begriff „Verhaltensstörung" wird geradezu inflationär verwendet. Dieser Begriff aktiviert aber bereits einen Abwehrmechanismus auf seiten der Eltern und Lehrer, denn wenn man damit Ernst macht, Verhalten eines einzelnen (Schülers z. B.) nicht isoliert zu sehen, sondern im Zusammenhang mit dem sozialen Beziehungsfeld zu verstehen, dann ist eine „Verhaltensstörung" wohl in den meisten Fällen zunächst auch als eine „Beziehungsstörung", als ein „Interaktions"- und „Kommunikationsproblem" aufzufassen.

Doch nicht nur massive Schwierigkeiten, die schließlich zu der Etikettierung „Verhaltensstörung" führen, fallen als Interaktionsprobleme ins Gewicht. Es gibt alltäglich Schwierigkeiten der Verständigung und Probleme bei der Definition von Realität. Sie zeigen sich vor allem in Form von:
– Mißverständnissen,
– Konflikten,
– ausweglos erscheinenden Teufelskreisen.

Wir können dabei *offene* und *verdeckte* Interaktionsprobleme unterscheiden:
– *offene* Interaktionsprobleme liegen dann vor, wenn den Beteiligten bewußt ist, daß sie – z. B. in einem Konflikt – verschiedene Ziele verfolgen, wenn mithin Struktur und Ursachen des Problems für die Interaktionspartner weitgehend durchsichtig sind.
– *verdeckte* Interaktionsprobleme liegen dagegen dann vor, wenn

beide oder ein Partner sich der Einengung oder Verzerrung in ihrer Beziehung nicht bewußt sind. Erst de Beobachtung Dritter macht darauf aufmerksam, daß ein Interaktionsproblem vorliegt, wo die Interaktionspartner relativ blind und unreflektiert reagierten.

Die Entscheidung, ob ein Problem offen oder verdeckt ist, kann dabei nur im Einzelfall getroffen werden. Die Konsequenzen sind allerdings erheblich: bleibt das Problem verdeckt, so ist es unwahrscheinlich, daß ein konstruktiver Ausweg gefunden wird und es kann zu langfristigen Fixierungen kommen. Damit ist allerdings noch keineswegs behauptet, daß ein Aufdecken oder bewußtmachendes Deuten bei Kommunikationsproblemen schon eine Lösung bedeuten muß (⟶ die Grenzen der „Meta-Kommunikation", des Kommunizierens über Kommunikationsvorgänge, werden in Abschnitt 3.3.3 diskutiert).

Unterricht kann wie jedes Geschehen als eine *Abfolge von Situationen* aufgefaßt werden. Es gibt sicherlich unendlich viele Möglichkeiten, Situationen abzugrenzen, zu beschreiben und zu bezeichnen. Ein Versuch der *Klassifikation* von unterrichtlichen Situationen müßte eigentlich von dieser unendlichen Vielfalt ausgehen. Da eine solche Arbeit jedoch auf unüberwindliche Schwierigkeiten stößt, ist es hier nur möglich, von einer notgedrungen subjektiven und selektiven Klassifikation von Situationstypen auszugehen. In der pädagogischen und psychologischen Literatur finden sich recht unterschiedliche Ansätze zum Problem der Klassifizierung von Unterrichtssituationen. Einige gehen von einem differenzierten Modell des Unterrichtsprozesses[166] aus, andere sind ausdrücklich pragmatisch orientiert, wenn sie „immer wieder auftretende Situationen im Unterricht" zum Zwecke des Lehrtrainings unterscheiden und gruppieren.[167] Schon an diesen beiden Beispielen zeigt sich, daß Klassifikationsversuche von der jeweiligen Fragestellung und vom Verwendungszweck abhängig sind. Für unseren Zusammenhang ergibt sich daraus, daß wir nach Gruppen von Situationen suchen, bei denen unterschiedliche Deutungen und Klassifizierungen zum Verständnis von Verhaltensproblemen führen können.

Eine wichtige Kategorie dürfte die der *Arbeitssituation* sein.

Dabei klaffen die Situationsdeutungen nicht selten auseinander: Der Lehrer wird Unterrichtssituationen in erster Linie als Arbeitssituationen definieren und versuchen, diese Auffassung gegenüber den Schülern durchzusetzen; er wird Anstrengungsbereitschaft und Konzentration auf den „Stoff" fordern. Auf der anderen Seite:

„Unterricht aus der Sicht des Schülers":[168] Unterricht erscheint da oft als „endlose Wartezeit", als „heimliche Spielsituation", als „Situation des So-tun-als-ob" (man arbeitete, nachdächte, aufmerksam sei), als „Kampfsituation", in der es darum geht, die Macht des Lehrers herauszufordern und zu prüfen.

In Teil 4 werden wir die Kategorie „Arbeitssituation" nach den sozialen Beziehungen weiter differenzieren und z. B. zwischen „Konkurrenz"- und „Kooperativsituation" unterscheiden.
Andere Situationsdefinitionen, die auch vom Lehrer „legalisiert" werden können, sind gerade durch ihren Gegensatz zur „Arbeit" zu kennzeichnen:

Beispiele:
- *Spiel;* am ehesten in Form von Regelspielen zugelassen, oft in enger Beziehung zu Arbeitssituationen. (Lernspiele, Planspiele, Rollenspiele.)
- *Entspannung, Unterhaltung;* häufig als belohnender Kontrast zur Arbeit verstanden. Nicht selten allerdings werden von Schülern Situationen als „Unterhaltung" definiert, die der Lehrer im Sinne von „Arbeit" verstanden wissen will — etwa bei der Verwendung von Filmen oder direkter Anschauung.

Es ist offensichtlich, daß sich aus unterschiedlichen Definitionen ein- und derselben Situation Probleme ergeben müssen: der einzelne Akteur verhält sich seiner eigenen Definition gemäß und kann auf diese Weise in Konflikte mit seinen Partnern geraten.
Wir handeln offenbar nach

„der tief im Innern verwurzelten und meist unerschütterlichen Überzeugung ..., daß es nur eine Wirklichkeit gibt, nämlich die Welt, wie ich sie sehe, und daß jede Wirklichkeitsauffassung, die von der meinen abweicht, ein Beweis für die Irrationalität des Betreffenden oder seine böswillige Verdrehung der Tatsachen sein muß."[169]

Nach *Wellendorf*[170] entstehen (offene) soziale Konflikte aus schulischer Sicht „dann, wenn Schüler oder Lehrer die Differenz ihrer Interpretation (der Situation, J. J.) und Problemlösungsaktivitäten — sei es durch ihr Handeln oder durch ihre Worte — zum Thema der Interaktion machen."
Hier wird also der soziale Konflikt ausdrücklich auf unterschiedliche Situationsdeutungen zurückgeführt. Für *Wellendorf* ergeben sich solche unterschiedlichen Deutungen auf drei verschiedenen Ebenen.
1. Die Rollenträger in der Schule (Lehrer und Schüler) können zuweilen mit ihrer persönlichen Identität zu ihrer sozialen Rolle (soziale Identität) in Widerspruch geraten. Sie können individuelle Gewohnheiten und Erfahrungen — z. B. aus ihrer Familie — in die Schulsituation hineinbringen und sie so — zumindest gegenüber der institutionellen Definition — mißdeuten.
2. Die zweite Ebene für diskrepante Situationsdeutungen ergibt sich aus den z. T. widersprüchlichen Zielsetzungen und Rollen-

anforderungen innerhalb der Schule. *Wellendorf* nennt als Beispiel zwei Segmente der Lehrerrolle: „Fachmann einer schülerorientierten Erziehung" und „Vertreter von Ordnung und Disziplin."
3. Eine dritte Ebene der Diskrepanzen bezieht sich auf Widersprüche zwischen schulischen Normen und Erwartungen und der sozialen (außerschulischen) Wirklichkeit. Wenn die schulischen Anforderungen z. B. für den Schüler in keinem erkennbaren Sinnzusammenhang mit der realen Gesellschaft stehen, wenn also unklar wird, wozu diese Normen gut und nützlich sein sollen, dann kann es zu einem Konflikt kommen.[171]

Die zuvor angedeuteten Beispiele (Diskrepanz Interpretation „Arbeit" – „Unterhaltung"; „Arbeit" – „Spiel") lassen sich diesen Ebenen zuordnen.

Eine besondere Eigenart des asymmetrischen Interaktionssystems „Unterricht" ist es, daß von den Rollenbestimmungen her die *Definitionsmacht* ungleich verteilt ist: Während in einer symmetrischen Kommunikationssituation Gegenseitigkeit und Kompromiß das Aushandeln der Situation bestimmen, so ist in der pädagogischen Situation der Lehrer von vornherein derjenige, der – durch Sanktionen gestützt – seine Situationsdefinition nachdrücklich als verbindlich durchsetzen kann. Er kann auch Situationen mit Befriedigungscharakter für die Schüler gezielt als Belohnungen einsetzen, indem er „Wenn-dann-Beziehungen" herstellt („Wenn ihr jetzt noch gut mitarbeitet, dann können wir uns anschließend den Alaska-Film noch einmal ansehen".).

Aus der Definitonsmacht ergibt sich nicht selten die Konsequenz, daß auf Grund einer bestimmten Situationsdefinition Verhalten von Schülern als „abweichend" oder „inadäquat" klassifiziert wird. Wer etwa sich in einer „Arbeitssituation" nicht anpaßt, wer dann, wenn „offiziell" konzentriert ein Textabschnitt still gelesen wird, mit seinem Nachbarn sich zu unterhalten versucht, der stellt sich damit der geltenden Situationsdefinition entgegen, er weicht von dieser Norm ab.

Solche Konfliktsituationen werden dann in der Regel von einer Seite „verbindlich" gedeutet: der sozial Mächtigere beurteilt nach seiner Norm, nach seiner Situationsdefinition und er ist in Versuchung, das dieser Auffassung nicht entsprechende Verhalten seines Partners
– zu etikettieren,
– zu erklären (attribuieren),
– zu disziplinieren.

Dabei liegt es nahe, „abweichendes Verhalten" als Auswirkung interner Persönlichkeitsfaktoren zu erklären, etwa einen Schüler für „aggressiv", „frech", „unkonzentriert", „verspielt" u. ä. zu halten. Diese Attribuierungen sind insofern einseitig, als sie andere Situationsdeutungen als die eigenen nicht in Erwägung ziehen, geschweige denn berücksichtigen.

Es liegt auf der Hand, daß ein ständiges gegenseitiges Aushandeln der Realitätsdeutung jede institutionelle Situationsdeutung (z. B. „In der Schule wird von den Schülern Arbeit und Leistung erwartet") ständig durchbrechen und in Frage stellen müßte und damit − unter den gegebenen Voraussetzungen! − dysfunktional sein müßte.

3.3.1.2 Interpunktionen und Paradoxien

Ein weiterer Aspekt von Interaktionsproblemen wurde von *Watzlawick* u. a.[172] prägnant herausgearbeitet. Unterschiedliche Situationsdeutungen beziehen sich dabei auf Ursache-Wirkungs-Zusammenhänge in sozialen Geschehensabläufen.

In einer solchen Konfliktsituation kann es zu Eskalationen und ständig wiederkehrenden Reaktionsabfolgen kommen.

Beispiel:

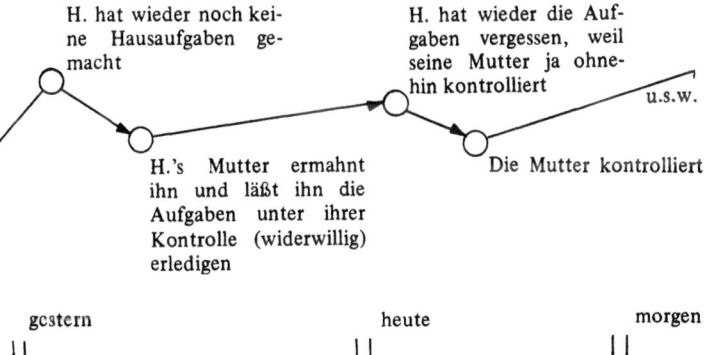

Dieser Geschehensablauf deutet Ursache-Wirkungs- (bzw. Aktions-Reaktions-)Zusammenhänge an, die sich offenbar für beide Partner, H. und seine Mutter unterschiedlich darstellen.

H: kümmert sich nicht um seine Aufgaben, weil sich die Mutter darum kümmert.
H's Mutter: kümmert sich um die Aufgaben, weil H. sie dauernd vergißt.

Jeder der beiden hält sein Verhalten — bewußt oder auch unbewußt — für motiviert und begründet durch das Verhalten des andern. Das Verhalten des anderen wird als *Ursache* aufgefaßt, das eigene als *Reaktion*. Beide Partner *interpunktieren* den gleichen Geschehensablauf unterschiedlich.

Andere Beispiele sind etwa: So könnte ein Lehrer langweilig und lustlos unterrichten, weil die Schüler nach seiner Meinung uninteressiert und wenig motiviert sind; die Schüler dagegen verhalten sich so, weil der Lehrer wenig Interesse an seinem Unterricht und an der Klasse zeigt.

Besonders vertrackt wird eine soziale Situation allerdings dadurch, daß einer der Partner, dem eine gewisse Definitionsmacht zukommt, gleichzeitig einander widersprechende Situationsdeutungen vertritt. Solche paradoxen Situationsdeutungen können zudem durch die Struktur der Institution gefördert werden.

Watzlawick u. Mitarbeiter weisen in einem anderen Buch[173] auf die nicht nur „im amerikanischen Schulwesen weitverbreitete Variaton der ‚Sei spontan!'-Paradoxie (hin) ... Es handelt sich um die dogmatische Behauptung, der Schulbesuch habe Spaß zu machen und man sollte daher gern zur Schule gehen. Diese Lehrern wie Eltern anscheinend sehr am Herzen liegende Fiktion steht im krassen Widerspruch dazu, was die meisten Kinder subjektiv vom Schulbesuch halten" — und — so könnte man hinzufügen — auch zu dem, was die Eltern und Lehrer averbal und ‚inoffiziell' als eigene Stellungnahme vermitteln.

Von ‚Zwickmühlen' oder ‚Beziehungsfallen' ähnlicher Art scheinen stark neurotisierende Einflüsse auf Abhängige — besonders Kinder in der Erziehung — auszugehen. Eine soziale Orientierung wird erschwert, das Kind lernt nicht ‚woran es ist'. Auf der anderen Seite wird in der Sozialisation von jedem Menschen ein gehöriges Maß an Widerspruchstoleranz erwartet.

Wir können diese Gesichtspunkte hier nicht weiter verfolgen. Im Bereich der Deutsch-Didaktik sind dazu im deutschen Sprachbereich weitergehende Diskussionen veröffentlicht worden, auf die wir hier nur hinweisen möchten:

Böttcher, W.: Kritische Kommunikationsfähigkeit. Implikationen eines Lernziels. Bebenhausen 1973

Goeppert, H. C.: Einige Bemerkungen zur Brauchbarkeit des double-bind-Konzepts für die Beschreibung von Unterricht als spezifischer Kommunikationssituation. Linguistische Berichte 1977, H. 49, S. 39-49.

3.3.2 Etikettierung in der pädagogischen Interaktion

Beispiele:
„Herr J. stellt sich drei Tage vor Beginn des neuen Schuljahres bei seinem Direktor vor. Dieser empfängt ihn mit den Worten: „Gut, daß Sie kommen. Sie müssen die 10 b übernehmen. Wir sind uns im Kollegium einig, daß in diese Klasse ein junger, tatkräftiger Mann gehört. Da können Sie gleich Ihre pädagogischen Fähigkeiten unter Beweis stellen."[174]

Ähnlich wie in diesem Beispiel werden häufig ‚Problemklassen' oder ‚Problemschüler' als solche bezeichnet und nicht selten abgestempelt. Wir haben derartige Prozesse im Zusammenhang mit dem Thema ‚interpersonale Wahrnehmung' (Teil 2) bereits angesprochen. Während wir jedoch dort vereinfachende Sichtweisen und Kategorisierungen beschrieben haben und Erklärungssätze aus Rollenfunktionen der Beteiligten abzuleiten versuchten, so soll uns in diesem Kapitel der Prozeß der Entstehung, Veränderung und vor allem der Konsequenzen solcher ‚Etikettierungen' beschäftigen.

Den Ablauf von Etikettierungsvorgängen könnte man vielleicht so schematisieren:

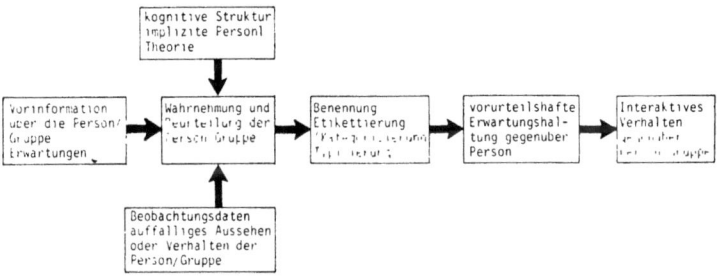

Der sogenannte „Etikettierungs"-Ansatz (engl.: ‚Labeling-approach') in der Sozialwissenschaft geht dabei von einigen grundlegenden Hypothese aus:
1) Die Zuschreibung bestimmter Eigenschaften ist ein sozialer, auf Normen und Macht- oder Abhängigkeitsverhältnisse bezogener Prozeß.
2) Die Etikettierung einer Person oder einer Gruppe von Personen verbindet sich mit Verhaltenserwartungen an die Person oder Gruppe.
3) Die Etikettierung und die damit verbundenen Erwartungen beeinflussen das Verhalten gegenüber der Person, bzw. der Gruppe.

4) Die Zuschreibung bestimmter Eigenschaften trägt letztlich wesentlich zu deren Steigerung und Verfestigung bei. Sie wird damit zu einer „Sich-selbst-erfüllenden-Prophezeiung" (‚Self-fulfilling-prophecy') n. *Merton*).

Etikettierung ist somit als *Prozeß* zu verstehen, nicht nur als punktuelle Namensgebung. Es liegt auf der Hand, daß die Hypothesen im einzelnen empirisch schwer prüfbar sind.

Das Etikettierungskonzept wurde zunächst zur Erklärung (negativ) abweichenden Verhaltens angewandt: z. B. bei „psychischen Störungen",[175] bei Delinquenz und Kriminalität.[176] Es bietet hier eine Alternative zu medizinischen oder persönlichkeitspsychologischen Erklärungsmodellen. In unserem Zusammenhang soll es lediglich dazu dienen, Beeinflussungen und Beeinträchtigungen der pädagogischen Interaktion verständlich zu machen.

Dabei gilt es zu beachten, daß nicht nur abwertende Etikette sozial wirksam sind, sondern ebenso auch positive Bezeichnungen. Wir wollen uns mit beiden Möglichkeiten befassen − obwohl natürlich positive Etikettierungen nicht so ohne weiteres unter die Rubrik „Interaktionsprobleme" passen.

Für die Auswirkungen positiver Etikettierungen im pädagogischen Bereich ist der Begriff *Pygmalion-* oder *Erwartungs-Effekt* gebräuchlich.

Bei negativen, abwertenden Etikettierungen ist dagegen der Begriff *Stigmatisierung* geläufig.

3.3.2.1 Positive Etikettierungen: Erwartungseffekte

Wir wollen mit positiven Etikettierungsprozessen beginnen:

Wir können dabei das klassische Experiment von *Rosenthal* und *Jacobson*[177] − eines der meistdiskutierten und umstrittensten der Psychologie − nicht umgehen, selbst wenn daran mehr zu kritisieren als zu akzeptieren bleibt. *Rosenthal* und *Jacobson* prägten für das Resultat ihrer Untersuchung den Begriff „Pygmalion"-Effekt.[178]

Die ‚Pygmalion'-Untersuchung:

Rosenthal hatte in früheren Untersuchungen festgestellt, daß die Erwartung des Experimentators die Ergebnisse eines Tierexperiments beeinflussen kann: Ratten, die dem Versuchsleiter als „klug, lernfähig" vorgestellt worden waren, fanden sich in Labyrinthexperimenten besser zurecht als Ratten, die als „dumm" etikettiert worden waren − und das, obwohl beide Gruppen von Tieren zufällig zusammengestellt waren, sich also hinsichtlich ihrer Lernfähigkeit nicht unterschieden. *Rosenthal* fragte sich nun, ob diese Ergebnisse sich „von Versuchsleitern zu Lehrern und Versuchstieren zu Schülern"[179] verallgemeinern ließen.

In einer Schule wurde in 18 Klassen der unteren 6 Schulstufen ein Intelligenztest durchgeführt. Der den Lehrern unbekannte Test wurde als eine Methode vorgestellt, besonders schnelles „intellektuelles Wachstum" und günstige Leistungsentwicklungen vorherzusagen. Den Lehrern wurde sodann als „Ergebnis" mitgeteilt, daß einige ihrer Schüler voraussichtlich in nächster Zeit erhebliche Leistungsverbesserungen erwarten ließen. – In Wirklichkeit war nach dem Zufall jeder 5. Schüler so günstig etikettiert worden.

Unabhängige Variable dieses Experiments:
– die vom Experimentator bei der Experimentalgruppe (20 % der Schüler) gesetzten positiven Lehrererwartungen.

Abhängige Variable war dagegen das Ausmaß der IQ-Veränderung, das sich nach einer Wiederholung des Intelligenztests zeigte.

Die Ergebnisse (s. die folgende Tabelle) waren verblüffend:

Durchschnittliche Steigerung im Gesamt IQ nach einem Jahr bei Experimental- und Kontrollgruppenkindern in sechs Klassenstufen[180]

Klassen-stufe	Kontrollgruppe N	Steig.	Experimentalgruppe N	Steig.	Erwartungsvorteil IQ Pz.	eins. p $<$ 0,05
1	48	+12,0	7	+27,4	+15,4	0,002
2	47	+ 7,0	12	+16,5	+ 9,5	0,02
3	40	+ 5,0	14	+ 5,0	– 0,0	
4	49	+ 2,2	12	+ 5,6	+ 3,4	
5	26	+17,5 (–)	9	+17,4 (+)	– 0,0	
6	45	+10,7	11	+10,0	– 0,7	
Summe	255	+ 8,42	65	+12,22	+ 3,80	0,02

(a.a.O., S. 99)

Die IQ-Steigerungen der Experimentalgruppen in den ersten beiden Klassenstufen überragen die der Kontrollgruppen beträchtlich (statistisch signifikant, d. h. überzufällig). Für diese Klassentypen schien sich der „Erwartungsvorteil" durch positive Etikettierung tatsächlich deutlich auf ein Merkmal auszuwirken, das nach gängiger Vorstellung in diesem Alter bereits als relativ stabil angesehen wurde. Der aufregende Schluß lag nahe, daß es von den Meinungen und Informationen des Lehrers abhängen sollte, ob ein Kind intelligent wird oder nicht ...

Das Pygmalion-Experiment hat allerdings nicht nur Staunen über die Macht der Gedanken hervorgerufen, sondern viel mehr

Kritik und mißtrauische Kontrolle.[181] Dabei sind einige methodische Mängel zutage getreten, die an dem zunächst einleuchtenden Ergebnis zweifeln lassen: So waren z. B. Experimental- und Kontrollgruppe nach ihren IQ-Werten im ersten Test nicht gleich, so daß der höhere Zuwachs bei der E-Gruppe auch durch einen niedrigeren durchschnittlichen Ausgangwert zu erklären wäre. Der Test ist zudem in den jüngeren Klassenstufen recht unzuverlässig. Ferner wurde *Rosenthal* und *Jacobson* ihre zum Teil suggestive, aber statistisch inkorrekte Art der Darstellung empirischer Daten vorgeworfen. Es gelang denn auch nicht, den Pygmalion-Effekt in gleicher Weise wiederholt zu demonstrieren.

Wie häufig auch bei anderen Befunden werden beide Extreme, enthusiastisches Staunen über die Beeinflußbarkeit des IQ auf der einen Seite, wie die kritische Ablehnung dieser Ergebnisse auf der anderen Seite, dem Problem nicht gerecht. Wie *Brophy* und *Good*[182] aufgewiesen haben, war das *Rosenthal-Jacobson*-Experiment „auf eine Erwartungsinduktion und auf die Sammlung von *Produkt*-meßwerten (Vor- und Nachtestwerte) beschränkt; es waren keine Beobachtungen im Klassenzimmer in die Untersuchung einbezogen, die zur Identifizierung der beteiligten, zugrunde liegenden *Prozesse* hätten dienen können."

Die Frage nach den einzelnen sozialen Teilprozessen wird in der Tat bei *Rosenthal-Jacobson* nur durch einige globale Hypothesen zu beantworten versucht.

Eine lediglich *produkt*-orientierte Untersuchung des Pygmalion-Problems bleibt bei „magisch-mystischen" Vorstellungen über die zwischenmenschliche Beeinflussung stehen.

Erst die Analyse des Interaktionsprozesses kann diesen Einfluß durchsichtig und möglicherweise kontrollierbar machen.

Brophy und *Good*[183] haben m. E. den Prozeß-Gesichtspunkt am deutlichsten herausgestellt, wobei sie allerdings auf die teilweise verwirrende Widersprüchlichkeit der zahlreichen Folgeuntersuchungen hingewiesen haben. Sie gehen bei ihrer Analyse der vorliegenden Untersuchungen von einem ‚Modell für die Auswirkungen von Lehrererwartungen aus', das sie mit sechs Punkten charakterisieren (S. 62 f. stark verkürzt):

1. Es bilden sich Lehrererwartungen über Fähigkeiten und andere Persönlichkeitsmerkmale aufgrund von Vorinformationen und Beobachtungen. Die Erwartungen sind zum Teil unzutreffend oder relativ starr.
2. Lehrer behandeln die Schüler gemäß diesen Erwartungen, bei

unzutreffenden und starren Erwartungen also unangemessen.
3. Schüler verhalten sich in der Regel reziprok zum Lehrerverhalten: Freundlichkeit weckt eher Sympathie, Ablehnung eher Rückzug und Aversion.
4. Wenn das erwartungsgemäße Verhalten der Schüler derart vom Lehrer verstärkt wird, dann werden auch bei starren und unzutreffenden Erwartungen Verhaltensänderungen in die erwartete Richtung verstärkt.
5. Bleiben die Erwartungen des Lehrers relativ starr gegenüber gegenteiligen Erfahrungen, dann wird der Schüler gezwungen, „allmählich eine andere Art von Schüler zu werden, als er wirklich ist." (S. 64)
6. Dauert diese Interaktion an, so werden bei starren und unzutreffenden Erwartungen Schülerverhalten und -leistungen von früherem Verhalten und früheren Leistungen eher abweichen.

Bei starren und positiv überhöhten Lehrererwartungen wird es zu mehr Kontakten, mehr Ermutigungen und höheren Anforderungen kommen. Leistungssteigerungen können die Folge sein. Ist die Diskrepanz zu groß, kommt zu Überforderungen und gehäuften Mißerfolgen.

Bei starren und unangemessenen niedrigen Erwartungen ergeben sich weniger Interaktion, weniger Lob und mehr Tadel. Der Lehrer wird vermutlich weniger Ausdauer und Geduld in seinen Lehrbemühungen zeigen. Der Schüler wird frustriert und zieht sich resigniert zurück, die Leistungen verschlechtern sich.

Die Arbeit von *Rosenthal* und *Jacobson* hat eine Fülle von weiteren Untersuchungen angeregt.[184] Versucht man Ergebnisse zusammenzufassen, so kommt man etwa zu den folgenden Feststellungen:
— es kommt darauf an, daß die Erwartungsweckung intensiv und überzeugend ist. Meist gelingt das nur dann, wenn der Lehrer noch kein festes eigenes Urteil gebildet hat (*Dumke*, a.a.O., S. 105). In einer Untersuchung an Schülern der höheren Schule zeigte eine Zusatzbefragung, daß nur etwa die Hälfte der Lehrer die induzierte Erwartungshaltung annahmen (*Brophy/Good* S. 75).
— Ein so grundlegendes Merkmal wie der IQ läßt sich daher allenfalls bei Schulanfängern durch massive Erwartungsinduktion beeinflussen.[185]
— Weniger stabile, leichter beeinflußbare Merkmale wie z. B. Schulleistungen, scheinen eher durch Erwartungseffekte beeinflußbar.
— Die neueren Untersuchungen beziehen sich jedoch weniger auf diese Produktmaße, sondern versuchen, den Beeinflussungsvor-

gang durch ‚Prozeß'-Maße, z. B. des Lehrerverhaltens, zu untersuchen.
- In diesem Zusammenhang ließ sich zeigen, ,,daß, wenn Erwartungseffekte vorhanden sind, die Lehrer dazu neigen, mit den Schülern, denen gegenüber hohe Erwartungen bestehen, häufiger und freundlicher zu interagieren, sie sorgfältiger zu beobachten, die Vermittlung von mehr Lehrmaterial zu versuchen und ihren Erfolg häufiger und/oder intensiver zu verstärken."[186]
- Experimentell induzierte Erwartungseffekte sind nicht ohne weiteres auf ‚natürliche' übertragbar.

Zwei Beispiele für die Untersuchung von Erwartungseffekten in natürlichen Situationen sollen die neuere Entwicklung dieses Forschungsproblems illustrieren:

Eine Untersuchung von *Seaver*, die wir in der prägnanten Kurzzusammenfassung von *Brophy* und *Good* (S. 117 f.) zitieren:[187]

,,Seaver ermittelte 79 Geschwisterpaare an zwei Elementarschulen und teilte sie danach in zwei Gruppen auf, ob derselbe Lehrer beide Geschwister unterrichtet hatte oder ob die Geschwister bei verschiedenen Lehrern waren. Aufgrund des IQ, der Leistungen und des Notendurchschnitts klassifizierte er dann die älteren Geschwister als ‚gut' oder ‚schlecht'. Ausgehend von der Überlegung, daß die Erfahrung mit dem älteren Geschwister den Lehrer zu der Erwartung ähnlicher Leistungen beim jüngeren Geschwister bringen würde, sagte er voraus, daß sich Hinweise auf die Auswirkungen von Lehrererwartungen in der Gruppe von Schülern ergeben würden, deren ältere Geschwister von demselben Lehrer unterrichtet worden waren. Diese Voraussage wurde bestätigt."

Hatten Schüler einen anderen Lehrer als ihre älteren Geschwister, ließen sich keine Erwartungseffekte zeigen. Hatten sie dagegen denselben Lehrer, dann erreichten die jüngeren Geschwister guter Schüler in einigen Schulleistungstests bessere Leistungen. Jüngere Geschwister schlechter Schüler dagegen erreichten eher bessere Leistungen, wenn sie einen anderen (unvoreingenommenen) Lehrer hatten.

Diese Untersuchung zeigt uns zugleich, wie eine Frage, die in der Praxis – oft als Verdacht – jedem bekannt ist, mit empirischen Mitteln untersucht werden kann.

Änliches gilt für das zweite Beispiel, die Untersuchung von *Brophy* und *Good* aus dem Jahre 1980.[188]

Diese Untersuchung arbeitet mit ‚natürlichen' Erwartungen, es werden nämlich zwei Gruppen von Erstklässlern einander gegenübergestellt; zur Gruppe der ‚Hohen' gehörten die von den Lehrern als besonders leistungsfähig eingeschätzten Schüler, zur Gruppe der ‚Niedrigen' dagegen die, von denen die Lehrer nur wenig erwarteten. Die Lehrer-Schüler-Interaktion wurde nun nach stark standardisierten Beobachtungskategorien systematisch registriert. Die Fähigkeiten, gemessen an Testleistungen unterschieden sich zwischen beiden Gruppen nicht. Den Lehrern war nicht bekannt, welche Kinder ihrer Klasse im einzelnen beobachtet wurden.

Einige Resultate gibt die folgende Tabelle wieder:

Ergebnisse:

Unterschiede zwischen den Erwartungsgruppen im Verhalten der Kinder und in den Interaktionen zwischen Lehrer und Kind in der ersten Untersuchung (nach *Brophy* und *Good*, 1970 a).
* p $<$ .10, ** p $<$ 05, *** p $<$ 001.

Variablen	Niedrige	Hohe
Häufigkeit des Aufgerufenwerdens zur Beantwortung einer offenen Frage	1,71	1,96
Häufigkeit des Aufgerufenwerdens zur Beantwortung einer direkten Frage	1,83	2,50
Häufigkeit des Aufgerufenwerdens vom Lehrer während der Gruppenarbeit	4,79	3,29*
Häufigkeit des Zurufens einer Antwort während der Gruppenarbeit	2,96	3,54
Vom Kind herbeigeführte technische Kontakte	3,17	5,13**
Vom Kind herbeigeführte arbeitsbezogene Kontakte	1,79	7,38***
Vom Lehrer herbeigeführte technische Kontakte	2,58	2,04
Vom Lehrer herbeigeführte arbeitsbezogene Kontakte	6,00	3,79
Häufigkeit der durch den Lehrer getadelten Verhaltensweisen	4,92	2,04***
Gesamtzahl der vom Lehrer herbeigeführten Reaktionsgelegenheiten	10,96	10,29
Gesamtzahl der vom Kind herbeigeführten Reaktionsgelegenheiten	7,92	16,04***
Gesamtzahl der dyadischen Kontakte mit dem Lehrer	33,67	35,17
Häufigkeit des Handhebens	8,88	16,67
Häufigkeit des Aufgerufenwerdens zu Häufigkeit des Handhebens	0,20	0,12**
Gesamtzahl der richtigen Antworten	6,67	8,92*
Gesamtzahl der unvollständigen, falschen und „Ich-weiß-nicht"-Antworten	4,63	2,38***
Durchschnittliche Anzahl der Leseprobleme pro Lesegelegenheit	4,67	2,23***

Prozentsatz aller Kontakte, in denen Lob vom Lehrer vorkommt	3,88	11,00***
Prozentsatz aller Kontakte, in denen Tadel vom Lehrer vorkommt	24,33	10,75***
Prozentsatz der richtigen Antworten, auf die hin ein Lob erfolgte	5,88	12,08**
Prozentsatz der falschen Antworten, auf die hin Tadel erfolgte	18,77	6,46***
Prozentsatz der falschen Antworten, auf die hin eine Wiederholung oder eine Neuformulierung der Frage oder ein Hinweis erfolgte	11,52	27,04*
Prozentsatz der Verständigungsprobleme, auf die hin eine Wiederholung oder Neuformulierung der Frage oder ein Hinweis erfolgte	38,37	67,05***
Prozentsatz der Antworten (richtig oder falsch), auf die hin keinerlei Feedback vom Lehrer erfolgte	14,75	3,33***

Offenbar bestehen hohe quantitative und qualitative Differenzen zwischen den Gruppen in den Lehrer-Schüler-Interaktionen.

„Insgesamt wurde hier ein Lehrerverhalten sichtbar, das im Sinne eines Schereneffektes letztlich zu einer starken Polarisierung in der Klasse führen mußte und den pädagogisch-psychologischen Forderungen lernschwacher Schüler geradezu entgegengesetzt ist."[189]

Aber auch hier führten Kontrolluntersuchungen[190] zu Widersprüchen, so daß sich alle diese Ergebnisse nicht ohne weiteres verallgemeinern lassen. Es gibt offenbar:
- individuelle Unterschiede hinsichtlich Beeinflußbarkeit und Verhaltenskonsequenzen zwischen den Lehrern
- individuelle Unterschiede der Beeinflußbarkeit bei Schülern
- unterschiedliche Bedeutungen von Einzelmerkmalen des Verhaltens (so kann geringe Beteiligung am Unterricht ein Zeichen von Rückzug, Nicht-Mitmachen, aber auch – gegen Ende eines Schuljahres – eine Strategie der Erfolgssicherung sein: man sagt nichts, also auch nichts falsches!)
- Erwartungseffekte, und zwar vorwiegend bei Schulanfängern.

Die Auswirkungen von Erwartungen auf Interaktion und Sozialisation sind damit noch keinesfalls genügend aufgeklärt, sie sind jedoch als Tatsache unbestreitbar.

Hinweis:
Wir werden später (3.3.3) Möglichkeiten und Probleme des Abbaus von Erwartungseffekten diskutieren. Dabei wird sich wieder einmal die Problematik

sozialpsychologischer „Gesetzes"-Aussagen zeigen: Ein empirisch gefundener Zusammenhang (z. B. zwischen Lehrererwartung und Schülerbevorzugung) kann sich durch Mitteilung und Bewußtmachung selbst aufheben!

Zum Schluß des Abschnitts „positive Etikettierung: Erwartungseffekte" soll noch eine logische Schwierigkeit des Problems angesprochen werden:

Definiert man Erwartungseffekte, so wird mit unterschiedlichen Begriffen die „eigentliche Falschheit" der Erwartung umschrieben. Z. B.

„**Ein Erwartungseffekt liegt vor, wenn eine zunächst unbegründete Vorhersage zu ihrer eigenen Erfüllung beiträgt.**" (Dumke 1977, S. 93)

oder:

„**Lehrererwartungen können als sich selbst erfüllende Voraussagen wirken (...), wenn sie unzutreffend und starr sind.**" (Brophy und Good 1976, S. 57)

Angesichts dieser Definition kann man sich die Frage stellen, ob es überhaupt „reine" oder „unbeeinflußte" Möglichkeiten eines Schülers gibt?

Wie kann eine Erwartung ‚unzutreffend' sein, wenn sie selbst dazu führt, daß sie letztlich doch zutreffend ist?

Was wäre demach eine ‚angemessene' Erwartung gegenüber einem Schüler?

Wir sehen an diesen paradox erscheinenden Fragen, daß Erwartungen in diesem Sinne immer von einer Konstanz des Individuums ausgehen: am ehesten ist demach zu erwarten, daß sich nichts ändert. Eine Prognose entspricht genau der Diagnose.

Der Nachweis von Erwartungseffekten stellt nicht zuletzt diese Konstanzannahme in Frage. Damit ist eine — unter anderen — soziale Determinante von Verhalten, Leistung und Individualität aufgewiesen.

3.3.2.2 Stigmatisierung

Wenn Erwartungseffekte unter dem Titel „Positive Etikettierung" diskutiert werden, so gilt das natürlich nur für fördernde, motivierende Erwartungen. Die Kehrseite ist davon jedoch nicht zu trennen: wenn in einer überschaubaren Gruppe einzelne Individuen mit positiven Erwartungen besetzt sind, so stehen ihnen in der Regel andere gegenüber, von denen weniger, Stagnation oder sogar Rückschritte erwartet werden.

Diese Kehrseite der positiven Etikettierung zeigte sich nicht zuletzt in der Argumentation gegen die Verwendung von Gruppen-Intelligenztests in Schulen. Diese ‚Anti-Test-Bewegung' argumentiert häufig mit dem Hinweis auf die „Self-fulfilling-prophecy"-Effekte von Intelligenzquotienten.[191] Ein solcher Abstempelungseffekt ist zweifellos häufig zu beobachten, er beruht aber zum größten Teil auf unzureichender Kenntnis von Testmethoden und ihren Grenzen und meistens auch auf vorwissenschaftlichen Überzeugungen über die Konstanz der Intelligenz.

Negative Etikettierungen brauchen sich nicht nur auf Intelligenz zu beziehen. Elfriede *Höhn*[192] hat gezeigt, daß das Etikett „schlechter Schüler" einen Merkmals- und Erwartungskomplex bezeichnet. Dieses Etikett ist ein wesentlicher kognitiver Faktor in einem Teufelskreis, der Mißerfolge, Leistungsverschlechterungen und soziale Isolierung fortlaufend verstärkt.

Wir haben in Teil 2 bereits implizite Persönlichkeitstheorien kennengelernt und dabei gesehen, daß ein wichtiges Kennzeichen derartiger Laientheorien Annahmen über Zusammenhänge zwischen Eigenschaften sind. Dieses Phänomen ließ sich in der *Höhn*schen Untersuchung für das Stereotyp „schlechter Schüler" deutlich nachweisen: schlechte Schulleistungen werden in der Vorstellung der Lehrer demnach mit den Eigenschaften „faul, nachlässig, unehrlich, ungezogen" etc. assoziiert. Das Nichterreichen der Leistungsnorm führt also nicht selten zur Erwartung, daß der betreffende Schüler auch in anderen Bereichen (z. B. disziplinarischer, moralischer Art) auffallen wird.

Wenn von mangelhaften Leistungen auf moralische und andere Kategorien geschlossen wird, so läßt sich auch eine umgekehrte globale Typisierung beobachten: so werden disziplinarisch auffallende Schüler offenbar auch strenger in ihren Leistungen beurteilt.

Schon 1928 hat M. *Zillig* feststellen können, daß Lehrer in den korrigierten Arbeitsheften von „guten" Schülern wesentlich mehr Fehler übersehen hatten als in den Heften der als „schlecht" etikettierten Schüler.[193]

Querverweis:
Dieser Befund läßt sich durch die Hypothesentheorie der Wahrnehmung (Teil 2) verständlich machen.

Bei den genannten Zusammenhängen ging es um negative Typisierung, um negative Stereotype oder Etikettierungen. Seit dem Erscheinen des Buches „Stigma"[194] von E. *Goffman* hat sich für diese Prozesse der Begriff *Stigmatisierung* eingebürgert. Ursprünglich auf äußerlich auffallende, entstellende Körpermerkmale bezogen, wird dieser Begriff in den Sozialwissenschaften seither erweitert definiert:

Als „Stigmatisierung" werden soziale Prozesse bezeichnet, die durch „Zuschreibungen" bestimmter – meist negativ bewerteter – Eigenschaften („Stigmata") bedingt sind oder in denen stigmatisierende, d. h. diskreditierende und bloßstellende „Etikettierungen" eine wichtige Rolle spielen, und die in der Regel zur sozialen Ausgliederung und Isolierung der stigmatisierten Personengruppen führen.[195]

Stigmatisierungsprozesse finden in fast allen Lebensbereichen statt, angefangen von der sozialen Schicht als Stigma, der Zugehörigkeit zu ener bestimmten Randgruppe oder Familie, der negativen Rollenzuweisung innerhalb der Familie,[196] bis hin zu Stigmatisierungen als „geisteskrank, verwahrlost, delinquent" im Gesundheits- und Rechtswesen. Wir können in unserem Zusammenhang nur kurz auf den Bereich der Schule eingehen, in dem Stigmatisierungsprozesse aus verschiedenen Gründen eine wichtige Rolle spielen:
– Die Schule erfaßt nahezu alle Mitglieder der Gesellschaft für 9-13 Jahre.
– Die Schule ist eine stark normorientierte Institution. Nicht nur Leistung, sondern auch soziales Verhalten wird kontrolliert und bewertet.
– Das schulische Schicksal ist in der Regel entscheidend für die sozialen Chancen des Einzelnen.
– Während der Schulzeit gehen die entscheidenden Entwicklungsschritte der personalen und sozialen Identität vonstatten – Stigmatisierungsprozesse beeinflussen Identität und Selbstgefühl der Betroffenen.

Gerade der letzte Gesichtspunkt, die Auswirkungen von Stigmatisierungsprozessen auf die Identität von Schülern, macht den Prozeßcharakter negativ bewertender Etikettierung deutlich.

Lösel hat als Ergebnis einer Literaturübersicht zum Problem „Stigmatisierung in der Schule" ein Schema entworfen, das den „Teufelskreis" der Stigmatisierung anschaulich macht:[197]

Wie gesagt, dieses Schema ist Ergebnis und Zusammenfassung einer Durchsicht empirischer Untersuchungen, die im einzelnen als Nachweis für die beteiligten Teilprozesse gelten können. Mit einigen dieser Teilprozesse haben wir uns bereits auseinandergesetzt (Teil 2), so daß die im Einzelfall oft schicksalhafte „Mechanik"

dieses Abstempelungsprozesses plausibel erscheint. Dabei sind sich die beteiligten Erzieher und Lehrer der Einzelheiten dieses Prozesses in der Regel nicht bewußt. Die Selektivität der Wahrnehmung, die Subjektivität der Beurteilung, die Macht des Lehrers und sein individueller Spielraum für Situationsdefinitionen erlauben es, das Verzerrte an der eigenen Auffassung und Bewertung zu übersehen.

Schulorganisatorische und pädagogische Maßnahmen wie Ausgliederung in andere Schulen, Zuweisungen zu bestimmten Leistungskursen u. ä. haben nicht selten Stigmatisierungseffekte im Sinne von sich-selbst-erfüllenden Prophetien zur Folge.

3.3.3 Metakommunikation als Problemlösungsstrategie

Wenn Probleme und Schwierigkeiten in sozialen Beziehungen auftreten, dann fragt die Praxis verständlicherweise nach Lösungen und Hilfen. Interaktionsprobleme sind sicherlich so alt wie die Menschheit, daher ist es kein Wunder, daß auch Lösungsvorschläge als vorwissenschaftliche Alltagskonzept in großer Zahl zur Hand sind – allerdings kaum für verdeckte Interaktionsprobleme, sondern für offenliegende, agierte Konflikte, Mißverständnisse und Ängste. Wir können nur einige solcher Lösungsstrategien andeuten:

Z. B.: Entschuldigen, Verantwortung abschieben, Erklären, Begründen, Richtigstellen, ‚die Meinung sagen', Ignorieren, Hinweisen auf Normen und Sanktionen, Drohen . . . usw.

Es handelt sich um Lösungs*versuche*, nicht um eine Aufhebung des Problems. Häufig sind solche Versuche – zumal, wenn sie sprachlich erfolgen – Kommentare zu Interaktionen und Kommunikationen, also *Metakommunikationen*.
Metakommunikation im Sinne von Reflexion über (problematische) Kommunikation verspricht offenbar, ein allgemeines Lösungsprinzip für Interaktionsprobleme zu sein.

„Was wir in allen diesen Fällen von gestörter Kommunikation beobachten können, ist, daß ihnen Circuli vitiosi zugrunde liegen, die nicht gebrochen werden können, solange die Kommunikationen der Partner nicht selbst zum Thema ihrer Kommunikation werden, d. h., so lange sie nicht metakommunizieren."[198]

Von einer Aktivierung und Übung metakommunikativer Auseinandersetzungen scheint man sich auch im Zusammenhang didaktischer Diskussionen am ehesten eine Förderung der Kommunikationsfähigkeit zu versprechen.[199]

Eine Bestätigung dieser Problemlösungsstrategie kann man zunächst darin sehen, daß Interaktionsprobleme – besonders solche, die mit Etikettierungs- und Stigmatisierungsprozessen zusammenhängen – durch Aufklärung und bewußte Reflexion reduziert werden können:

So konnten *Smith* und *Luginbuhl* (1976) nachweisen, daß in einem Laborexperiment ein ‚Pygmalion'-Effekt im Lehrerverhalten (mehr Ermutigung und Kritik für ‚gute' Schüler) auftrat. Dieser Effekt blieb jedoch bei Lehrern aus, die vorher über das Phänomen ‚Erwartungseffekte' unterrichtet worden waren.[200]

Auch in der Wiederholungsuntersuchung zum *Rosenthal/Jacobson* Experiment von *Claiborn* (1969) trat offenbar deshalb kein ‚Pygmalion'-Effekt auf, weil ein Teil der beteiligten Lehrer „in dieser Untersuchung (sich) der Natur des Experiments bewußt waren."[201]

Metakommunikation dürfte trotzdem kaum als Zauberformel für alle Kommunikationsprobleme zu empfehlen sein, denn es gibt immer wieder Beobachtungen, daß metakommunikative Versuche eher neue Probleme hervorrufen, als bestehende zu lösen.

So läßt sich in Zweierbeziehungen häufig die Erfahrung machen, daß metakommunikative Versuche eines Partners in einer emotional gespannten Situation im Sinne eines Machtanspruchs gedeutet werden und zurückgewiesen werden. Der Metakommunizierende erhebt sich gewissermaßen über die Situation hinaus, wodurch der Partner nicht selten zu Abwehrreaktionen getrieben wird.

In affektiv aufgeladenen Streit- oder Disziplinierungssituationen können daher metakommunikative Initiativen eine Problemsituation noch verfahrener machen.

Insofern haben metakommunikative Problemlösungsversuche nur einen Sinn, wenn eine Bereitschaft zum Konsens bereits vorausgesetzt werden kann. Zur Herstellung dieser Bereitschaft in einer feindlichen Beziehung taugen sie offenbar wenig.

Teil 4: Gruppen und Gruppenprozesse

4.1 Die soziale Gruppe

4.1.1 Zum Begriff ‚soziale Gruppe'

Dieser abschließende Teil konzentriert sich auf *soziale Gebilde*. Während Teil 2 ‚Interpersonale Wahrnehmung' zunächst vom Einzelnen (Wahrnehmenden) ausging, wurden im weiteren Verlauf immer stärker soziale Beziehungen berücksichtigt. Teil 3, ‚Soziale Interaktion in der Schule', bezog sich dabei noch weitgehend auf dyadische (Zweier-)Beziehungen. In diesem 4. Teil soll nun versucht werden, größere soziale Beziehungssysteme sozialpsychologisch zu verstehen.

Verlassen wir damit die psychologische Perspektive zugunsten einer soziologischen? Das wäre wohl der Fall, wenn wir das soziale Gebilde ‚Gruppe' im Gesellschaftszusammenhang untersuchten und wenn das Erleben und Verhalten des Einzelnen in der Gruppe uns nur mittelbar interessierte.

Das ist jedoch nicht unsere Absicht. In diesem Teil soll die sozialpsychologische Perspektive insofern gewahrt werden, als dabei in erster Linie nach Erleben und Handeln des Einzelnen im Kontext sozialer Gruppierungen gefragt wird. Damit ist allerdings nicht gemeint, daß das Verhältnis Individuum – Gruppe als ein einseitig bestimmtes Kausalverhältnis gesehen werden darf: Die sozialen Gebilde (Gruppen, Massen, Mengen, Verbände etc.) lassen sich ebensowenig nur auf die Eigenarten ihrer Mitglieder zurückführen, wie das Verhalten und Erleben der Individuen eine eindeutige Funktion der jeweiligen Bezugsgruppe ist.

Um diese Einseitigkeiten zu vermeiden, wollen wir versuchen, das Verhältnis Individuum – Gruppe als ein dialektisches Verhältnis aufzufassen und daher die folgenden zwei Fragen beide angemessen zu berücksichtigen:
– Wie wird das Erleben und Verhalten von Menschen durch ihre sozialen Gruppierungen beeinflußt und gestaltet?
– Wie wirken Eigenarten des Verhaltens und Erlebens Einzelner auf die Struktur und Dynamik sozialer Gruppen?

Wenn wir diesen Fragen nachgehen wollen, dann ist es gewiß zweckmäßig, zuvor eine Beschreibung und Klassifizierung von Gruppen zu versuchen, sonst bliebe unklar, worüber wir uns im weiteren auseinandersetzen wollen.

„Gruppe" ist ein umgangssprachlicher Begriff: wir sprechen z. B. von:
— ‚Kinder'-
— ‚Künstler'-
— ‚Zuschauer'-
— ‚Wähler'-
— ‚Theater'-
— ‚Kampf'-
— ‚Wander'-
— ‚Interessen'- u. a. Gruppen.

Was meinen wir mit dem Begriff „Gruppe"? Offenbar zunächst mehr als einen Menschen. Wieviele aber dürfes es sein? Können zweihundert Menschen auch eine Gruppe bilden? Ist die Zahl allein ausschlaggebend, oder gehören noch weitere Bedingungen zum Begriff Gruppe hinzu?

Unter psychologischer Perspektive wird das zunächst am wichtigsten erscheinende Merkmal, die Anzahl der Mitglieder, zu einem untergeordneten Kriterium. Wichtiger erscheinen die beiden folgenden Kennzeichen:
— Gruppenmitglieder stehen in Beziehungen zueinander, so daß Verhalten des einen Konsequenzen für den/die anderen hat (Interaktion und Abhängigkeit).
— Die Gruppenmitglieder haben ein großes Maß an Gemeinsamkeit bezüglich ihrer Ziele, Normen und Werte.

Diese Kriterien sind recht weit und letztlich auch nicht sehr klar bestimmt: bei näherem Hinsehen können wir Widersprüche oder Spannungen zwischen ihnen entdecken. So kann etwa das Entstehen von Abhängigkeiten (z. B. durch Arbeits- oder Funktionsteilung) in Gruppen gerade zur Unähnlichkeit der Interessen der Mitglieder führen; die Anzahl der Mitglieder hat offensichtlich Einfluß auf die Interaktionschancen.

Angesichts der Vielgestaltigkeit sozialer Gruppen ist eine allgemeine Bestimmung des Gruppenbegriffs recht unbefriedigend: Der ‚gemeinsame Nenner' (Mehrzahl; Interaktion/Abhängigkeit; Gemeinsamkeit/Ähnlichkeit) taugt offenbar weniger zur Charakterisierung konkreter Gruppen als vielmehr die Bedingungen und Dimensionen, nach denen sich soziale Gruppen unterscheiden und beschreiben

lassen. Dabei begegnen wir einigen Unterscheidungskategorien, die typologisch vorgehen, indem sie z. B. ‚Groß'- und ‚Klein'-Gruppe gegenüberstellen. Wir haben bereits in Teil 3 ein Beispiel dafür kennengelernt, daß typologische Klassifikation dieser Art einem relativ frühen Stadium wissenschaftlicher Ordnungsbemühungen entspricht (‚von den Typen des Lehrerverhaltens [Erziehungsstile] zu den Hauptdimensionen des Lehrens'). Wir werden sehen, daß die Sozialpsychologie der Gruppe in dieser Hinsicht noch sehr entwicklungsbedürftig zu sein scheint. Auf der anderen Seite gestattet die Vielfalt der auf Gruppen anwendbaren typologischen Unterscheidungskriterien durchaus eine differenzierte Kennzeichnung einer konkreten Gruppe. Wir wollen einige dieser Dimensionen näher untersuchen – in erster Linie solche, die für den Bereich ‚Erziehung und Schule' nützlich sein können:
– Kleingruppe/Großgruppe (Mitgliederzahl)
– Primärgruppe/Sekundärgruppe (Gefühlsbindung)
– Formelle/informelle Gruppe (Festgelegtheit vs. Offenheit der Ziele und Struktur der Gruppe)
– Arbeitsgruppe; Freizeitgruppe; Selbsterfahrungsgruppe (Funktion und Ziel der Gruppe)

Kleingruppe vs. Großgruppe

In der sozialpsychologischen Literatur begegnet man dieser Unterscheidung,[202] jedoch ohne eine deutliche Trennungslinie; der Unterschied ist eher qualitativ als quantitativ zu sehen. Genauso unscharf sind übrigens die zahlenmäßigen Grenzen des Gruppenbegriffs.
Im pädagogischen Zusammenhang spielen Gruppengrößen eine wichtige Rolle: so gilt es in der hochschuldidaktischen Diskussion fast als Selbstverständlichkeit, daß „Arbeit in kleinen Gruppen"[203] eine der wichtigsten und effektivsten Arbeitsformen sei; im Schulbereich gilt die Verkleinerung der Klassen als zentrales Kriterium bildungspolitischen Fortschritts.
Kleinere Gruppen bedeuten offenbar:
– verbesserte Möglichkeiten des ‚face-to-face'-Kontakts, bessere Überschaubarkeit des Geschehens,
– bessere Vertrautheit, Bekanntheit, weniger Anonymität, Fremdheit und Angst,
– mehr Verantwortlichkeit des Einzelnen für das Gruppengeschehen.

Daß diese Aufzählung von Vorzügen der kleinen Zahl jedoch vereinfachend und hypothetisch ist, mag durch die Beobachtung verdeutlich werden, daß unter Studenten die Ankündigung von

Kleingruppenarbeit nicht selten Abwehr, Vorbehalte und Ängste auslöst. Es kommt also auch auf individuelle Vorerfahrungen, auf Inhalte und Ziele der jeweiligen Arbeit an, wenn man über Vor- und Nachteile von Klein- oder Großgruppen urteilen will.

Über die Mitgliederzahl lassen sich einige interessante Ergebnisse aus der experimentellen Gruppenforschung ableiten:[204]

— So erwies sich die Zufriedenheit der Mitglieder von Diskussionsgruppen bei 5-Personengruppen als am größten. Dafür nennt *Hare* (n. *Kruse*) die folgenden Erklärungen:
  Die ungrade Zahl verhindert ‚tote' Punkte und Stillstand,
  Minoritäten (meist 2 Mitglieder) sind nicht als Isolierung wirksam, sondern meist in Form einer Subgruppe (2:3),
  die 5er Gruppe scheint groß genug zu sein, um Rollenwechsel zu ermöglichen.

— Auch Therapiegruppen arbeiten in der Regel mit 5 bis 10 Teilnehmern, wobei man annehmen kann, daß größere Anzahlen als die ‚optimale' 5 nicht zuletzt aus ökonomischen Gründen in Kauf genommen werden. Eine interessante Hypothese deutet sich an, wenn man die Grenzen des menschlichen Informationsverarbeitungssystems mit diesen Zahlen vergleicht: *Miller*[205] kommt auf Grund informationstheoretischer Überlegungen zu dem Schluß, daß „es eine Spanne der Aufmerksamkeit gibt, die auf einen Blick auf ungefähr sechs Objekte beschränkt ist." (S. 40) Ähnliche Zahlen beziehen sich auf das menschliche Kurzzeitgedächtnis. Diese Gesichtspunkte lassen einen qualitativen Sprung zwischen überschaubaren Gruppen und solchen, in denen den Teilnehmern notwendigerweise ein Teil des Geschehens entgehen muß. vermuten.

— Gruppen mit gerader Mitgliederzahl zeigen nach *Bales* und *Borgatta*[206] eher Spannungen und Konflikte. Wahrscheinlich läßt sich dieser Feststellung nicht auf größere Gruppen (ab 12-15 Mitglieder?) übertragen, da hier die Anzahl allenfalls bei formalen Abstimmungsprozeduren wesentlich werden kann (Patt-Situation).

Schulklassen sind demnach kaum als Kleingruppen anzusehen und es ist problematisch, die Ergebnisse der empirischen Kleingruppenforschung auf die Schulsituation zu übertragen. Schulklassen können jedoch mehr oder weniger vorübergehend in mehrere Kleingruppen aufgeteilt sein.

Primärgruppe vs. Sekundärgruppe

Den Begriff ‚Primärgruppe' prägte der amerikanische Soziologe

Cooley (1902), er meinte damit sowohl für die Persönlichkeitsentwicklung ‚primäre', als auch grundlegende menschliche Gruppierungen, wie z. B. die Familie. Intimität und starke Gefühlsbeziehungen zeichnen primäre Gruppen aus. Der Gegenbegriff ‚Sekundärgruppe' (nicht von *Cooley)* ist nur als Negation aufzufassen.
Dem Prototyp einer Primärgruppe, der Familie, wird übrigens von manchen Autoren eine Sonderstellung eingeräumt; nach *Hofstätter* ist sie keine ‚Erfindung' des Menschen wie andere Gruppen und deshalb nicht als vom Menschen gesetzter Zusammenschluß zu betrachten.[207]
Andere Primärgruppen sind Freundschaftsgruppen. Als hervorstechendes Merkmal wird ein ausgeprägtes ‚Wir-Gefühl' genannt. Nicht selten geht die Betonung des ‚Wir' mit einer Abgrenzung von den Anderen (‚Die'-Gruppe n. *Hofstätter*) einher. Dieses Phänomen — das auch häufig unter dem Stichwort *ingroup-outgroup*-Differenzierung abgehandelt wird — wird uns in den späteren Abschnitten noch beschäftigen.
Wer einmal die Bedeutung von Klassentreffen nach der Schulzeit erleben konnte, wird kaum daran zweifeln, daß sich in der Schulklasse Primärgruppen bilden können, bzw. daß die Schulklasse primärgruppenhafte Züge haben kann. Diese Momente erstrecken sich jedoch kaum über die gesamte Klasse, sondern kennzeichnen eher Subgruppen.

Formelle und informelle Gruppen
Wenn das Gruppenverhalten weitgehend festgelegt ist, wenn Ziele, Rollen und Normen vorgeschrieben sind, spricht man von einer *formellen* oder auch *formalen* Gruppe (ein Beispiel: ein Gemeinderat, der sich nach einer Geschäftsordnung oder Satzung mit bestimmten, gesetzlich vorgeschriebenen Aufgaben auseinandersetzt). *Informelle* oder auch *informale* Gruppen sind dagegen durch ihre Flexibilität und Spontaneität gekennzeichnet. Ihre Struktur ist organisatorisch nicht festgelegt, es gibt keine festgelegten Rollen — obwohl sich natürlich auch in informellen Gruppen spontan Funktionseinteilungen herausbilden können. Die momentane Struktur einer informellen Gruppe ist stärker durch Sympathie und Antipathie geprägt.
Auf Schulklassen bezogen lassen sich sowohl formelle als auch informelle Momente feststellen: Die Mitgliedschaft in einer Schulklasse beruht in der Regel nicht auf freiwilliger Entscheidung, die Aufgaben von Lehrern und Schülern sind gesetzlich vorgeschrieben

und in Lehrplänen, Schulordnungen und Verwaltungsvorschriften zum Teil detailliert geregelt.

Auf der anderen Seite bilden sich in jeder Schulklasse Gruppen, Grüppchen, Cliquen oder Paare, die für sich den Charakter von informellen Gruppen haben. Wir werden im nächsten Abschnitt dieses Kapitels mit der Soziometrie einen empirischen Zugangsweg zur Analyse derartiger Phänomene kennenlernen.

Gruppen mit unterschiedlichen Aufgaben und Zielen
Da sich sehr viele Lebensvollzüge in Gruppen abspielen, könnte man entsprechend viele Aufgaben und Ziele von Gruppen nennen. Vereinfachend kann man von der Gegenüberstellung von Arbeit und Freizeit ausgehen: Arbeitsgruppen sind zweckgerichtet, und zwar auf eine Aufgabe außerhalb des eigentlichen Gruppenprozesses bezogen. Bei Freizeitgruppen dagegen haben Gruppenprozeß und die Gruppensituation für sich Befriedigungscharakter. Es liegt nahe, zwischen diesen beiden Gruppentypen und den Unterscheidungskriterien ‚Primär'-‚sekundär' und ‚formell'-‚informell' Zusammenhänge zu vermuten.

Eine besondere Aufgabe erhält eine Gruppe dann, wenn sie sich selbst ausdrücklich zu ihrem Gegenstand macht, d. h., wenn die Gruppe deshalb zusammenkommt, um das, was in der Gruppe geschieht, zu reflektieren und zu analysieren *(Selbsterfahrungsgruppe, Trainingsgruppe;* wir kommen in Abschnitt 4.2.4 noch darauf zurück).

In diesem Zusammenhang ergibt sich natürlich auch die Frage, welche Art von Gruppen eigentlich in der experimentellen Sozialpsychologie untersucht worden ist. Wenn nämlich Gruppen zum Zweck des Experiments zusammengestellt werden, dann kann[208] es sein, daß sie nur kurzzeitig zusammenkommen und oft auch wenig Möglichkeiten zur Interaktion und zur Rollendifferenzierung haben. Wir werden daher gut daran tun, bei gruppenpsychologischen und gruppendynamischen Forschungsergebnissen danach zu fragen, an welchen Gruppen sie bestätigt worden sind, um ihre Generalisierbarkeit abschätzen zu können.

4.1.2 Die empirische Untersuchung von Gruppen

In Teil 3 (→ 3.1.2.1) haben wir uns bereits kurz mit der empirischen Analyse sozialer Interaktionen befaßt. Beobachtungsverfahren spielten dabei eine wichtige Rolle. Drei Forderungen an die Beobachtungsmethoden wurden dort hervorgehoben:

- Ziele und Gegenstände der Beobachtung müssen festgelegt werden (Was ist zu beobachten?).
- Es sind Beobachtungseinheiten zu bestimmen und Kategorien festzulegen, in die der Geschehensstrom einzuteilen und einzuordnen ist.
- Es ist nachzuweisen, daß die Identifizierung der zu beobachtenden Ereignisse den Beobachtern in ausreichend übereinstimmender und zuverlässiger Weise gelingt (Zuverlässigkeit).

Diese Forderungen bestehen bei der Beobachtung von Gruppen genau wie bei der Beobachtung dyadischer Interaktionen.

In diesem Abschnitt sollen uns weniger diese interaktiven Aspekte des zwischenmenschlichen Geschehens beschäftigen, als vielmehr die Untersuchung von *Gruppenstrukturen*. Struktur soll hier eine Abstraktion aus dem ständigen Veränderungsprozeß einer Gruppe bedeuten; gewissermaßen eine Art ‚Momentaufnahme', die uns Auskunft darüber gibt, wie die Gruppenmitglieder zur Zeit zueinander stehen.

Wie jemand „zu dem anderen steht", können wir erfahren, wenn wir ihn zu einer „Stellungnahme" auffordern, wenn wir ihn nach seiner Beurteilung und Einschätzung der anderen Gruppenmitglieder befragen.

So bietet sich neben den Beobachtungsmethoden zur Analyse von Interaktionsprozessen die Befragungsmethode zur Erfassung momentaner Gruppenstrukturen an.

Die wichtigste Befragungsmethode zur Strukturanalyse von Gruppen, das *soziometrische Verfahren,* geht auf den Arzt J. L. *Moreno* zurück, der es vor allem in therapeutischen Gruppen anwandte. Die klassische Methode hat inzwischen zahlreiche Weiterentwicklungen und Veränderungen erfahren.[209]

Heute kann man feststellen, daß die Soziometrie besonders häufig in Schulklassen angewandt wird, da die Methode einfach handhabbar zu sein scheint und dem Lehrer etwas über das ‚verborgene Kräftespiel' in seiner Klasse zu offenbaren verspricht. (Mit kaum einer anderen Methode werden so viele Lehrer-Examensarbeiten bestritten, wie mit dem Soziogramm.[210]) Es dürfte sich also lohnen, diese Methode näher kennenzulernen, obwohl die Aussagekraft der soziometrischen Untersuchungen in Schulklassen nicht überschätzt werden sollte.

Beispiel:
Nehmen wir einmal an, ein Lehrer möchte erfahren, ob die ausländischen Schüler in seiner Klasse akzeptiert und ‚integriert' sind. Ihn interessiert diese Frage, weil er einerseits viel von Vorurteilen gehört hat, andererseits aber eine Reihe von gegenteiligen Beobachtungen machen konnte. Er möchte nun

über das Beziehungsgefüge in seiner Klasse etwas genaueres wissen, um darauf pädagogisch reagieren zu können.

Mikula unterscheidet drei Fragestellungen, die einer empirischen Gruppenuntersuchung mit Hilfe der Soziometrie zugrundeliegen können:[211]

„1. Aussagen über die einzelnen Gruppenmitglieder, ihre Stellung in der Gruppe bzw. die soziale Anerkennung, die ihnen von ihren Kameraden entgegengebracht wird, ihr Wahlverhalten usw.
2. Feststellung der zwischenmenschlichen Relationen innerhalb der Gruppe, der individuellen Präferenzen und Sympathiebeziehungen sowie die Gruppenstruktur.
3. Feststellung bestimmter Gruppencharakteristika, wie die Feststellung des Gruppenzusammenhaltes, der Integration, der Gruppenatmosphäre sowie die Aufdeckung von Gruppenaufspaltungen und Cliquenbildungen."

Der Lehrer in unserem Beispiel hat offenbar keine präzis eingegrenzte Fragestellung. Ihn interessiert das einzelne Gruppenmitglied (Ausländerkind) genauso wie die Gruppenstruktur der gesamten Klasse. In der Praxis wird nicht selten von derart diffusen Problemstellungen ausgegangen. Es dürfte jedoch ratsam sein, das Problem zu präzisieren, denn davon hängt es ab, welche Frageformulierung bei der soziometrischen Erhebung sinnvoll ist.

Welche Fragen sollte nun der Lehrer seinen Schülern stellen?

Welche Frage könnte ihm Hinweise auf gegenseitige Stellungnahmen und zwischenmenschliche Beziehungen der Schüler untereinander versprechen?

Eine der gebräuchlichsten Fragen bei Schulklassen-Soziogrammen ist die nach dem Wunsch-Sitznachbarn: ‚Neben wem aus Deiner Klasse möchtest Du gern sitzen?' Die Frage regt offenbar eine realistische Einschätzung von Sympathie und Interaktionsbereitschaft gegenüber dem Anderen an. Das gilt jedoch nur, wenn der Befragte die Frage für ernstgemeint hält und wenn er Konsequenzen aus der Befragung erwartet.

Hängt von der Frageformulierung nun überhaupt soviel ab? Ist es nicht doch unwesentlich, ob ich nach dem Wunsch-Sitznachbarn, nach dem bevorzugten Spiel- oder Arbeitspartner oder Geburtstagsgast frage? Ergeben sich nicht in jedem Fall recht übereinstimmende Aussagen über die soziale Struktur der Gruppe?

Es gibt offenbar viele Varianten von Fragestellungen, die auch unterschiedliche Beziehungsaspekte ansprechen. Daraus ergibt sich die Hypothese, daß verschiedene Fragen zu unterschiedlichen Beziehungsmustern im Soziogramm führen. Es gäbe demnach nicht die Gruppenstruktur ‚an sich', sondern mehrere Strukturebenen, die mit je anderen Fragen angezielt werden können.

In einer Untersuchung an vier Gymnasium-Abschlußklassen haben *Bartussek* und *Mikula*[212] 14 verschiedene Fragestellungen miteinander verglichen.

Beispiele:
Nr. 2: ‚Mit wem aus Ihrer Klasse würden Sie am liebsten eine gemeinsame Ferienreise unternehmen?'
Nr. 7: ‚Wen aus Ihrer Klasse würden Sie am liebsten heranziehen, wenn Sie aus eigener Initiative eine Arbeitsgemeinschaft aufbauten, die in gemeinsamen Veranstaltungen verschiedene Themenkreise behandeln soll?'

Durch das statistische Verfahren der Faktorenanalyse[213] wurde untersucht, welche Fragen sich zu ‚Faktoren' zusammenfassen ließen, weil sie zu ähnlichen Wahlen führten, und es wurde berechnet, wieviele Faktoren zur Gruppierung der 14 Fragen notwendig waren.

Die Faktorenanalyse der Fragen ergab, daß vier Faktoren zur Gruppierung der verwendeten 14 Fragen notwendig waren:
1. ‚Sympathie im Sinne gewünschten Kontakts'
2. ‚Freundschaft im Sinne bestehenden Kontakts'
3. ‚(eingeschätzte) Schulleistung des Gewählten'
4. ‚(eingeschätztes) Organisationstalent des Gewählten'

Das wichtigste Ergebnis dieser Untersuchung ist der Nachweis von voneinander *unabhängigen Faktoren*. Das bedeutet, daß — grob gesagt — mindestens vier verschiedene Gruppenstrukturen herauskommen können, wenn unterschiedliche soziometrische Fragen gestellt werden; eine einzige Frage kann also nicht *das* Soziogramm der Gruppe ergeben, sondern meist nur einen von mehreren Beziehungsaspekten beleuchten.

Streng genommen gelten diese Ergebnisse natürlich nur für die untersuchte Gruppe (österreichische Gymnasiasten im 12. Schuljahr) und für die verwendeten Fragen. Man könnte annehmen, daß bei jüngeren Kindern eine weniger differenzierte Faktorenstruktur herauskäme, bei der vielleicht nur zwischen einem ‚Sympathie'- und einem ‚Tüchtigkeits'-Faktor unterschieden werden könnte.

Doch zurück zu unserem

Beispiel:
Nehmen wir an, der Lehrer hätte sich für die ‚Sitznachbar'-Frage entschieden, weil er die Sympathie-Beziehung (Wunschebene) für wesentlich hält und weil er aus den Ergebnissen am ehesten praktische Konsequenzen ziehen könnte.[214] Er steht nun vor der methodischen Entscheidung, ob er
— die Anzahl der Wahlen vorab festlegen oder begrenzen soll,
— auch negative Wahlen (‚Neben wem möchtest Du nicht sitzen?') provozieren soll.

Beide Fragen lassen sich nicht absolut und für alle praktischen Fälle verbindlich entscheiden. Eine festgelegte Anzahl von Wahlen läßt sich statistisch besser auswerten. Bei offener Anzahl kann es dagegen aufschlußreich sein, wieviele Personen ein Wählender nennt (als Maß für seinen ‚Kontakthunger', bzw. seine ‚Kontaktdichte').

In diesem Buch kann keine detaillierte Anleitung für die Durchführung und Auswertung eines Soziogramms vermittelt werden. Es gibt leider eine ganze Reihe von rezeptartigen Anleitungen zur Durchführung von soziometrischen Befragungen in Schulklassen. Hiervor soll an dieser Stelle aus drei Gründen gewarnt werden:

1. Für die Durchführung von soziometrischen Befragungen gelten in den einzelnen Bundesländern unterschiedliche Erlasse, nach denen die Durchführung von Genehmigungen und Zustimmungen (Eltern usw.) abhängig gemacht wird.
2. Die soziometrischen Befragungstechniken sind heute so weit entwickelt, daß man detaillierte Methodenkenntnisse besitzen sollte, bevor man entsprechende Befragungen durchführt.[215] Ein großer Teil der Auswertungen erfolgt heute zweckmäßigerweise über elektronische Datenverarbeitungsgeräte (EDV), die für Lehrer meist nicht zugänglich sind.
3. Beherzigt man *Morenos* Erfahrungen, so sollte man soziometrische Befragungen nur dann durchführen, wenn auch soziale Veränderungen geplant sind. Von Befragungen „nur mal so" ist ganz dringend abzuraten.

Wir können hier nur versuchen, unser Beispiel weiter zu verfolgen und damit einen ersten Einblick in die Möglichkeiten der soziometrischen Methodik zu geben. Wir beschränken uns dabei aus Gründen der Überschaubarkeit auf die Analyse positiver Wahlen einer kleinen Gruppe (10 Mitglieder). Die Ergebnisse der Befragung, bei der drei Namen von jedem Wähler aufgeschrieben werden konnten, sind in der folgenden Tabelle (Soziomatrix) zusammengefaßt:

Diese soziometrische Tabelle, ‚Soziomatrix', ‚Urliste' oder ‚Grundtabelle' wird zunächst angefertigt, denn sie enthält alle Informationen aus der Befragung, gibt aber noch kein sehr anschauliches Bild von Beziehungen und Strukturen in der Gruppe.

Sofern uns individuelle Daten der Gruppenmitglieder interessieren, dürfte es nützlich sein, die Beliebtheit des Einzelnen durch die Häufigkeit der auf ihn entfallenden Stimmen darzustellen. Zu diesem Zweck bildet man eine Rangreihe der Gruppenmitglieder nach der Anzahl der erhaltenen positiven Stimmen und stellt diese graphisch in Form eines Säulendiagramms dar:

Gewählte \ Wähler	1 Holger	2 Harald	3 Georg	4 Antonio	5 Bülent	6 Franz	7 Silvia	8 Susanne	9 Michaela	10 Claudia	Summe d. abgeb. Stim. (festgelegt)
1 Holger			/		/		/				3
2 Harald	/				/			/			3
3 Georg	/	/				/					3
4 Antonio			/						/		3
5 Bülent	/		/			/					3
6 Franz	/		/		/						3
7 Silvia			/						/	/	3
8 Susanne			/				/		/		3
9 Michaela						/	/			/	3
10 Claudia							/	/	/		3
Summe der erhaltenen Stimmen	4	1	6	0	3	3	3	3	5	2	30

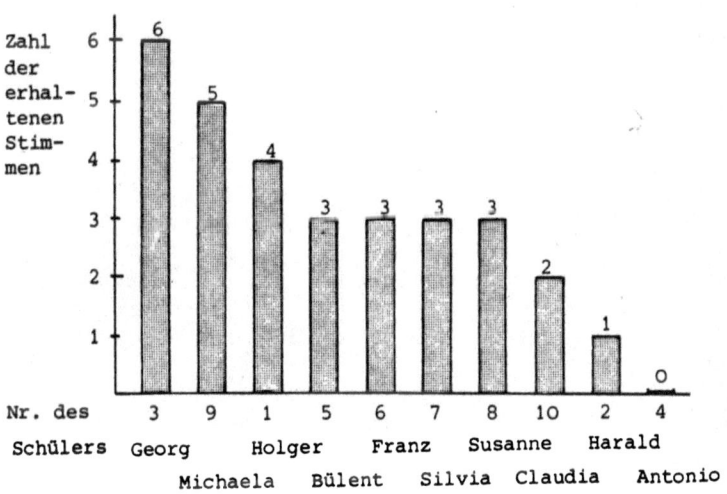

Diese Rangreihe und das daraus abgeleitete Diagramm geben wichtige Aufschlüsse über einzelne Schüler: Georg und Michaela sind offenbar die beliebtesten Schüler, während Antonio — dem als dem einen Ausländerkind in unserem Beispiel besondere Beachtung galt — offenbar von keinem der Mitschüler als Nachbar gewünscht wird.

Exkurs über die Bedeutsamkeit negativer Wahlen: An dieser Stelle wäre es gewiß aufschlußreich zu wissen, ob Antonio aktiv abgelehnt wird oder bloß unbeachtet ist. Hätten wir negative Wahlen in unserem Beispiel zugelassen, so wären wir bezüglich dieser Frage nicht nur auf Vermutungen angewiesen. Erst negative Wahlen gestatten eine Unterscheidung zwischen aktiver Ablehnung und Nicht-Beachtung.

Für den anderen ausländischen Schüler, den Türken Bülent, entscheiden sich dagegen drei Gruppenmitglieder, er erreicht damit die durchschnittliche Stimmenzahl (3).

Die Rangfolge der Beliebtheit in einer Gruppe sagt noch nichts über gegenseitige Beziehungen der Gruppenmitglieder untereinander aus, sie berücksichtigt nicht, von wem die Stimmen kommen und zeigt nicht, ob Wahlen erwidert werden oder ob sie einseitige Kontaktwünsche verraten.

Ein Blick auf die Soziomatrix zeigt uns da schon mehr von den Beziehungen zwischen den Gruppenmitgliedern: es fällt z. B. auf, daß sich offenbar häufiger gleich- als gegengeschlechtliche Wahlen finden.[216] Die folgende Tabelle faßt diese Beobachtung zusammen:

	Wahlen insgesamt	davon gleichgeschlechtlich
Jungen:	18	15
Mädchen:	12	10

Jeweils die Hälfte der Schüler richtet alle drei Stimmen auf das eigene Geschlecht. Man könnte vermuten, daß die Klasse in zwei weitgehend getrennte Untergruppen (Jungen/Mädchen) aufgespalten ist. Zur Prüfung dieser Hypothese ist die Soziomatrix offenbar weniger geeignet, da sie zu unübersichtlich ist. Zur Veranschaulichung hat man daher seit *Moreno* versucht, die zwischenmenschlichen Beziehungen in eine graphische Darstellung, das eigentliche Soziogramm, zu übersetzen.

Für die graphische Darstellung soziometrischer Daten läßt sich allerdings weder ein allgemein verbindliches Zeichensystem noch eine allgemeine Übereinkunft über die zweidimensionale Anordnung der Symbole aus der soziometrischen Literatur ableiten. Während die

Soziomatrix eine objektive, also von subjektiven Momenten des Auswerters unabhängige, Zusammenfassung der Daten ist, hat der Auswerter bei der graphischen Darstellung einen größeren subjektiven und intuitiven Spielraum. Er kann zwischen verschiedenen Darstellungsweisen wählen, ja, er muß sogar häufiger ‚probieren', ehe ihm eine übersichtliche und einleuchtende Graphik gelingt.

Für unser Beispiel wollen wir die folgenden Symbole verwenden:

⑦ = Mädchen (Nr. 7)

☐1☐ ⊨ Junge (Nr. 1)

⟶ = positive Wahlrichtung (einseitig)

⟵⟶ = gegenseitige positive Wahl

⑷ = Ausländerkind

Den intuitiven Darstellungsspielraum wollen wir in unserem Fall dadurch einengen, daß wir die Gruppenmitglieder auf konzentrischen Kreisen anordnen, deren Radien zur Anzahl der enthaltenen Zielscheiben-Soziogramm

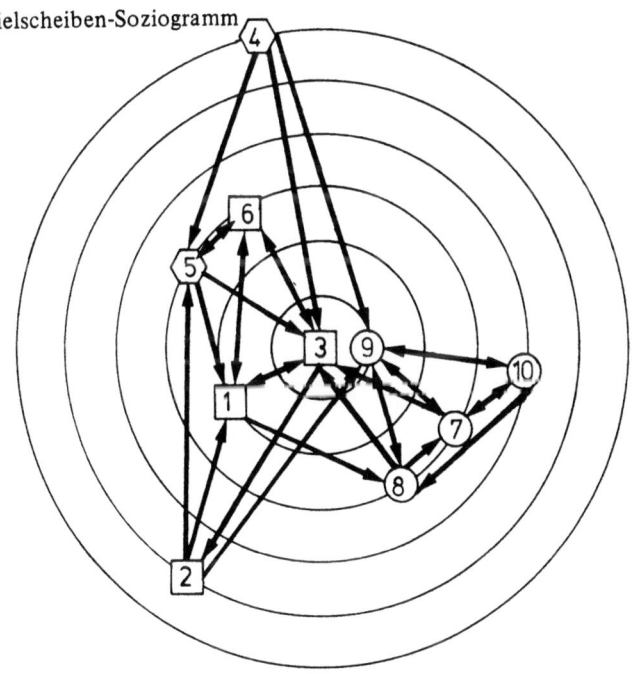

Stimmen in Beziehung stehen. Bei diesem sogenannten ‚Zielscheiben'-Soziogramm[217] wird das Gruppenmitglied mit den meisten Stimmen in der Mitte und das mit den wenigsten Stimmen am äußersten Rand abgebildet.

Dieses Beispiel eines einfachen Soziogramms sollte auch dazu anregen, sich die Grenzen der Übersichtlichkeit und Anschaulichkeit klarzumachen: Eine Schulklasse hat gewöhnlich zwei- bis dreimal soviele Mitglieder; durch die Verwendung negativer Wahlen verdoppelt sich etwa die Zahl der Beziehungssymbole ... So ist es nicht verwunderlich, daß Soziogramme ganzer Klassenverbände selten eine schnelle Orientierung gestatten.

4.2 Gruppenprozesse – Gruppendynamik

4.2.1 Phasen der Gruppenbildung

Unser Thema ‚Gruppendynamik' verlangt eigentlich eine andere Vermittlungsweise als ein Buch, das Sie vermutlich „in Einsamkeit" in Ihrer Studierstube durcharbeiten.
Wenn Sie etwas über Probleme beim Aufbau einer Handballmannschaft, über Konflikte und Solidarität in einer Montagekolonne oder in einer Bürgerinitiative anschaulich erfahren wollen, dann dürfte die unmittelbare Erfahrung zunächst der beste Weg zur Erkenntnis sein.
Für viele sozial engagierte Fachleute ist daher das Wort ‚Gruppendynamik', das ursprünglich nur die Bedeutung von „Kleingruppenforschung" hatte, sehr eng mit dem Begriff ‚Selbsterfahrung' assoziiert. Ja, der Begriff ‚Gruppendynamik' wird geradezu auf eine Reihe von Methoden, Übungen und Spiele eingeengt, die den Teilnehmern intensive persönliche Erfahrungen in der Gruppe ermöglichen sollen. Der überwiegende Teil derer, die an derartigen Veranstaltungen teilgenommen haben, scheint der Ansicht zu sein, daß das ‚Eigentliche' der Gruppenerfahrung nur persönlich erlebt und nur sehr unvollkommen berichtet werden kann.
Ich bin – aufgrund eigener Erfahrungen – auch der Meinung, daß man zwar einiges Wissenswerte über Gruppenprozesse lesend lernen kann, daß man aber dadurch kaum etwas von der so wesentlichen emotionalen Seite des Geschehens erfahren kann; damit wird aber gerade die persönliche Betroffenheit ausgespart, die für diejenigen, die sich damit auseinandersetzen mußten, die wichtigste Dimension ihrer Erfahrung in Gruppen ausmacht.
Ein Buch kann Ihnen also keine lebendige Selbsterfahrung zur Gruppendynamik vermitteln, es beschränkt sich realistischerweise auf bescheidenere Ziele:
– Kenntnisse über Gruppenprozesse zu vermitteln,
– Anregungen zur Verarbeitung eigener Erfahrungen und zum Experimentieren zu geben.
Es ist ohnehin nicht ganz so, daß wir wie ‚Blinde von der Farbe' reden müßten, denn jeder Mensch wächst in Gruppenbeziehungen

auf und erfährt Gruppenprozesse in vielfältiger Weise. Diese Erfahrungen werden dann allerdings meist zu unreflektierten Laientheorien verarbeitet.

Versuchen Sie einmal, sich an Ihre Erlebnisse bei der Bildung einer Gruppe zu erinnern, an der Sie von Anfang an teilgenommen haben.

Vielleicht erinnert Sie auch das folgende Beispiel an eigene Erlebnisse:

Beispiel:
Vor einigen Wochen, kurz nach Semesterbeginn, meldete sich in einem Seminar über Sozialpsychologie ein Teilnehmer zu Wort und schlug vor, statt mit ca. 60 Studenten weiter ‚Frontalunterricht' zu praktizieren, solle man Gruppenarbeit ausprobieren. Zum nächsten Mal solle sich das Seminar in mehrere Gruppen aufteilen und auf diese Weise aktiver und effektiver arbeiten.

Solche Vorschläge kennen Sie sicherlich auch. Für mich als Seminarleiter ergaben sich aus dieser Situation die folgenden sozialpsychologischen Fragen:
— Ist die Kleingruppenarbeit effektiver?
— Sind die Teilnehmer in kleinen Gruppen aktiver?
— Ist ‚Gruppenarbeit' mit ‚Kleingruppenarbeit' gleichzusetzen?
— Welches ist die optimale Gruppengröße?
— Nach welchen Kriterien kann man eine Großgruppe in arbeitsfähige Kleingruppen aufteilen?

Statt einer schnellen Entscheidung meinerseits stellte ich diese Fragen dem Vorschlag gegenüber. Nach einer Diskussion (die, gemessen am bisherigen Ablauf, ungewöhnlich lebhaft verlief) zeigten sich die folgenden Ergebnisse:
— Die Anzahl derer, die Gruppenarbeit für effektiver hielten, war etwas größer als die ‚Opposition' in dieser Frage; der größere Anteil der Teilnehmer gab sich in diesem Punkt indifferent[218], war aber bereit, „es einmal zu versuchen".
— Man erwartete in Gruppen mehr Aktivität und bessere Chancen zur Interaktion für den Einzelnen.
— Gruppenarbeit wurde selbstverständlich mit Kleingruppenarbeit gleichgesetzt. Niemandem fiel es ein, auch das gesamte Seminar als Gruppe zu bezeichnen.
— Die Gruppengröße wurde zwischen 5 und 10 gewünscht, der Mittelwert war die „magische Zahl 7" (*G. A. Miller*, s. Abschnitt 4.1.1!).
— Die Aufteilung sollte nach übereinstimmender Meinung möglichst ‚unpersönlich', also durch Zufall, Los oder alphabetisches Abzählen erfolgen. Die Gruppen sollten parallel die gleichen Fragestel-

lungen bearbeiten, daher entfiel eine Aufteilung nach Sachinteressen. Eine Wahlprozedur wurde entschieden abgelehnt.

Offenbar wären damit verbundene Sympathie- und Antipathie-Äußerungen in der Großgruppe nach nur 2 - 3 Zusammenkünften unangenehm gewesen.

Ebenso wurde der Vorschlag abgelehnt, zunächst einige ‚Gruppenleiter' als ‚Kristallisationskerne' zu benennen und es dann jedem Einzelnen zu überlassen, welcher Gruppe er sich anschließen will.

Wahrscheinlich sollte niemand mit zuviel Vorschußvertrauen bedacht werden; das Problem von Führung und Führungsanspruch wollte man durch den unpersönlichen Zufall umgehen.

Dieses Beispiel demonstriert einige wichtige Voraussetzungen und Bedingungen der Gruppenbildung:
— Menschen bringen verschiedene Vorerfahrungen, Erwartungen und Einstellungen gegenüber Gruppen und Gruppenarbeit mit.
— Gruppenbildung braucht Zeit: zunächst zur Klärung des Vorgehens und dann aber auch zum Aufbau einer Gruppenstruktur.
— Entscheidungen sind erst dann zu erwarten, wenn man einen ‚kleinsten gemeinsamen Nenner' gefunden hat: hier z. B. eine Einigung auf ein formales, unpersönliches Vorgehen.
— Ein wesentliches Problem bei der Gruppenbildung scheint das Führungsproblem (zusammen mit Macht und Vertrauen) zu sein.
— Zu Beginn von Gruppenbildungsprozessen ist eine gewisse Reserve und Vorsicht, ja sogar häufig Angst, bei den meisten Teilnehmern zu beobachten. Eine unbekannte Gruppensituation bietet neben den Möglichkeiten zur Selbstdarstellung und Selbstbestätigung auch Gefahren für den Einzelnen: Es kann sein, daß er ,,nicht ankommt" und abgelehnt wird; Kleingruppen bieten wenig Möglichkeiten sich zu verstecken; es werden nicht selten höhere Anforderungen vonseiten der Gruppe an den Einzelnen erwartet (und gefürchtet).

(In Abschnitt 4.2.2 werden wir unterschiedliche Voraussetzungen, individuelle Rollen und Erwartungen genauer untersuchen. Hier geht es uns zunächst um die Gruppe als Ganzes.)

Bei einem einführenden Überblick möchte man gern Komplexes einfach und überschaubar darstellen, gerade bei derart verwickelten Vorgängen wie bei der sozialen Gruppenbildung, drängt sich dieses Bedürfnis auf. So wurde denn von einigen Autoren die Frage zu beantworten versucht, wie sich ein Gruppenbildungsprozeß gliedern läßt. Eine Einteilung in abgrenzbare Entwicklungsphasen von Gruppen verspricht nicht nur eine übersichtliche Ordnung von Phänomenen, sondern auch Orientierung in einer Gruppe, man wüßte gewissermaßen, wo man gerade steht, ob etwa eine Konfliktsituation als notwendiges Durchgangsstadium anzusehen ist oder ein Zeichen der Auflösung sein könnte.

Ein solches Phasenmodell kann naturgemäß nur recht allgemeine Gemeinsamkeiten darstellen, es kann kaum im Detail für jeden möglichen Gruppen-Prozeß verbindlich sein. Trotz dieser Schwierigkeiten hat es an Versuchen nicht gefehlt. Die Ergebnisse sind allerdings kaum deckungsgleich: so nehmen *Bennis* und *Shepard*[219] zwei Phasen (‚Dependenz – Machtverhältnisse' und ‚Interdependenz – Persönliche Beziehungen') mit jeweils drei Unterphasen an, während *Tuckman*[220] in einem Sammelreferat zu diesem Thema die Einteilung in vier Phasen vorschlägt. Beide Beispiele beziehen sich vorwiegend auf die Analysen von Therapie- und Trainingsgruppen, also nicht etwa auf Schulklassen. Deshalb ist die Frage der Generalisierbarkeit auf diesen Bereich noch zu prüfen.

Das Modell von *Tuckman* erscheint aus drei Gründen geeignet, etwas näher dargestellt zu werden:
— Es beruht auf einer breiten empirischen Basis (Sekundäranalyse an Hand der Literatur).
— Es ist übersichtlich und durch den Verzicht auf ‚Feinabgrenzungen' vielseitiger.
— Es verwendet griffige, anschauliche und leicht zu behaltende Bezeichnungen für die vier Phasen.

Tuckman bezeichnet die vier Phasen seines Modells mit den einprägsamen Begriffen
1. Forming   (‚Formierung')
2. Storming   (‚Konfliktphase')
3. Norming   (‚Normierungsphase')
4. Performing   (‚Arbeitsphase')

Für jede dieser Phasen werden Aussagen über Gruppenstruktur und Arbeitsaktivität gemacht (s.S. 193).

Wenn Sie einmal Gruppenbildungsprozesse miterlebt haben, dann finden Sie gewiß einige eigene Beobachtungen in dem Schema von *Tuckman* bestätigt. Versucht man allerdings, das Schema verbindlich auf konkrete Situationen zu beziehen, dann bleiben einige Fragen offen:
— Wie ist es mit der Zeitdauer dieses Ablaufs? Wenn klare und einfache Aufgaben von der Gruppe zu bearbeiten sind, kommt es sehr schnell zur Phase 4; bei Wohngemeinschaften z. B., oder Therapiegruppen dagegen kann das Monate und Jahre dauern.

	Gruppenstruktur	Arbeitsaktivität
1. *Forming*	Angst und Abhängigkeit von einem Führer. Prüfung der Situation und des angemessenen Verhaltens	Die Aufgabe ist definiert; Methoden und Regeln sind bekannt
2. *Storming*	Konflikte innerhalb der Gruppe; Auflehnung gegen den Führer; Meinungsverschiedenheiten; Konflikte über Kontrolle und Intimität	Emotionaler Widerstand gegen die Aufgabenanforderungen
3. *Norming*	Entwicklung des Gruppenzusammenhalts, des Gruppengefühls. Normen werden gebildet. Gegenseitige Unterstützung	Mehr Offenheit über Meinungen und Gefühle; Kooperation wird möglich
4. *Performing*	Zwischenmenschliche Probleme sind gelöst. Die Beziehungen stehen mehr im Dienst der Aufgaben. Rollen sind flexibel und funktional	Die Energie ist für effektive, problemlösende Arbeit verfügbar. Die Gruppe strengt sich an, die Aufgabe abzuschließen

— Ist auch eine Regression des Gruppenprozesses denkbar, ein Zurückfallen in bereits überwundene Phasen?
— Ist das Modell nicht zu harmonistisch: „vom Chaos zum geordneten, produktiven Miteinander"? Entspricht der Realität nicht eher eine Polarisierung von Meinungen und Vorschlägen, die durch wechselnde Mehrheiten sich von Fall zu Fall durchsetzen können? Sind nicht gerade Spannung-Lösung, Streit-Versöhnung, Konflikt und Harmonie die ständig pulsierenden Zeichen lebendiger Gruppenprozesse?

Aus diesen Fragen dürfte deutlich werden, daß das Modell wohl nicht als ein sozialpsychologisches Gesetz aufzufassen ist; es bietet eher die Beschreibung eines durchschnittlichen Verlaufs ‚ohne Zwischenfälle'. Unter dieser Voraussetzung kann es u. U. eine Orientierungshilfe sein.

Der letzte Fragenkomplex allerdings, der Vorwurf, das Schema spiegele eine einseitig harmonistische Vorstellung von Gruppenprozessen wider, läßt sich kaum durch den Hinweis auf die Regeln bestätigende Ausnahmen abtun. Hier handelt es sich um ein grundsätzliches Problem der Auswirkungen von Gruppenprozessen. Wir wollen daher diese Frage etwas eingehender untersuchen, da sie eines der Hauptthemen der empirischen Kleingruppenforschung berührt.

Der britische Psychologe C. *Fraser* äußerte die Hypothese, daß das Forschungsthema ‚Konformität und Konvergenz in der Gruppe' einer „impliziten (amerikanischen) Ideologie" entspreche, „die oft über die vorliegenden (empirischen) Beweise hinausgeht".[221] Diese Ideologie äußert sich in der Annahme, daß Gruppen immer zu Einigung, Konsensus und Konformität streben.

In der Tat schienen zunächst zahlreiche Experimente geeignet (und darauf angelegt?) zu sein, den ausgleichenden und normierenden Einfluß der Gruppe zu demonstrieren:

— So zeigte M. *Sherif*, daß Mitglieder einer Gruppe ihre Urteile einander anglichen, wenn sie das Ausmaß der Bewegung eines sich scheinbar bewegenden Lichtpunkts in einem Dunkelraum schätzen sollten (autokinetisches Phänomen). Wurden die ersten Schätzungen den anderen bekanntgegeben, so tendierten die folgenden Urteile zum gemeinsamen Mittelwert.[222]

— Ein anderes bekanntes Experiment (von S. *Asch*) untersuchte die Wirkung des Gruppendrucks auf eine leichte, eindeutig lösbare Wahrnehmungsaufgabe. Aus drei deutlich verschiedenen langen Linien sollte diejenige herausgesucht werden, die einer Vergleichsstrecke entsprach. *Asch* brachte nun seine Versuchspersonen in eine Gruppe, die (vom Versuchsleiter vorinstruiert) deutlich falsche Urteile abgab. Die Versuchsperson wurde damit in den Konflikt gebracht, ihren Augen oder der Mehrheit der anderen Gruppenmitglieder mehr zu trauen. Ein Drittel der Versuchspersonen beugte sich dem Gruppendruck in mehr als der Hälfte der Fälle.[223]

— Mit Hilfe einer sehr ausgeklügelten Versuchsanordnung untersuchte K. *Wilkening* Konformitätstendenzen bei deutschen Schülern.[224] 645 13 - 14jährige wurden in Klassengruppen bei Wahrnehmungs- ud Schätzaufgaben verschiedener Art Mehrheitsmeinungen ausgesetzt. Dabei wurde der Grad der Diskrepanz zwischen „dem ursprünglich von der Versuchsperson beabsichtigten Urteil und der von der Gruppe eingenommenen Urteilsposition" (S. 110) als Einflußgröße untersucht.

Es zeigte sich, daß sich das Urteil abhängig von dieser Diskrepanz veränderte. Die Urteilsänderung nahm jedoch nur bis zu einem Grenzwert zu; darüberliegende extreme Diskrepanzen riefen weniger Konformität hervor:

Zur Erläuterung: Wenn die Gruppe die zu beurteilende Strecke als länger bezeichnet (Diskrepanzstufe: positiv, größer als Null), werden dadurch die Urteile der Schüler beeinflußt: sie überschätzen die Strecke ebenfalls (Konformitätsscore: positiv, größer als Null). Ex-

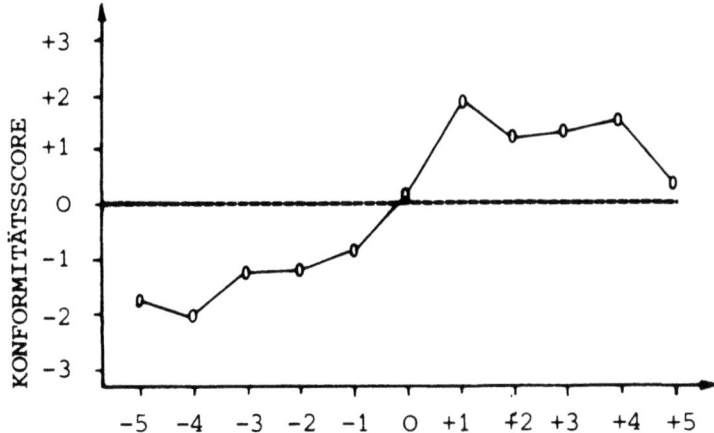

Beziehungen zwischen Urteilsänderung (Konformitätsscore) und dem Gruppendruck in Richtung auf ‚falsche' Urteile (Diskrepanzstufen) bei der Schätzung von Strichlängen (*Wilkening*. S. 76).

treme Über- oder Unterschätzungen durch die Gruppe (Diskrepanzstufen +5 und −5) rufen allerdings geringere Urteilsbeeinflussungen hervor.

Es drängt sich natürlich die Frage auf, ob man aufgrund dieser experimentellen Untersuchungen auf einen allgemeinen Konformitätstrend in Gruppen schließen kann; weiterhin wäre die Frage wichtig, ob sich Konformität auch bei anderen Aufgaben und Stellungnahmen als bei Strecken- und Bewegungsschätzungen nachweisen läßt.

In einer weiteren Versuchsreihe der Arbeit von *Wilkening* zeigte sich, daß auch bei Meinungsäußerungen (Beurteilung von Sätzen wie: „Wer viel fernsieht, braucht keine Bücher mehr zu lesen."; „Gute Tischmanieren sind wichtig, um im Leben Erfolg zu haben."; „Menschen, die Musik lieben, haben einen besseren Charakter." u. ä.) Konformitätseffekte nachweisbar waren.

In bezug auf eine allgemeine Tendenz zur Gruppenkonformität ist jedoch Skepsis angebracht. Die Notwendigkeit, die komplexe Wirklichkeit im Experiment zu reduzieren und zu kontrollieren läßt derart allgemeine Schlüsse aus empirischen Untersuchungen kaum erwarten. Die Alltagsbeobachtung von Gruppenprozessen zeigt nicht selten Konflikte, Meinungsverschiedenheiten, Spannungen und Spaltungen, die der simplifizierenden Annahme linearer Angleichungsprozesse widersprechen.

Bei näherem Hinsehen scheint das Konformitätsproblem zudem

komplexer zu sein, als es sich nach den ‚Pionier'-Experimenten von
Sherif und *Asch* darstellt. Einige Probleme sollen zu weiterem Nachdenken anregen (besonders geeignet wäre hierzu das gemeinsame Nachdenken in einer informellen Arbeitsgruppe!):
— Müßte man nicht zwischen äußerer (= geäußerter) und innerer Konformität unterscheiden? Zeigt das geäußerte Urteil eine persönlich verbindliche Stellungnahme oder gilt es nur unter dem Vorbehalt, nicht aufzufallen?
— Was ist der Gegenpol zu ‚Konformität'? So etwas wie Non-Konformismus kann eine ‚negative Abhängigkeit' sein. Ist ‚Unabhängigkeit' der Gegensatz? (Auch hier lauert die Gefahr des Begriffsrealismus!)

Konformitätstendenzen sind für die Gruppenbildung wichtig, sie können jedoch im Verlauf der Gruppenentwicklung von gegenläufigen Tendenzen kontrastiert oder überformt werden. In diesem Wechselspiel liegt ein wesentliches Moment lebendiger Gruppendynamik. Eine naive Auffassung des Konformitätsprinzips ließe eine zunehmende Angleichung des Verhaltens von Gruppenmitgliedern erwarten. Der folgende Abschnitt wird diese Meinung sehr in Frage stellen.

4.2.2 ‚Rollen'- und Verhaltensdifferenzierung in Gruppen

Man könnte unsere bisherige Perspektive als vorwiegend soziologisch verstehen: Gruppenbegriff, Gruppentypen und Gesetzmäßigkeiten im Gruppenprozeß beziehen sich auf die Gruppe als Ganzes. Psychologisch akzentuiertes Interesse richtet sich demgegenüber eher auf den Einzelnen in der Gruppe. Wir haben bisher Konvergenz- und Polarisierungsphänomene kennengelernt, die die Beeinflussung des Einzelnen durch die Gruppe demonstrieren. Damit ist bereits ein Aspekt dieses Abschnitts angedeutet, der sich mit der Frage beschäftigt:

„Wie kommt es zu verschiedenen Verhaltensweisen von Individuen in sozialen Gruppen?"

Unterschiede des Verhaltens zeigen sich in Gruppen mit Regelmäßigkeit. Wer etwa glaubt, in experimentell und willkürlich zusammengesetzten ‚homogenen' Gruppen könnten die Teilnehmer von den gleich verteilten Kommunikationschancen auch in gleicher Weise Gebrauch machen, der wird von der Realität stets eines besseren belehrt.

Ungleichheit zeigt sich in Gruppen meist sehr schnell: einzelne ergreifen Initiativen, andere beobachten zunächst abwartend, ein weiterer steht der Sache vielleicht von vornherein mißtrauisch-skeptisch gegenüber. Jeder bringt seine eigene Sozialisation und seine spezifischen Vorerfahrungen in eine Gruppe hinein.

Aus tiefenpsychologischem Blickwinkel kann man auch in bezug auf Gruppen von ‚Übertragung' und ‚Projektion' sprechen (vgl. → 2.2.2.2).

Ein Gruppenmitglied kann demnach:
— die Gruppe nach dem Muster früherer Bezugsgruppen (meist seiner Familie) sehen (= Übertragung),
— bei der Gruppe Impulse und Triebregungen vermuten, die es selbst bei sich nicht wahrhaben will und bekämpft (= Projektion).

In einer Gruppe treffen demnach Individuen mit unterschiedlichen Sichtweisen, Erwartungen, Befürchtungen und Absichten zusammen. Von da her bieten sich zahlreiche Erklärungshypothesen für Verhaltensdifferenzen zwischen Gruppenmitgliedern an. Alle diese unterschiedlichen Voraussetzungen können schließlich den Einzelnen in seinen Aktivitäten hemmen oder stimulieren.

Daß Aktivitätsunterschiede in Gruppen unabhängig von der Gruppengröße immer wieder zu beobachten sind, zeigt recht anschaulich eine Untersuchung von *Bales* u. a.[225]

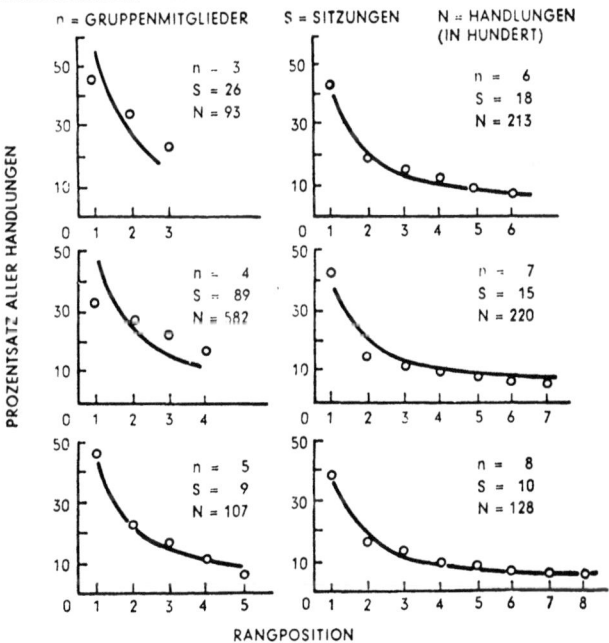

Auffallend ist, daß in allen Gruppen eine Person ungleich häufiger als die übrigen agiert. Es bildet sich also auch in ad hoc zusammengesetzten Experimentalgruppen (Aufgabe: gemeinsame Lösung von Denk- und Problemaufgaben) spontan eine Art Führer heraus.

Auffallend ist, daß auch in ganz anderem Zusammenhang, nämlich in einer Grundschüler-Gruppe im 3. Schuljahr, ein ganz ähnliches Bild entsteht.[226] Die Schüler in dieser Arbeitsgruppe kannten sich bereits recht lange (im Gegensatz zu den Studenten in der *Bales*-Untersuchung). Zusätzlich wurde für die Schülergruppe noch festgestellt, an wen sich die Interaktionen richteten (punktierte Linie).

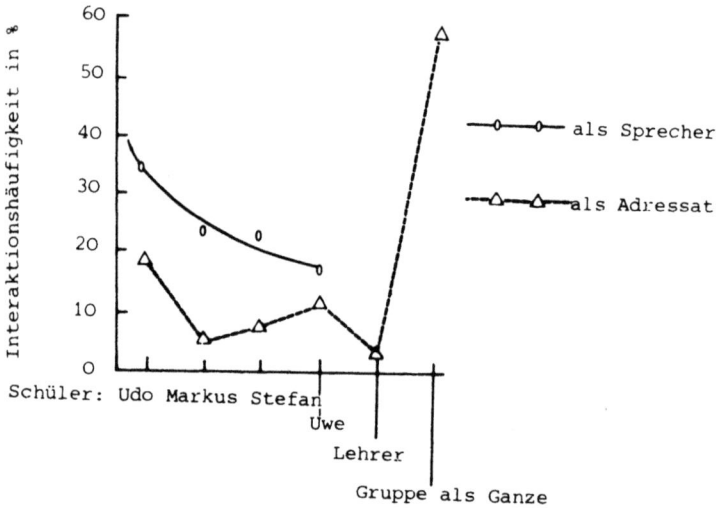

Es scheint demnach in Gruppen regelmäßig zu Verhaltensdifferenzierungen nach der Aktivität zu kommen. Es liegt nahe, diese Unterschiede im Sinne von Dominanz und Hierarchie zu interpretieren und sie als Merkmale der Machtstruktur einer Gruppe anzusehen.

Im alltäglichen Sprachgebrauch wird bei auffälligen Verhaltensunterschieden gern der Begriff ‚Rolle' verwendet.

„Jemand spielt die Rolle des Clowns, des Strebers, des Außenseiters usw. in der Klasse"

Wir haben in der Überschrift dieses Kapitels den Terminus ‚Rolle' bewußt in Anführungszeichen gesetzt.

Nach *Ulich*[227] lassen sich in der Schulklasse streng genommen nämlich nur zwei gesellschaftlich bestimmte Positionen unterscheiden: Lehrer und Schüler. Der soziologische Rollenbegriff bezieht sich aber auf

> die auf den Inhaber einer sozialen Position gerichteten Erwartungen.

Daraus ergibt sich, daß der Rollenbegriff innerhalb der Schulklasse wenig zur Differenzierung beiträgt, da zumindest an alle Schüler die gleichen gesellschaftlichen Erwartungen gerichtet werden. Die Schulklasse ist — unter den Schülern — zunächst nicht arbeitsteilig organisiert, so daß Verhaltensunterschiede eher individuell psychologisch im Sinne von ‚Verhaltenstypen' zu verstehen sind.

4.2.3 Lehren und Lernen in Gruppen

4.2.3.1 Soziale Gruppeneinflüsse auf Lernen, Motivation und Leistung

Wenn man ein Lehrbuch der Lernpsychologie zu Rate zieht[228], dann ergibt sich oft der Eindruck, daß Lernen ein Vorgang sei, der — analog zum psychologischen Einzelexperiment — aus der Auseinandersetzung des Lernenden mit einem Sachproblem oder einer gestellten Aufgabe erklärbar sei. In einem Lernexperiment im psychologischen Laboratorium verhalten sich die Versuchspersonen jedoch in der Regel sehr viel williger und folgsamer als etwa Kinder und Jugendliche in der Schule. Wesentlicher als dieser Unterschied dürfte aber die Tatsache sein, daß das Verhalten durch die Anwesenheit anderer entscheidend beeinflußt wird.

Wir erfahren immer wieder:
— daß andere anregendes oder gefürchtetes Publikum sein können,
— daß andere eine anspornende oder entmutigende Vergleichsgruppe sein können,
— daß sie helfend oder störend erlebt werden,
— daß sie für eine Aufgabe gewinnen, interessieren und motivieren können oder daß sie den Zugang dazu blockieren können.

Wir erfahren auch, daß Erlebnisweisen und Stellungnahmen individuell sehr verschieden sind. Nehmen wir als Beispiel eine Streitfrage, die sich für jeden Lernenden irgendwann einmal stellt:

Würden Sie zur Examensvorbereitung Gruppenarbeit anstreben, oder ist es Ihnen lieber, für sich allein zu arbeiten?

Ich habe unter Studenten die Beobachtung gemacht, daß einige sehr zielbewußt auf möglichst viel Zusammenarbeit hinarbeiten, andere dagegen nichts mehr zu fürchten schienen als das![229] Das Lernen in Gruppen wird also höchst unterschiedlich bewertet.

Sie werden vermutlich erwarten, daß in einem sozialpsychologischen Buch in erster Linie auf ‚Leistungsvorteile' *(Hofstätter)* der Gruppe hingewiesen wird. Das soll auch geschehen. Allerdings gilt es dabei, sich vor allgemeinen Bewertungen zunächst zu hüten, denn wir werden in weiteren Abschnitten sehen, daß eine Bewertung von unterschiedlichen Sozialformen tunlichst von Lernaufgaben und Zielen ausgehen sollte – Gruppenarbeit ist keineswegs an sich gut oder schlecht, sondern allenfalls nützlich für bestimmte pädagogische Ziele.

Hofstätter hat drei Bereiche unterschieden, in denen Gruppen gegenüber isolierten Individuen im Vorteil sein können:[230]

1. Bei *Leistungen vom Typus des Hebens und Tragens* durch Addition der Körperkräfte.
2. Bei *Leistungen vom Typus des Suchens,* allerdings besonders dann, wenn Kommunikation und Unabhängigkeit gewährleistet sind.
   Im Unterricht der Schule zeigt sich, daß bei motivierter Mitarbeit Suchaufgaben – wie z. B. das Sammeln von Gesichtspunkten, Fragen oder Eigenschaften zu einem Thema – oft zu erstaunlich vielfältigen und kreativen Ergebnissen führen – sofern nicht Konformitätszwänge einengend wirken.
3. Bei *Leistungen vom Typus des Bestimmens. Hofstätter* faßt hierunter sowohl Bewertungs- als auch Definitions- und Benennungsleistungen.

Heben, Suchen und Bestimmen sind nun allerdings nicht unbedingt Lernvorgänge, obwohl zumindest die beiden letzteren eine wichtige Rolle im Zusammenhang mit Lernen spielen können.

‚Leistungen vom Typus des Lernens' hat *Hofstätter* nicht unter die Gruppenvorteile gerechnet, zu dieser Kategorie ist offenbar eine pauschale Stellungnahme nicht gerechtfertigt. Die hemmende Wirkung der Gegenwart anderer beim Lernen neuer Inhalte ist mehrfach behauptet worden. Dagegen heißt es in einem deutschen Sammelreferat zur ‚Gruppenarbeit in der Schule':[231]

„Diese These, daß Interaktion Lerneffekte beeinträchtigt, konnte in keiner der (durchgesehenen deutschen schulbezogenen-J. J.) Arbeiten in dieser generellen Form bestätigt werden ... In keinem Fall konnte eine Unterlegenheit der Gruppenarbeit (gegenüber der Einzelarbeit-J. J.) festgestellt werden, weder beim kurz- noch beim

längerfristigen Behalten, noch beim Transfer oder in der Sicherheit und Anwendung von Arbeitstechniken."

Wohlgemerkt, es ist nicht von einer generellen Überlegenheit des Lernens in Gruppen die Rede, nur davon, daß Gruppenarbeit der Individualarbeit nicht unterlegen sein dürfte.

Ehe wir im folgenden Abschnitt (4.3.2.2) den Begriff ‚Gruppenarbeit' näher erläutern und untersuchen, wollen wir einige Überlegungen über den möglichen sozialen Einfluß auf kollektive Lernprozesse anschließen. Ein aufschlußreicher Ansatzpunkt dürfte dabei die Lernmotivation sein.

Zwei Thesen zur Schlüsselrolle der Motivation beim Lernen im sozialen Kontext:

These 1: Soziale Einflüsse auf Lernprozesse sind in erster Linie Beeinflussungen der Lernmotivation.

These 2: Bestimmte ‚Rollen' oder Positionen in Lern- oder Arbeitsgruppen sind mit unterschiedlichen Lernbereitschaften (Motivationen) verbunden.

Zur These 1:

Als wir in der Einleitung zu diesem Abschnitt die Auswirkungen der Gegenwart anderer kurz zu charakterisieren versuchten, benutzten wir nicht von ungefähr fast ausschließlich Begriffe mit motivationalem Charakter (‚anregen', ‚fürchten', ‚anspornen', ‚entmutigen', ‚interessieren', ‚motivieren').

Die Gegenwart anderer wirkt sich dabei nicht nur im Sinne der ‚Sozialen Erleichterung' (social facilitation) von Leistungen aus, wie es die ältere Sozialpsychologie postulierte, sondern wohl in erster Linie in einer *Sozialen Aktivierung*.[232] Wobei zu bedenken ist, daß auch Angst, Furcht und ‚Lampenfieber' Zustände erhöhter Aktivierung und Erregung sind. Es kommt sehr auf die subjektive Definition und Bewertung einer Situation an: die Erregung wird dadurch qualitativ akzentuiert.

Zur These 2:

Mit dieser These setzt sich eine Arbeit von *Heigl-Evers* und *Heigl*[233] auseinander, die kurz referiert werden soll:

Die Autoren unterscheiden vier Gruppenpositionen oder Funktionen in sozialen Gruppen:
1. die des Repräsentanten, Initiators, Sprechers oder des Führers,
2. die des ‚uneingeschränkt Partizipierenden', des Anhängers, des Assistenten oder Schülers,
3. die des eingeschränkt, distanziert Partizipierenden, des Beobachters oder Kritikers,

4. die des protestierenden oder sich zurückziehenden Außenseiters.

Diese Kategorien sind sicherlich nur mit Vorbehalten auf Schulklassen zu übertragen. Man kann kaum behaupten, daß diese Positionen in jeder Gruppe besetzt sein müssen. Sie kennzeichnen jedoch recht gut habituelle Verhaltens- und Sichtweisen, die besonders deutlich bei Diskussionen und Gruppengesprächen sichtbar werden.

Der Grundgedanke des *Heigl*-Aufsatzes zielt nun darauf, jeder dieser Positionen spezifische Lernbereitschaften zuzuordnen, wobei Lernen hier gleichbedeutend ist mit ‚etwas annehmen, akzeptieren'. Das Zwischenglied zwischen Gruppenposition und Lernmotivation ist eine „bestimmte Sichtweise, d. h. der Positionsinhaber sieht und erlebt das Gruppengeschehen unter einem bestimmten, für ihn dominierenden Aspekt."

Wir wollen versuchen, die Hypothesen, die sich daraus ergeben, in einer Tabelle übersichtlich zusammenzufassen:

Position	dominierende Sichtweise	Lernbereitschaft, -motivation (LM)	Folgen einer Verfestigung in der Position
1. *Repräsentant*	Erhaltung von Macht und Ansehen	geringe LM, Lernbereitschaft wäre eine Gefährdung der Vollkommenheit	Lernstoff ist Machtmittel. Erstarrung im Vollkommenheitsanspruch
2. *Anhänger*	Identifikation mit dem Lehrer, Anpassung	rezeptive Bereitschaft, jedoch unkritisch, unkreativ	williges Mitmachen ohne Reflexion und Distanz
3. *Beobachter*	Distanz, bedingtes Engagement	abwägende Auseinandersetzung, unpersönliches Interesse	Handlungsbehindernde ‚ja, aber-teils-teils-Haltung'
4. *Außenseiter*	Gefährdung, Protest und Abwehr	geringe LM, (‚alles, was die machen, oder was von denen kommt, taugt sowieso nichts')	Fixierung in (schweigendem) Protest

Aus der letzten Spalte geht hervor, daß bei einer Verfestigung von Positionen im Grunde nie etwas Wünschenswertes zu erwarten ist. Die Konsequenz lautet denn auch:

„Optimales Lernen geschieht dann, wenn jemand positionsflexibel ist, wenn jemand in der Lage ist, seine Position in der Gruppe seinen Bedürfnissen entsprechend zu verändern." (a.a.O., S. 44)

Auf schulisches Lernen bezogen, ergeben sich aus diesem Ansatz einige Fragen:

- Ist das Gruppenmodell mit seinen vier Grundpositionen in diesem Bereich angemessen?

Wir haben gesehen, es läßt seine Herkunft aus Therapie- und Diskussions-Kleingruppen nicht verleugnen und kann wohl nur mit Einschränkungen übertragen werden.

- Ist dieser Ansatz zum Verständnis der Lernmotivation ausreichend?

Man darf nicht vergessen, daß noch zahlreiche andere Faktoren das Motivationsniveau beeinflussen.[234]

- Bringt die Kategorisierung in vier Positionen nicht die Gefahr der Etikettierung (s. 3.3.2) mit sich?

Diese Gefahr dürfte um so größer sein, je mehr die Positionen als Ausdruck persönlicher Eigenarten (des ‚Charakters') ihrer jeweiligen Inhaber angesehen werden. Wir sollten immer daran denken, daß Gruppenpositionen als Interaktionsphänomene aufzufassen sind. Insofern ist der einzelne sicherlich überfordert, wenn man von ihm verlangt, ‚positionsflexibel' zu sein – das kann er nur, wenn die Gruppe es ihm ermöglicht!

- Sind die Zusammenhänge zwischen Gruppenposition und Lernmotivation empirisch belegt?

Sie sind es – allerdings unter einem weniger strikten Empirie-Verständnis als wir es im ersten Teil zu erläutern versuchten. Die Erfahrung und Beobachtung, die diesem Ansatz zugrundeliegt, ist nicht unter experimentellen Bedingungen gewonnen und enthält deshalb wohl eher unkontrollierte, subjektive und spekulative Elemente. Nach meiner Meinung wäre der praktisch Tätige oder Interessierte jedoch schlecht beraten, wenn er auf Anregungen, Denkmodelle und -anstöße verzichten wollte, nur weil sie nicht mit ausgefeilten empirisch-experimentellen Untersuchungen untermauert sind!

4.2.3.2 Sozialformen im Unterricht

Ziel dieses Abschnitts ist es,
- einen Überblick über verschiedene Möglichkeiten von Sozialformen im Unterricht zu geben,
- einige dieser ‚Sozialformen' auf gruppendynamische Besonderheiten hin zu untersuchen,
- Gesichtspunkte zur funktionsgerechten Planung und Bewertung einzelner Sozialformen beizutragen.

Zu Beginn dieses Kapitels sind wir von der einfachen Gegenüberstellung von Einzel- und Gruppenarbeit ausgegangen. Bei näherem Hinsehen zeigt sich jedoch eine bedeutend größere Vielfalt von unterrichtlichen Sozialformen. Nach *Kösel* lassen sich neun Varianten unterscheiden:

- Frontalunterricht
- Partnerarbeit
- Alleinarbeit
- Gruppenunterricht
- Team-Teaching
- Debatte, Kreisgespräch
- Planspiel
- Entscheidungsspiel
- Rollenspiel[235]

Nicht alle diese Formen sollen uns hier beschäftigen. Einige sind stark vom Inhalt und von der pädagogischen Situationsdefinition her gesehen. Wegen ihrer sozialpsychologischen und gruppendynamischen Besonderheiten wollen wir *Frontalunterricht, Partnerarbeit* und *Gruppenunterricht* herausgreifen.

Frontalunterricht

Wäre das Bild nicht verfehlt, so könnte man Frontalunterricht als den ‚Prügelknaben' unter den Sozialformen von Unterricht bezeichnen. Auf der anderen Seite zeigt sich, daß Frontalunterricht weitaus am häufigsten angewandt wird. Nach *Tausch* und *Tausch* in mindestens 95 % aller Unterrichtsstunden![236]

Der Frontalunterricht betont Dominanz und Steuerungsfunktionen des Lehrers. Alle Kommunikationen laufen über ihn, er steht der Klasse gegenüber, unterbindet in der Regel Kommunikationen der Schüler untereinander, die als Disziplinverstöße definiert werden.

Daraus ergibt sich gruppendynamisch ein scheinbarer Widerspruch:

| Die Klasse wird als Ganzes angesprochen, nicht aufgeteilt. | Die Klasse darf nicht frei interagieren, teilt sich aber in informelle Beziehungen. |

Nach *Tausch* und *Tausch*[237] ist Frontalunterricht notwendig mit einem größeren Ausmaß an Lenkung im Verhalten des Lehrers verbunden. Die Behauptung allerdings, der Lehrer müsse beim Frontalunterricht die Klasse notwendig als undifferenzierte und nivellierte Gruppe ansehen und behandeln[238], läßt sich in dieser pauschalen Form gewiß nicht aufrechterhalten. Wenn Sie sich an unsere Überlegungen in Teil 2 (Interpersonale Wahrnehmung) erinnern, werden Sie dem entgegenhalten, daß Lehrer ihre Schüler sehr wohl unterscheidend klassifizieren und sich ihnen gegenüber unterschiedlich verhalten (z. B. gemäß ihren Erwartungen). Insofern wird ‚innere Differenzierung' – meist ungeplant – praktiziert. Der Behauptung, Frontalunterricht nivelliere, steht die Gegenthese vom ‚Schereneffekt'[239] des Schulunterrichts entgegen: die ‚Guten' werden gefördert, die ‚Schlechten' verurteilt, etikettiert.

Wir haben bereits in Teil 3 (3.3.2) gesehen, daß derart globale Thesen empirisch bisher noch nicht ‚bewiesen' werden konnten. Daher bleibt in diesen praktisch äußerst bedeutsamen Fragen immer noch ein großer Spielraum für Meinungen und Überzeugungen.

Es ist allerdings offenbar unsinnig, nach *der* optimalen Sozialform von Unterricht zu suchen. Je nach Lehr- und Lernzielen, nach Gegenstand und Thema kann die eine oder andere Form Vor- oder Nachteile haben.

— So kann Frontalunterricht im Sinne eines Vortrags von Sachverhalten durchaus sinnvoll sein. Wenn man jedoch die Aktivität und Selbständigkeit von Schülern fördern will, darf man sich kaum auf diese Form beschränken.

Hier sei auf den ‚Heimlichen Lehrplan' hingewiesen, der die ungewollten Nebenwirkungen von Unterricht — besonders im Hinblick auf soziales Lernen — thematisiert.[240] So kann man sich fragen, was beim Frontalunterricht eigentlich ‚latent sozial gelernt' wird. — Nach *Tausch* und *Tausch*[241]

„ — *führerzentriertes und z. T. gleichzeitig egozentrisches Verhalten*

— *Submissives (unterwürfiges-J. J.) oder opponierendes Verhalten gegenüber dem Lehrer.*"

Partnerarbeit

Die kleinste Arbeitsgemeinschaft ist die Dyade. Zeitweise Partnerarbeit wird oft als gute Möglichkeit angesehen, die Einförmigkeit des Frontalunterrichts zu unterbrechen. Sie bietet kaum organisatorische Schwierigkeiten.

Aus der Kleingruppenforschung ist bekannt, daß sie mehr Intimität und Interaktionsintensität erlaubt als größere Gruppen. Sie kann jedoch auch mehr Streß und Feindseligkeit bedingen.[242] Partnerarbeit ist daher anfällig gegenüber Verschiedenheiten der Partner, gegenüber Konkurrenz und Dominanz.

Beispiel:
In einer 8. Hauptschulklasse wurde im Rahmen der ‚Orientierung im Berufsleben' eine Betriebsbesichtigung ausgewertet.

Die Lehrerin regte Partnerarbeit (gemeinsames Besprechen und Beantworten eines Fragebogens) an.

Die Schüler — offenbar in dieser Sozialform nicht ohne Routine — setzten sich sofort paarweise gegenüber. Es entwickeln sich halblaute Gespräche. An einem Tisch bleibt es stumm: Schüler B. schiebt den Bogen seinem Partner hin und schaut sich kaugummikauend und stuhlwippend gelangweilt in der Klasse um. Sein Partner macht sich eifrig an das Ausfüllen des Bogens.

Auf meine Frage an B, ob er sich denn nicht beteiligen wolle, sagt er: „Der macht das schon alleine."

Man kann sich auch hier fragen, was latent sozial gelernt wird, wenn innerhalb der Klasse lauter Dyaden miteinander interagieren. Der Erfahrung von Nähe, Hilfe und direktem Kontakt als positive Möglichkeit steht ‚die Flucht in die Paarbeziehung' gegenüber, die vor schwierigen Interaktionsproblemen in Gruppen bewahren soll.

Pädagogisch-didaktische Beispiele, wie Partnerarbeit und andere Sozialformen differenziert im Unterricht eingesetzt werden können, können hier nicht diskutiert werden. Hinweise finden sich z. B. bei *Kösel*[243].

Gruppenarbeit, Gruppenunterricht

Unter diesem Titel läßt sich eine ganze Reihe von Sozialformen zusammenfassen, die jeweils recht verschiedene gruppendynamische Voraussetzungen und Bedingungen haben.

Es kommt sehr darauf an, ob z. B. Arbeitsgruppen willkürlich ad hoc zusammengesetzt werden oder ob sie bereits eine informelle Struktur entwickelt haben.

Besondere Möglichkeiten der Gruppe liegen in der *Arbeitsteilung*. Arbeitsteilung läßt gegenseitige Abhängigkeit und Hilfe direkt erfahren, während gleiche Aufgaben für mehrere Gruppen oder Gruppenmitglieder den Sinn von Gruppenarbeit nicht so ohne weiteres einsichtig machen.

Nicht selten wird es sogar als frustrierende Verdoppelung der Arbeit erlebt, wenn man beobachtet, daß eine andere Gruppe sich mit dem gleichen Problem befaßt.

Gruppenarbeit verlangt vom Lehrer meist mehr vorbereitende Arbeit, selbst wenn seine Aktivität während der Arbeitsphase weniger lenkend und steuernd ist.

Verfechter von Gruppenarbeitsmethoden vertrauen auf die Selbststeuerungstendenzen in Gruppen und sie verbinden nicht selten demokratische, auch egalitäre Konzepte damit. Im Abschnitt 4.2.2 haben wir dagegen erfahren, daß nicht nur in experimentellen Kleingruppen, sondern auch in Schülerarbeitsgruppen die Interaktionshäufigkeit sehr ungleich auf die einzelnen Gruppenmitglieder verteilt ist.

Zur wiederholenden Zusammenfassung sollen die Befunde von *Diegritz* und *Rosenbusch* über die Interaktionshäufigkeiten in einer

Schülergruppe hier noch einmal in Form eines ‚Interaktogramms'
zitiert werden.
– Im Interaktogramm wird die Häufigkeit zwischenmenschlicher
 Interaktionen durch Pfeile verschiedener Stärke anschaulich gemacht (ein dicker Pfeil bedeutet mehr Interaktionsakte als ein
 dünnerer).

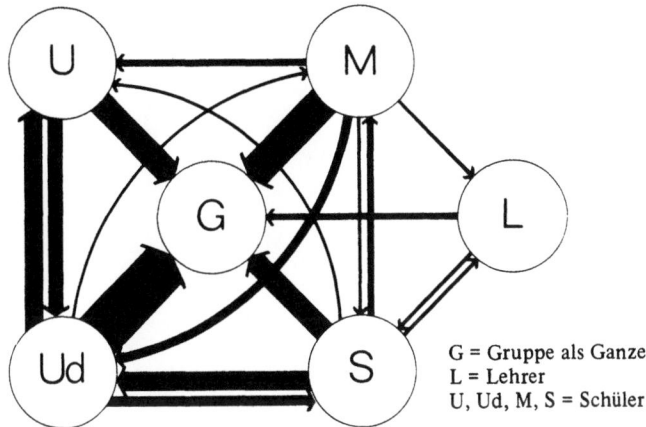

G = Gruppe als Ganze
L = Lehrer
U, Ud, M, S = Schüler

Zum Vergleich das Interaktogramm einer *Frontalunterrichtsse-
quenz* aus derselben Schulklasse:[224] (s. S. 208)

Hier geschieht *zwischen den Schülern* offenbar nichts, was in Video-
Aufnahme und Transskription einen Niederschlag gefunden hätte.

Ein Vergleich einzelner Handlungen zeigte außerdem in der Grup-
penunterrichtssequenz eine größere Vielfalt sozialer und verbaler Verhaltensweisen bei den Schülern.

Schlußbemerkung zu diesem Abschnitt

Diese sehr fragmentarische Darstellung sollte Sie lediglich davor
warnen, einzelne Unterrichtsformen pauschal zu bewerten oder zu
favorisieren. Zu einer differenzierten didaktischen Analyse oder zu
einer exemplarischen Erläuterung praktischer Einsatzmöglichkeiten
ist hier nicht der Ort.

Wie in Teil 1 ausgeführt, wehrt sich die Psychologie mit einem ge-
wissen Recht dagegen, als bewertende Instanz mißbraucht zu werden.
Psychologische Kriterien sollten jedoch z. B. bei Bewertung und
Auswahl von Unterrichtsformen mit berücksichtigt werden.

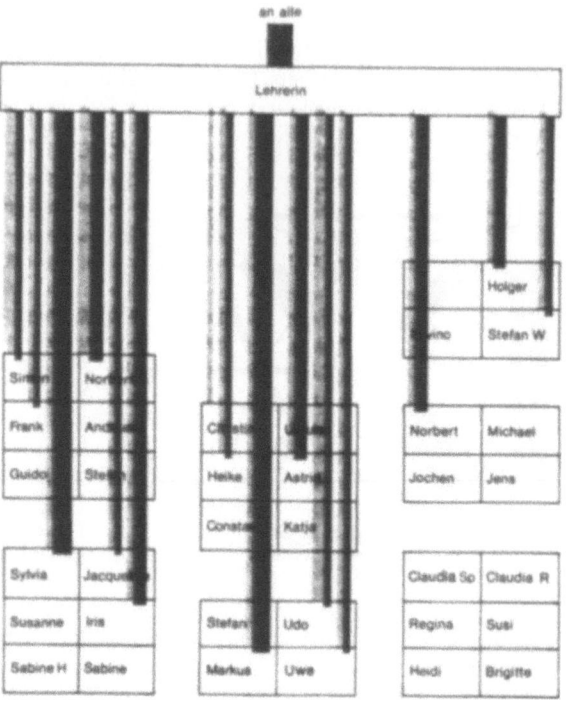

4.2.3.3 Ein Beispiel für ein gruppendynamisch orientiertes Lehr- und Lernverfahren

In diesem Abschnitt möchte ich Ihnen ein gruppendynamisches Lehr- und Lernverfahren vorstellen, das
- nicht unbedingt für den Schulunterricht konzipiert worden ist (läßt es sich überhaupt damit vereinbaren?)
- Interaktions- und Kommunikationsgewohnheiten zu verändern versucht (Kommunikationsregeln)
- ‚lebendiges‘ Lernen ermöglichen soll, d. h. Lernen des ganzen Menschen, nicht nur des ‚Kopfes‘.

Sie werden die Methode am ehesten beurteilen können, wenn Sie die wichtigsten Kommunikationsregeln einmal kennenlernen.[245]

Diese Regeln sind wichtigster Bestandteil der *Themenzentrierten Interaktionellen Methode* (TZI) von Ruth C. *Cohn:*

"Kommunikationsregeln (Nach R. Cohn; zit. n. Funk-Kolleg ‚Beratung i. d. Erz.' Studienbegl.brief 4 1975, S. 54 f.) (modifiziert)

1. *Sei Dein eigener Vorsitzender*
Du hast die Verantwortung, was Du aus einer Diskussion machst. Es tut keinem weh, wenn Du die Diskussion für Dich ungenutzt läßt.
Du brauchst Dich nicht zu fragen, ob das, was Du willst, den anderen Seminarteilnehmern vielleicht nicht paßt. Sag das, was Du willst, die anderen sind auch ihre eigenen Vorsitzenden und werden Dir schon mitteilen, wenn sie etwas anderes wollen als Du.

2. *Störungen haben Vorrang*
Unterbrich das Gespräch, wenn Du nicht wirklich teilnehmen kannst, z. B. wenn Du gelangweilt, ärgerlich oder aus einem anderen Grund unkonzentriert bist. Ein ‚Abwesender' bedeutet einen Verlust für die ganze Gruppe. Störungen können besprochen werden, sie sind für den Bezug zum Thema meistens für alle sehr wichtig.

3. *„Ich" statt „man" oder „wir"*
Hinter ‚man' und ‚wir' kann jeder sich zu gut verstecken, ohne die Verantwortung für das zu tragen, was er sagt. Zeige Dich als Person und sprich als ‚ich'. Außerdem sprichst Du in ‚man'- und ‚wir'-Sätzen für andere mit, von denen Du gar nicht weißt, ob sie das wünschen.

4. *Eigene Meinung statt Fragen*
Wenn Du eine Frage stellst, sage, warum Du sie stellst. Auch Fragen sind oft eine Methode, sich und seine eigene Meinung nicht zu zeigen. Außerdem können Fragen oft ausforschend wirken und den anderen in die Enge treiben. Äußerst Du aber Deine Meinung, hat der andere es viel leichter, sich Deiner Meinung anzuschließen oder Dir zu widersprechen.

5. *Sprich direkt*
Wenn Du jemandem aus der Gruppe etwas mitteilen willst, sprich ihn direkt an und zeige ihm durch Blickkontakt, daß Du ihn meinst. Sprich nicht über einen Dritten zu einem anderen und sprich nicht allgemein zur Gruppe, wenn Du eigentlich einen bestimmten Menschen meinst.

6. *Es kann nur einer zur gleichen Zeit reden*
Wenn mehrere Personen auf einmal sprechen wollen, muß eine Lösung für diese Situation gefunden werden.

7. *Gib Rückmeldung (feedback), wenn Du das Bedürfnis hast*
Löst das Verhalten eines anderen angenehme oder unangenehme Gefühle bei Dir aus, teile es ihm sofort mit und nicht erst später einem Dritten. Sprich bei solchen ‚Rückmeldungen' über Deine Gefühle und nicht distanziert analysierend über das Verhalten des anderen.

8. *Wenn Dir Rückmeldung gegeben wird, höre erst mal ruhig zu*
Verteidige und rechtfertige Dich nicht gleich, sondern versuche den anderen zu verstehen, wie er Dich verstanden hat.

9. *Beachte Deine Körpersignale*
Um besser herauszubekommen, was Du im Augenblick fühlst und willst, horche in Deinen Körper. Er kann Dir oft mehr über Deine Gefühle und Bedürfnisse erzählen als Dein Kopf.

Diese Regeln sind vor allem als Anregung zu eigenem Experimentieren in informellen Arbeits- und Diskussionsgruppen sinnvoll. Auf die Arbeit in der Schule lassen sie sich wohl nur sinngemäß und in An-

sätzen anwenden. Zum Beispiel mit den folgenden Konsequenzen:
- ‚Störungen', Ablenkungen und Unlust- oder Ermüdungszeichen sollten nicht als Disziplinverstöße definiert werden, sondern als Ausdruck der jeweiligen Beziehung zum Thema ernstgenommen werden.
- Äußerungen sind solange persönliche Stellungnahmen, bis andere sie sich zu eigen machen (Ich-man-Problem).
- Wenn Schüler ermutigt werden, ‚ihr eigener Vorsitzender' zu sein und auch Störungen offen zu benennen, dann erfordert das eine partnerschaftlichere, kritikoffenere Einstellung auf Seiten des Lehrers. Im Sinne der Verhaltensdimensionen, die *Tausch* nennt, muß die Variable ‚Wertschätzung, Verstehen' im Verhalten des Lehrers gegenüber der Lenkungsdimension überwiegen.
- Gefühle und Affekte in Lernsituationen sind nicht als ‚unsachlich' zu diffamieren, sondern stellen wesentliche fördernde oder hemmende Lernbedingungen dar (– ‚lebendiges Lernen').

Über diesen methodischen Ansatz liegen einige praktische Erfahrungsberichte – meist aus dem Hochschulbereich – vor.[246] Dafür gilt jedoch auch die in diesem Kapitel mehrmals notwendige Anmerkung, daß es sich hier um eine praktisch begründete Methode handelt, die sich nicht auf eine experimentell kontrollierte Grundlage berufen kann.

Trotzdem sollten Sie selbst erproben, ob die Kommunikationsregeln das Handeln und Interagieren in Gruppen, denen Sie angehören, verändern und verbessern können.

4.2.4 Gruppenprozesse und Formen der Gruppenarbeit außerhalb der Schulklasse

In diesem Abschnitt beschränken wir uns auf Gruppenmethoden und -aktivitäten, die zwar in Beziehung zu Schule und Unterricht stehen, die aber nicht selbst Unterrichtsformen sind und sich formell außerhalb der Schule abspielen.

Hier sind besonders Gruppen gemeint, die dem Lehrer und Erzieher Hilfen für seine Arbeit versprechen:
- durch das Training sozialer Fertigkeiten, von Sensibilität und Empathie (Trainings- oder Selbsterfahrungsgruppen),
- durch die Analyse von Konfliktbeziehungen zu Schülern, Eltern oder Kollegen (Fallanalyse- oder *Balint*-Gruppen).

Beide Möglichkeiten zur Verbesserung und Unterstützung erzieherischen Verhaltens werden in zahlreichen Varianten und Zwischenformen praktiziert und vorgeschlagen. Sie werden allerdings bisher noch selten realisiert, da sie meist auf private Initiative angewiesen sind und durch institutionelle Rahmenbedingungen eher behindert als gefördert zu werden scheinen.

Auch außerhalb der Schulklasse steht ein Lehrer in Gruppenbeziehungen: so z. B. im Lehrerkollegium, vielleicht in einem Lehrerverband oder in einer Arbeitsgemeinschaft. Es liegt nahe, auch diese Gruppierungen gruppendynamisch zu analysieren. In der Regel sehen solche Gruppen die Reflexion ihrer eigenen Dynamik jedoch kaum als ihre Aufgabe an. Nicht selten sind deshalb — besonders in Lehrerkollegien — auch verdeckte Interaktions- und Kommunikationsprobleme wirksam (vgl. Teil 3.3), die allenfalls als persönliche Antipathien und Animositäten bewußt werden und sich in Fraktionsbildungen ausdrücken können.

Es zeigt sich, daß hier — wie in anderen Lebensbereichen — die meisten Menschen außerhalb ihrer Familie keine Erfahrungen mit offener Kommunikation über Kommunikation (= Meta-Kommunikation) sammeln konnten; viele sogar nicht einmal in ihrer Familie. Wir haben daher nicht selten eine einseitige, verengte Auffassung von dem, was sozial erlaubt, erwünscht oder möglich ist. Unsere Wirkung auf andere Menschen ist für uns unter der Decke der Konvention nur konturenhaft erfahrbar.

(Diese Behauptungen rufen vielleicht Ihren Widerspruch hervor. Zu Recht, denn sie sind hier nicht ausreichend belegt, denn sie lassen sich ohne konkrete Selbsterfahrung für den Einzelnen nicht einsichtig machen!)

Angesichts dieser Schwierigkeiten liegt der Gedanke nahe, durch offene Kommunikation in Gruppen die interpersonelle Sensibilität, die soziale Intelligenz und die interaktiven Fähigkeiten zu fördern.

Ein solches Gruppenkonzept entspricht der klassischen *Sensitivity-Trainings-Gruppe* (,T-Gruppe'). T-Gruppen werden nicht nur für Angehörige sozialer Berufe (Sozialarbeiter, Pfarrer, Psychologen, Pädagogen etc.) empfohlen und angeboten, sondern auch für Verbandsfunktionäre, leitende Angestellte, ,Manager' im weitesten Wortsinn...[247]

Eine T-Gruppe wird meist im Rahmen eines Gruppen-Laboratoriums in Klausur gebildet. Die Teilnehmer trennen sich für einige (7 - 10) Tage aus ihren gewachsenen Sozialbeziehungen heraus und arbeiten in Gruppen zu 6 - 10 Teilnehmern mit einem Trainer zusammen. Der Trainer ist ein gruppendynamisch ausgebildeter Fachmann, der zunächst eine eher passive Rolle zu spielen hat und die Aktivitäten und Initiativen der Teilnehmer lediglich beobachtet. Durch dieses Verhalten werden in der Regel Autoritätserwartungen und Rivalitäten bei den Gruppenmitgliedern aktiviert (‚Storming'-Phase im Sinne *Tuckmans*), ehe sich die Gruppe nach und nach kennenlernt und zunehmend strukturiert.

Nach *Däumling* berührt das Sensitivity-Training die folgenden drei Bereiche:[248]

„1. Der sozial-kognitive Bereich, der die Wahrnehmung, Beurteilung und Kenntnis des anderen, einschließlich der Täuschungs- und Vorurteilsquellen, umfaßt;
2. der motivationale Bereich, besonders die Fähigkeit, individuelle Beweggründe in vielfältigen Situationen aufzufassen und auf dem Hintergrund dispositioneller Gegebenheiten zu verstehen;
3. der expressive Bereich mit der feinen Abstufung der spontanen Ausdrucksmittel und der Abstimmung sprachlicher Äußerungen auf die Mentalität des Partners, ohne dabei an natürlicher Emotionalität einzubüßen, d. h. unecht zu werden."

Das wichtigste methodische Mittel in der Arbeitsphase einer T-Gruppe ist das sogenannte *feed-back*. So nennt man die Mitteilung von Einstellungen und Gefühlen, die eine andere Person durch ihr Verhalten in einem selbst hervorruft. Der Trainer setzt dieses Mittel gezielt ein und ermuntert später auch die Gruppenmitglieder zur Äußerung ihrer Eindrücke und Gefühle in Bezug auf andere.

Wenn Sie einen lebendigeren Eindruck der Methode gewinnen wollen, dann lesen Sie den Bericht des SPIEGEL-Reporters Peter *Brügge* mit dem Titel: „Ich lasse mich nicht auseinandernehmen" (SPIEGEL 35/1970), der von K. *Horn* als besonders eindrucksvolle Erlebnisschilderung in den kritischen Sammelband „Gruppendynamik und der ‚subjektive Faktor' " (Frankfurt/M. 1972, S. 229 - 236) aufgenommen wurde.

Fragen Sie auch einmal in Ihrem Bekanntenkreis, ob jemand bereits Erfahrungen mit gruppendynamischen Seminaren machen konnte. Lassen Sie sich berichten und fragen Sie nach Erlebnissen und Beurteilungen.

Ein anderer Typus von Gruppenarbeit ergibt sich, wenn in erster Linie fall- und problembezogen gearbeitet wird. Sensitivity-Trainingsgruppen sind dagegen primär auf die gegenwärtigen Interaktionen gerichtet, sie beschäftigen sich vorwiegend mit sich selbst. Wenn demgegenüber fallbezogen gearbeitet wird, dann ist eine inhaltliche Zielsetzung vorgegeben, die über den unmittelbaren Teilnehmerkreis hinausweist und sich ausdrücklich auf ein konkretes Berufsfeld bezieht.

Der aus Ungarn stammende Arzt M. *Balint* hat zuerst ein derartiges Gruppenkonzept für Mediziner vorgeschlagen und erprobt.[249] Entsprechend der tiefenpsychologischen Orientierung seines ‚Erfinders' ist dieses Konzept meist eng mit psychoanalytischen Denkweisen verbunden.

Über die Medizin hinaus hat sich dieses Konzept auch für eine Reihe anderer Sozialberufe als nützlich erwiesen, darunter auch für Lehrer.

„Die Anwendung des *Balint*-Gruppenprinzips beschränkt sich (...) nicht mehr auf die ärztliche Praxis, sondern ist überall dort indiziert, wo die Berufsausbildung das tiefere Verständnis des Mitmenschen voraussetzt, z. B. bei Lehrern, Fürsorgern, Juristen, Theologen usw." ...

„Die *Balint*-Gruppenteilnehmer, in der Regel 6 - 10 Personen, treffen sich einmal in der Woche für eineinhalb Stunden mit einem oder zwei Psychoanalytikern als Gruppenleiter. Alle Teilnehmer verfügen über die gleichen Erfahrungen aus einem spezifischen Berufsfeld (...) Abwechselnd trägt ein Teilnehmer seinen ‚Fall‘ spontan aus dem Gedächtnis vor. Die Aufgabe der Gruppe besteht darin, aus diesem Bericht das unbewußte seelische Konfliktfeld des Gesprächspartners, ausgehend von der aktuellen Beziehung zum Vortragenden, herauszuarbeiten. Anfangs ist die Gruppe dabei auf ihr natürliches psychologisches Potential angewiesen. Sie lernt es aber erstaunlich schnell, durch eine Identifizierung mit dem Gruppenleiter ihr Wissen so zu verfeinern, daß sie fremdseelische Phänomene erkennen und späterhin auch verstehen kann."[250]

In Anlehnung an *Däumling*[251] wollen wir in einer Übersicht Gemeinsamkeiten und Differenzen der beiden besprochenen Gruppen-Konzepte gegenüberstellen:

Sensitivity-Trainingsgruppe	*Balint*-Gruppe
1. Teilnehmer	
Lernende, sehr verschieden motiviert	Kollegen, helfend, solidarisch, routiniert
2. Ziele	
Verbesserung in sozialen Fertigkeiten	Erfahrungsaustausch, berufsbezogene Problemlösung und Unterweisung
3. Leiter-Status	
Trainer, kein Rangunterschied, aber Spezialkenntnisse, Prestige muß erworben werden	Fachmann (Psychoanalytiker), primus inter pares, an Erfahrung überlegen, Prestige meist vorgegeben
4. Leiter-Verhalten	
passiv, angstregulierend, fokussierend	klärend, anregend, ‚korrigierend‘
5. Abfolge	
1 - 3 Wochen permanent in Klausur	wöchentlich bis monatlich einzelne Stunden, ambulant
6. Aufgabe	
funktional begrenzt, neue Verhaltensmuster erlernen	thematisch begrenzt, Verhaltensmuster revidieren
7. Gruppe	
unstrukturiert, selbst Gegenstand, Aktionsfeld	strukturiert, zweckgebunden, autonom

Abschließend wollen wir einige Gesichtspunkte zur Beurteilung und Kritik der besprochenen Methoden zusammenstellen:

Die hier dargestellten Konzepte der Trainings- und der *Balint*-Gruppe setzen bis zu einem gewissen Grad das voraus, was sie erst erzeugen oder fördern wollen: Sensitivität und Aufgeschlossenheit gegenüber Interaktionsproblemen. Der einzelne Teilnehmer ist dabei persönlich stärker herausgefordert und betroffen als in seiner normalen Berufstätigkeit, schon daher eignen sich solche Methoden nach landläufiger Berufsauffassung kaum für ein obligatorisches Programm, etwa innerhalb der Lehrerausbildung; wer kann den Auszubildenden zwingen, sich selbst ausdrücklich in Frage zu stellen? Auch vom 'Geist' der Methoden her ist Freiwilligkeit der Teilnahme sinnvoll.

Wenn wir von derartigen Methoden erfahren, dann fallen uns vielleicht aus unserem persönlichen Erfahrungsbereich Personen (Kommilitonen, Kollegen) ein, „die so etwas dringend nötig hätten". Aber sind es nicht oft genau dieselben Gründe, die z. B. einen Lehrer problematisch in seinen Beziehungen zu Schülern oder Kollegen werden lassen, die dann auch verhindern, daß er etwas dagegen tut?

Beispiel:
Ein Lehrer hat offenbar Schwierigkeiten, in seinen Beziehungen zu anderen Menschen über ein fassadenhaftes, kühles, formell-mechanisiertes Verhalten hinauszukommen. Er wird als sachlich, gerecht, aber langweilig und uninteressant und zum Teil sogar als ängstigend-unnahbar erlebt.
Als er von seinen Kollegen auf die Möglichkeit einer *Balint*-Gruppe angesprochen wird, zeigt er zwar höfliches, sachlich-distanziertes Interesse, benutzt jedoch eine Ausflucht, um die Sache zu umgehen. Er hat den Eindruck, ‚diese Sache liegt mir sowieso nicht'.

Eine andere Gefahr, die Gefahr der ‚Psychologisierung' von Problemen und Beziehungen, deutete sich bereits in dem *Argelander*-Zitat an: die *Balint*-Gruppe „lernt es erstaunlich schnell, durch eine Identifizierung mit dem Gruppenleiter ihr Wissen so zu verfeinern, daß sie fremdseelische Phänomene erkennen und späterhin auch verstehen kann". (a.a.O., S. 101) Was hier positiv bemerkt wird, kann auch negative Auswirkungen haben: Der psychoanalytische Begriffsvorrat verführt oft zu individuumzentrierter Etikettierung bei sozialen Konflikten (z. B. ‚Projektion', ‚Abwehr', ‚Rivalität', ‚Übertragung' etc.). Dabei kommt es nicht so sehr auf die Verwendung bestimmter Worte, sondern auf die Denkweisen an. Ein qualifizierter Gruppenleiter wird allerdings sehr genau darauf achten, daß Psychologie nicht nur ‚Psychologie von den anderen', sondern immer auch ‚Psychologie von mir selbst' sein muß, wenn sie nicht zu einem Macht- oder Abwehrsystem pervertieren soll.

Ein weiterer problematischer Punkt ist ohne eigene Erfahrung mit Gruppenmethoden vielleicht schwer nachvollziehbar: Wer einmal an Trainings- oder *Balint*-Gruppen teilgenommen hat, hat vielleicht auch die Erfahrung gemacht, daß manches, was er innerhalb der Gruppe als ‚Lösung‘, ‚Einsicht‘ oder als ‚zutreffende Deutung‘ erlebte, Außenstehenden schwer plausibel zu machen war oder ihrer Kritik nicht standhalten konnte. Hier deutet sich die Gefahr an, daß intensiv arbeitende Gruppen den Realitätskontakt verlieren und sich eine eigene ‚Realitätsdefinition‘ aufbauen. Je mehr sich die Gruppe nach innen, auf sich selbst, orientiert, desto größer scheint diese Gefahr zu werden.

In Sensitivity-Trainingsgruppen wird diese Entwicklung meist bewußt provoziert (Klausur-Situation), um intensivere ‚hier-und-jetzt‘-Erfahrungen zu ermöglichen, vor dem Abschluß des Trainings wird die ‚back-home‘-Problematik vom Trainer thematisiert, um den engeren Realitätsbezug für den einzelnen Teilnehmer wieder herzustellen.

Allzuoft geht die Propaganda für Gruppenarbeit dieser Art mit einer gewissen ‚Offenheits‘- und ‚Kommunikations‘-Euphorie einher. Hierzu mag die folgende Fußnote aus dem Buch ‚Lösungen von *Watzlawick, Weakland* und *Fisch* (Bern u. a. 1974, S. 62) ein warnender und bedenkenswerter Kommentar sein, der Sie zu einer eigenen Stellungnahme provozieren möge:

„Die Tatsache, daß ein Großteil aller menschlicher Kommunikation sich sozusagen stillschweigend, das heißt durch die Abwesenheit von Kommunikation, abwickelt, wird heutzutage in zunehmendem Maße von jenen terribles simplificateurs übersehen, die sich enthusiastisch der zunehmenden Vulgarisierung von Kommunikationsforschung und -praxis angeschlossen haben und Gruppen- und Familientherapie, ‚Marathonsitzungen‘, Selbsterfahrungsgruppen und Sensitivitätstraining auf der Basis der problemerzeugenden Annahme betreiben, daß ‚gute‘ Kommunikation klar, offen, ehrlich und direkt – in einem Worte: total – zu sein habe. Statt damit aber totale Kommunikation herzustellen, ist das Ergebnis ihrer Bemühungen bestenfalls totalitär."

4.3 Schulklasse und Konflikt

Dieses abschließende Kapitel hat das Ziel, einige Hauptgesichtspunkte des letzten Teils zusammenzufassen und im Hinblick auf die Schulklasse zu bündeln. Zum Abschluß wollen wir uns dann in Anlehnung an eine Arbeit von D. *Ulich*[252] mit der „Konflikt-Theorie" der Schulklasse auseinandersetzen.

Wie läßt sich nach unseren bisherigen Überlegungen die Schulklasse als ‚soziales Gebilde' charakterisieren? Welche Besonderheiten kennzeichnen die Schulklasse gegenüber anderen sozialen Gebilden?

Es ist üblich, zunächst die mehr statischen Gruppenmerkmale zu untersuchen. Demnach wäre die Schulklasse:
- eine ‚recht große Kleingruppe' mit der Möglichkeit (und Tendenz) zur informellen Subgruppierung,
- eine formelle (Zwangs-)Gruppe, in der sich eine informelle Beziehungsstruktur herausbildet,
- eine Sekundärgruppe, die aber nach jahrelanger Interaktion den Charakter einer Primärgruppe gewinnen kann,
- eine Arbeitsgruppe mit von außen vorgegebener Aufgabenstellung, – aber zuweilen auch eine Freizeitgruppe, die sich außerhalb der Pflichtzeit (teilweise) treffen kann,
- eine Gruppe, deren formeller Leiter (Lehrer) von außen bestimmt wird; der Leiter gehört nicht der relativ altershomogenen Gruppe an, er hat eine besondere Verantwortung, einen Alters- und Wissensvorsprung und deutliche Initiativ- und Disziplinierungsfunktionen in der Schulklasse.

So gesehen, ist die Schulklasse unter dem sozialen Gruppenaspekt ein recht schillerndes Gebilde, das nach den meisten gebräuchlichen Unterscheidungskriterien mit ‚sowohl-als-auch', ‚teils-teils' nur sehr unbefriedigend einzuordnen ist. Diese Schwierigkeit der Einordnung in soziologische und sozialpsychologische Kategorien läßt auch in dynamischer Hinsicht Spannungen, Mehrdeutigkeiten und Konflikte in der Realität erwarten.

Beispiel:
So ist z. B. der Versuch einer Weihnachtsfeier in einer Schulklasse für den einen ein ‚formeller' Akt, bei dem es etwa darauf ankommt, ein Gedicht fehlerlos loszuwerden; für den anderen ist es ein Anlaß zur Gemütlichkeit, zu primärgruppenhaften, ‚familiären' Beziehungen.

Spannungen und Widersprüche in bezug auf die Schulklasse sind offenbar nicht nur definitorischer Art, sie haben ihre Wurzeln in den widersprüchlichen Aufgaben und Erwartungen, die der Schulklasse gesellschaftlich und individuell zugewiesen werden.

Spannungen, Antagonismen und Konflikte sind allerdings keineswegs Besonderheiten von Schulklassen. Vieles spricht dafür, daß in sozialen Gruppierungen überhaupt Konfliktmomente enthalten sind. Einige haben wir bereits behandelt, sie und andere sollen hier noch einmal angedeutet werden:
– Konformität vs. Unabhängigkeit von der Gruppe
– Normierung vs. Individualität
– Kooperation vs. Konkurrenz
– Freiheit des Ausdrucks vs. Gefühlshemmung
– Intimität vs. Distanz
– Konsensus vs. Konflikt[253]

Einige dieser allgemeinen Spannungsmomente sind kennzeichnend für das Verhältnis Individuum-Gesellschaft, sie stellen existentielle Probleme des menschlichen Zusammenlebens dar. Ehe wir uns jedoch in unverbindliche anthropologische Allgemeinaussagen verlieren, wollen wir jedoch lieber an unserem Thema, der ‚Schulklasse' eine Konkretisierung versuchen.

Zu diesem Vorhaben bieten sich die ,,Rahmenthesen zu einer Gruppentheorie der Schulklasse" von D. *Ulich*[254] an. (Diese Thesen zu einer Konflikt-Theorie der Schulklasse können hier nicht in extenso referiert werden – die Lektüre der Originalarbeit sei nachdrücklich empfohlen!).

Kooperation und Konkurrenz
Nach *Ulich* ist ,,zur Erreichung der Lernziele Kooperation meist nicht nötig" (S. 90). Echte Arbeitsteilung wird von den Lernanforderungen kaum verlangt. Dagegen werden häufig Einzelleistungen verglichen (Benotung) und dazu Kommunikationen der Schüler untereinander verboten (Abschreiben, Vorsagen).

„Die Schulklasse ist also paradoxerweise in der Leistung eher ein Gegeneinander, im Lernen eher ein Miteinander." (S. 92)

Zwangsgruppe und ‚psychologische' (informelle) Gruppe
Schulklassen sind – organisatorisch gesehen – Zweck-Gruppen, deren Mitglieder austauschbar sind.

So werden z. B. nicht selten Parallelklassen nach der Fremdsprachenfolge neu zusammengestellt, Schüler von Mittelpunktschulen aus Gründen der Beförderung neu auf verschiedene Klassen verteilt.

Auf der anderen Seite entwickelt sich die informelle ‚Wir'-Struktur einer Klasse, die sich z. B. deutlich von der ‚Die'-Gruppe einer Parallelklasse distanziert (Parallelklassen werden wohl nie bewundert und geschätzt).

Die folgende ‚Empfehlung' nimmt zu diesem Konfliktmoment eindeutig Stellung, indem sie die ‚Klassengemeinschaft' als den höheren Wert bestimmt:[255]

„Erhaltenbleiben von Klassenverbänden"
Die Verbände von Stammklassen sollten nur dann aufgelöst und neue Klassen aus den Schülern zusammengesetzt werden, wenn es aus zwingenden Gründen unvermeidlich ist — beispielsweise nach dem Übergang der Schüler von der Grundschule in unterschiedliche weiterführende Schulen. Abgesehen von solchen Sonderfällen muß es jedoch als eigenständige pädagogische Aufgabe zugunsten der Kinder gelten, bestehende Klassengemeinschaften, besonders bei Grundschülern, solange als möglich erhalten bleiben zu lassen.

Diese Betonung von dauerhaften Klassengemeinschaften könnte unter Umständen andere Konfliktmomente (z. B. Entfaltung, Konkurrenz) verschärfen. Oft bieten wechselnde ‚Zwangsgruppierungen' Chancen, aus eingefahrenen Erwartungsmustern (z. B. Etikettierungen) herauszukommen. Stärkung des Binnenzusammenhalts einer Gruppe wird allzuoft mit einer stärkeren Abwehr und Abwertung von Außengruppen erkauft — eine oft ungewollte Konsequenz der Stärkung von ‚Gemeinschaften'!

Anpassung und Entfaltung
Dieser Widerspruch zeigt sich besonders dann, wenn individuelles Verhalten als unangepaßt und störend etikettiert wird, während es aus individueller Sicht durchaus problemlösende und kreative Züge haben kann. Der Widerspruch zwischen individueller Entfaltung und dem schulischen Konformitätsdruck zeigt sich besonders kraß beim Frontalunterricht. Hier muß nicht selten um eines ‚zügigen' Unterrichts willen das Anliegen des Einzelnen auf der Strecke bleiben.

Daß allerdings zwischen ‚Kreativität' und ‚Schule' nicht unbedingt ein absoluter Widerspruch bestehen muß, sei nicht verschwiegen.[256]
Folgerungen:
Konflikte rufen nach ‚Lösungen'. Die Wurzeln der hier aufgezeigten Konfliktdimensionen lassen jedoch eine Lösung innerhalb der Schulklasse prinzipiell unmöglich erscheinen.

Das haben z. B. die Junglehrer erfahren müssen, die in naiver Verkennung gesellschaftlicher Kräfte, ihren Schülern nur gute Noten gaben (gegen das Konkurrenz- und Leistungsprinzip), ihnen das ‚Du' anboten (Betonung primärgruppenhafter Intimität und Solidarität) und jeglichen Anpassungsdruck vermieden (für Spontaneität und Entfaltung).

Konflikte mit Schulleitung, Eltern u. a. waren die unvermeidliche Folge derart willkürlicher Umdeutung der gesellschaftlichen Definition der Schulklasse.

Nur bei derart radikalen Lösungsversuchen scheinen sich die angedeuteten Widerstände zu ergeben. Dagegen kann man angesichts der widersprüchlichen Rolle der Schulklasse auch einen recht großen Spielraum für den einzelnen Fall vermuten: erst extreme Interpretationen der widersprüchlichen Situation rufen Protest hervor. Darin liegt m. E. die Chance für Reformen im einzelnen Klassenzimmer.

Dann kam ein feiner Glückstag:
Das Schulhaus schloß sich zu,
Und vor dem frohen Blicke lag
Ein Monat süßer Ruh.

Anmerkungen

1. s. *Mertens, W.:* Aspekte einer sozialwissenschaftlichen Psychologie, München 1977, S. 19
2. *Krech, D., Crutchfield, R. S.* u. *Ballachey, E. L.:* Individual in Society. N. Y. u. a. 1962, S. 137. Um der historischen Wahrheit willen sei jedoch nicht verschwiegen, daß der Begriff „Einstellung" ein frühes Beispiel für einen psychologischen Fachbegriff ist, der von der Umgangssprache aufgegriffen wurde!
3. zit. n. *Heinelt, G.:* Umgang mit aggressiven Schülern, Freiburg i. Br. 1978, S. 21
   Vgl. dazu auch die weiterführenden Überlegungen bei *Irle, M.:* Lehrb. d. Sozialpsychol., 1975, S. 18 f.
4. *H. v. Hentig:* Wissenschaftsdidaktik, Sonderheft der Neuen Sammlung 1970, S. 25
5. z. B. *Irle, M.:* Lehrbuch der Sozialpsychologie, 1975, S. 16; *Aronson, E.:* The Social Animal, 1976[2], S. XII; *Shaw, M. E.,* u. *Costanzo, Ph. R.:* Theories auf Social Psychology 1970, S. 3 f.
6. z. B. *Argyle, M.:* Soziale Interaktion, 1972; *Secord, P. F.* u. *C. W. Backman*: Social Psychology, 1974[2], (deutsch 1977)
7. Die Untersuchung erschien in der Zeitschrift „Schule und Psychologie, 1971, 18. Jg. S. 92-95.
   Die Literaturangaben der Orginalarbeit sind hier fortgelassen. (Der Abdruck erfolgt mit freundlicher Genehmigung des Ernst Reinhardt Verlags, München)
8. s. dazu *Hoppe, S.* u. *Liepmann, D.:* Einführung in die Statistik für die Verhaltenswissenschaften, 2 Bde., 1974 f.
9. *Mertens, W.:* Sozialpsychologie des Experiments, Hamburg 1975
10. *Irle, M.:* Lehrbuch der Sozialpsychologie, 1975, S. 49
11. s. dazu *Adorno, T. W.* u. a.: Der Positivismusstreit in der deutschen Soziologie, Neuwied u. a. 1972
12. *Ritsert* nach: *Mertens, W.:* Aspekte einer sozialwissenschaftlichen Psychologie, München 1977, S. 68; s. dort auch die ausführliche, weiterführende Diskussion der wissenschaftstheoretischen Problematik
13. *Haeberlin, U.:* Empirische Analyse und pädagogische Handlungsforschung. Z. f. Päd. 21 (1975), 653-676
14. *E. Höhn,* Der schlechte Schüler, München 1967
15. Psychologie heute 1978, 5. Jg., H. 3, S. 30
16. Eigenartigerweise wird das Adjektiv „psychosozial" in letzter Zeit — besonders von engagierten Psychoanalytikern — recht häufig verwendet. (z. B. *Richter, H. E.:* Patient Familie, 1970, S. 50f.)
17. *Graumann, C. F.:* in Hdb. der Psychologie 7, 1., 1969, S. 7
18. *R. Lippitt* u. *R. K. White:* Eine experimentelle Untersuchung über Führungsstil und Gruppenverhalten in: *C. F. Graumann* u. *H. Heckhausen* (Hrsg.) Pädagogische Psychologie, Grundlagentexte 1, Frankfurt/M.: Fischer-Tb. 1973, S. 324-347
19. *R. König* (Hrsg.): Soziologie, Fischer-Lexikon, Frankfurt/M. 1958, S. 7
20. Quelle: *Graumann C. F.* (Hrsg.): Hdb. d. Psychol. Bd. 7, 1, Göttingen 1969, S. 72, „implizierte Anwesenheit" anderer ist z. B. dann gegeben,

wenn – u. U. unbewußt – ein Kind auch allein sich so ängstlich verhält, als ob sein strenger Vater anwesend sei.
21 *Sherif*, a. a. O., S. 54
22 So der Buchtitel: *Newcomb, T. M.; Turner R. H.* u. *Converse, P. E.:* Social psychology: The study of human interaction. N. Y. 1965.
23 *Irle, M.:* Lehrbuch der Sozialpsychologie, Göttingen 1975, S. 16
24 *Hofstätter, P. R.:* Einführung in die Sozialpsychologie; Stuttgart 1963, S. 19
25 *Hartley, E.* u. *R.:* Die Grundlagen der Sozialpsychologie, Berlin, 1955, S. 11
26 *Graumann, C. F.:* Interaktion und Kommunikation in Hdb. d. Psychol. Bd. 7; 2, Göttingen 1972, S. 1110 ff.
27 *Argyle, M.:* Soziale Interaktion, Köln 1972, S. 90 f
28 *P. Gottwald* u. *Chr. Kraiker* (Hrsg.): Zum Verhältnis von Theorie und Praxis in der Psychologie, München 1976 (Sonderheft I der Mitteilungen der GVT e. V.) vgl. bes. S. 60 ff. für das Folgende
29 Beispiele liefern in Fülle die Sammelreferate des Handbuchs der Psychologie (ed. *Graumann*), Bde. 7; 1. u. 2. Halbbd. „Sozialpsychologie", Göttingen: Hogrefe 1969, 1972
30 in: *Gottwald/Kraiker* a. a. O. S. 61
31 a. a. O. S. 62
32 *Becker, G. E., Dietrich, B.* u. *E. Kaier:* Konfliktbewältigung im Unterricht, Bad Heilbrunn 1976, S. 67 ff.
33 *Becker* u. a. a. a. O. S. 77
34 *v. Hentig, H.:* Psychische Gesundheit und Schule, Aus der Sicht eines Pädagogen, in: *Nissen, G.* u. *F. Specht;* Psychische Gesundheit und Schule; Neuwied u. a.: 1976, S. 14
(‚Arbeitsteilung' meint hier wohl so etwas wie Spezialisierung, z. B. als ‚Fachdidaktiker', der für emotionale Schülerprobleme kein Verständnis zu haben braucht, also ‚nicht zuständig' ist)
35 *Horkheimer, M.* u. *Adorno, T. W.:* Dialektik der Aufklärung, Frankfurt/M.: Fischer-Tb. 1975, S. 220 (orig. 1944).
36 *Heckhausen, H.:* in Funkkolleg Pädagogische Psychologie. Studieneinheit 24. hektogr. Sendetext S. 16.
37 *Roth, H.* in *Weinert, F.* (Hrsg.): Pädagogische Psychologie, Köln 1967, S. 48.
38 *Bruner, J. S.:* Entwurf einer Unterrichtstheorie. Berlin und Düsseldorf 1974, S. 42.
39 *Irle, M.:* Lehrbuch der Sozialpsychologie, Göttingen 1975, S. 509.
40 vgl. dazu: *Mertens, W.:* Aspekte einer sozialwissenschaftlichen Psychologie. München 1977, S. 112f.
41 *Argyris, C.:* Gefahren bei der Anwendung von Ergebnissen aus der experimentellen Sozialpsychologie in: *Gottwald, P.* u. *C. Kraiker* (Hrsg.): Zum Verhältnis von Theorie und Praxis in der Psychologie. München 1976 (Vertrieb: Beltz, Weinheim).
42 a. a. O. S. 121.
43 Quelle: *Gottwald, P.:* Forschung in der Verhaltenstherapie in: *Pongratz, L. J.* (Hrsg.): Handbuch der Psychologie Bd. 8, 2, Göttingen 1978, S. 1358 (Die Übersetzung schien uns geeigneter zu sein als die Fassung in der dt. Übersetzung des *Argyris*-Aufsatzes).

44 *Fürstenau, P.:* Zur Psychoanalyse der Schule als Institution in: *Gerner, B.:* (Hrsg.): Der Lehrer und Erzieher, Bad Heilbrunn 1973, S. 72 f.
45 *Argyris, C.* a. a. O. 122.
46 *P. Gottwald:* a. a. O. (Hdb. d. Psychol. Bd. 8,2) S. 1359.
47 vgl. z. B. *Tausch, R.* u. *A.:* Erziehungspsychologie, Göttingen: Hogrefe 1971, 6. Auflage.
48 vgl. *Jahnke, J.:* Motivation in der Schulpraxis. Freiburg i. Br.: Herder 1977, S. 72 f.
49 Bei Interesse an diesem Aspekt lese man: *Lilli, W.:* Soziale Akzentuierung, Kohlhammer-V. Stuttgart u. a. 1975.
50 *Vernon, M. D.:* Wahrnehmung und Erfahrung, Köln 1974, S. 18.
51 *Hirst,* n. *Laucken, U.:* Naive Verhaltenstheorie, Stuttgart, 1974, S. 160.
52 z. B. bei *Holzkamp, K.:* Sinnliche Erkenntnis, Frankfurt/M., 1973.
53 Begründer der Gestaltpsychologie waren *Max Wertheimer* (1880-1934), *Kurt Koffka* (1886-1941) und *Wolfgang Köhler* (1887-1967).
54 *Heider, F.* u. *Simmel, M.:* An experimental study of apparent behavior in: Am. J. Psychol. 57, 1944, S. 243-249.
55 *Shore, R. E.:* Effect of preinformation upon human characteristics attributed to geometric figures in: J. abn. soc. psychol. 54, 1957, S. 124-128.
56 *C. F. Graumann:* Eigenschaften als Problem der Persönlichkeitsforschung in: *Lersch, P.* u. *Thomae, H.* (Hrsg.): Handbuch der Psychologie, Bd. 4, Göttingen 1960, S. 90.
57 Die im substantivischen Modus liegende Gefahr ist die der Reifikation: Ein Wort wie „Intelligenz" oder „Ängstlichkeit" suggeriert, daß solche hypothetischen Konstrukte quasi „dinglich" vorhanden sind und daß es sie auch unabhängig von der jeweiligen Person ‚gibt'. (vgl. Abschnitt 1. 3. 2).
58 *Asch, S.:* Forming impressions of personality J. abn. soc. Psychol. 69, 1946, S. 258-290.
59 *Argyle, M.* u. *McHenry, R.:* Do spectacles really affect our judgements of Intelligence? Brit. J. soc. clin. Psychol. 10, 1971, S. 27-29.
60 vgl. die Zusammenfassung in *Jahnke, J.:* Interpersonale Wahrnehmung, Stuttgart 1975, S. 68 f.
61 *Rosenberg* u. a. 1968, zit. na *Herkner, W.:* Einführung in die Sozialpsychologie Bern u. a., 1975, S. 239 ff.
62 zur berufsspezifischen impliziten Persönlichkeitstheorie (am Beispiel der Lehrer) vgl. 2.3.2.
63 s. dazu ausführlicher: *Jahnke, J.:* Interpersonale Wahrnehmung. Stuttgart 1975. S. 68 f.
64 Definitionsmacht hat derjenige in einer sozialen Beziehung, dessen Deutung der Situation für andere verbindlich und folgenreich ist.
65 *Stadler, M., Seeger, F.* u. *Raeithel, A.:* Psychologie der Wahrnehmung. München 1975.
Holzkamp, K.: Sinnliche Erkenntnis –Historischer Ursprung und gesellschaftliche Funktion der Wahrnehmung. Frankfurt/M., 1973.
66 *Simmel, G.:* Soziologie, Berlin, 1908, S. 484.
67 *Argyle, M.* u. *Williams, M.:* Observer or observed? A reversible perspective in person perception in: Sociometry 32, 1969, S. 396-412.
68 hier nach *Argyle, M.:* Soziale Interaktion, Köln, 1972, S. 365.
69 *Argyle, M.:* Soziale Interaktion, Köln, 1972, S. 364 f.

70 *Argyle, M.:* a. a. O., S. 104 f.
71 *Jahnke, J.:* Interpersonale Wahrnehmung, Stuttgart u. a., 1975, S. 121.
72 *Laing, R. D., Phillipson, H., Lee, A. R.:* Interpersonelle Wahrnehmung, Frankfurt/M., 1971.
73 *Jones, E. E.* u. *Davis, K. E.:* From acts to dispositions: the attribution process in person perception. in: *Berkowitz, L.* (Hrsg.): Advances in exp. soc. Psychol. II. New York 1965, S. 219-266.
74 Der Begriff „soziale Rolle" kann hier nur hinweisend-vereinfachend verwendet werden. Zur eingehenden Diskussion vgl.
  Ullrich, I. und *Claessens, D.:* Soziale Rolle, Hagen, 1978.
75 a. a. O. S. 25.
76 *Jones, E. E.: Davis, K. E., Gergen, K. J.:* Role playing variations and their informational value for person perception.
  Journal abn. soc. Psychol. 63, 1961, S. 302-310 (s. a. *Jahnke, J.:* Interpersonale Wahrnehmung, Stuttgart, u. a. 1975, S. 111 f.).
77 *Bruner, J. S.* u. *Postman, L.:* An Approach to social perception. In: *Dennis* u.a. (Hrsg.):Current trends in social psychology. Pittsburgh,1951, S. 71-118.
  s. a. *Mueller, E. F.* u. *Thomas, A.:* Einführung in die Sozialpsychologie, Göttingen, 1974, S. 119 f.
78 aus *Rosemann, B.:* Bedingungsvariablen der Lehrer-Schüler-Beziehung. Erwartungskonkordanz und das Verhalten von Lehrern und Schülern in: Psychol. i. Erz. u. Unterr., 25, 1978, S. 39-49 (S. 45).
79 ... natürlich auch dadurch, daß sie sich nicht auf den soziologischen Rollenbegriff bezieht.
80 *Flavell, J. H.* u. a.: Rollenübernahme und Kommunikation bei Kindern. Weinheim und Basel 1975.
81 s. *Funkkolleg* „Pädagogische Psychologie", Studienbegleitbrief 3, Weinheim und Basel, 1973, S. 104.
82 *Flavell* u. a.: a. a. O. S. 261 f. (die einzelnen Komponenten werden in einer früheren Veröffentlichung zum Teil anders benannt: vgl. *Flavell, J. H.:* Rollenübernahme und Kommunikationsfertigkeiten bei Kindern. in: *Graumann, C. F.* u. *Heckhausen, H.* (Hrsg.): Pädagogische Psychologie 1, Frankfurt/M., 1973, S, 216.
83 *Flavell* u. a., 1975, a. a. O., S. 265.
  Genaue Altersangaben werden offenbar bewußt vermieden.
84 *Flavell* u. a., 1975, a. a. O., S. 265.
85 s. z. B. die Kapitel von *Schraml* und *Fürstenau* in *Gerner, B.* (Hrsg.): Der Lehrer und Erzieher, 2. Auflage, Bad Heilbrunn/Obb. 1973.
86 z. B. *Chandler*, 1972, s. *Flavell* u. a., 1975,
  Einleitung zur deutschen Ausgabe, S. 33; es liegen allerdings auch zahlreiche Untersuchungen mit negativem Ergebnis vor.
87 s. *Süssmuth, R.:* Kind und Bezugsperson. in: Psychologie in Erziehung und Unterricht, 23, 1976, S. 36.
88 Vgl. *Secord, P. F.* und *Backman, C. W.:* Social Psychology. second edition. Tokyo, 1974, S. 15.
89 *Erikson, E. H.:* Identität und Lebenszyklus, Frankfurt/M. 1966, S. 62 f.
90 *Waelder, R.:* Die Grundlagen der Psychoanalyse, Frankfurt/M. 1972, S. 197.
91 *Richter, H. D.:* Eltern, Kind und Neurose, Stuttgart 1963.

92 s. *Watzlawick, P., Beavin, J.* u. *Don D. Jackson:* Menschliche Kommunikation, Bern u. a., 1974, 4. Aufl., s. 50 f.
93 *S. Osgood, Ch. E., Suci, G. J.* u. *Tannenbaum, P. H.:* The measurement of meaning. Urbana 1957. S.a. *Ertel, S.:* Standardisierung eines Eindrucksdifferentials. Z. exp. angew. Psychol., 12, 1965, S. 22-58.
vgl. auch die Ausführungen zur impliziten Persönlichkeitstheorie (2.1.2.6).
94 s. *Watzlawick* u. a., a. a. O.
95 Weinheim u. a. 1969: eine „kurzgefaßte Teildarstellung" gibt der Aufsatz: „Zur impliziten Persönlichkeitstheorie von Lehrern" in: Zeitschr. f. Entwi.-psychol. u. Päd. Psychol. 2, 1970, S. 197-209.
96 *Kleiter, E. F.:* Über Bedingungen der internen Verknüpfungsstruktur von Urteilsbegriffen bei der Personenbeurteilung in: Unterrichtswissenschaft 1975 (H. 3), S. 52-83.
97 *Höhn, E.:* Der schlechte Schüler, München 1967.
98 *Hofer, M.:* a. a. O., S. 30.
99 *Hofer,* a. a. O., S. 38.
100 *Hofer, H.:* a. a. O., S. 96.
101 *Hofer, M.:* a. a. O., S. 87.
102 *Hofer, M.:* a. a. O., S. 92.
103 *Jahnke, J.:* Interpersonale Wahrnehmung, Stuttgart, 1975, S. 136.
104 *Hofer,* a. a. O., S. 49.
105 *Hofer, M.:* a. a. O., S. 43.
106 Wenn Sie sich noch eingehender mit der methodischen Problematik dimensionsanalytischer Verfahren auseinandersetzen wollen, dann ist die folgende Arbeit interessant (sie enthält eine ausführliche Kritik der *Hofer*schen Untersuchung):
Gigerenzer, G. u. *Strube, G.:* Zur Revision der üblichen Anwendung dimensionsanalytischer Verfahren. in: Zeitschrift für Entwicklungspsychologie und Pädagogische Psychologie, 10, 1978, S. 75-86.
107 *Janowski, A.:* Faktorenanalytische Überprüfung eines Schülerbeurteilungsbogens in: *Arnhold, W.* (Hrsg.): Texte zur Schulpsychologie und Bildungsberatung, Bd. 2, Braunschweig, 1977, S. 140-149.
108 *Janowski, A.:* a.a.O.
109 *Hanke, B., Lohmöller, J.-B., Mandl, H.:* Schülerbeurteilung, Schicht und Schullaufbahn − Zeitschrift f. Entwicklungspsychol. u. Päd. Psychol. 1975, 7, S. 113-133.
110 *Hanke* u. a.: a. a. O., S. 119.
111 *Lohmöller, J.-B., Mandl, H., Hanke, B.:* Lehrerspezifische implizite Persönlichkeitstheorien bei der Schülerbeurteilung? Ztschr. f. Entwicklungspsychologie und Päd. Psychologie 1976, 8, S. 99-105.
112 Benennung der Faktoren vom Autor.
Die römischen Ziffern geben die Reihenfolge der Faktoren nach ihrer Bedeutsamkeit (Varianzanteil) innerhalb der jeweiligen Untersuchung an.
113 Wir haben ein Beispiel einer empirischen Untersuchung als methodisches Exempel in Teil 1 kennengelernt (1. 1. 2. 2).
114 *Haecker, H.:* Subjektive Faktoren im Leistungsurteil der Lehrer. in: Schule und Psychologie, 18, 1971, S. 74-84.
115 *Flügge, J.:* Die Einschätzung der Schwierigkeiten von Aufgaben durch den Lehrer. Sonderh. d. Mitt. u. Nachr. d. Hochschu. f. Intern. Päd. Forschung, Frankfurt 1954.

Schnotz, W.: Schätzung von Aufgabenschwierigkeiten durch Lehrer. in: Zeitschr. f. Entwicklungspraxis und Päd. Psychologie, 3, 1971, S. 106-120.
116 s. *Ingenkamp, K.-H.:* Die Fragwürdigkeit der Zensurengebung, Weinheim, 1971.
117 *Beckman, L.:* Auswirkungen von schulischen Leistungen auf die Kausalattribuierung von lehrenden und beobachtenden Personen. In: *Hofer/Weinert* (Hrsg.): Pädagogische Psychologie 2. Frankfurt/M., 1973, S. 164-176.
118 1973, hier zitiert nach *Jahnke, J.:* Motivation in der Schulpraxis. Freiburg i. Br., 1977, S. 20.
119 s. *Weiner, B.:* Die Wirkung von Erfolg und Mißerfolg auf die Leistung. Bern, Stuttgart, 1975, S. 87 f.
vgl. auch die Ansichten von Lehrern über Konstanz und Veränderbarkeit von Ursachenfaktoren in der Untersuchung von *Rheinberg, F.:* Z. f. Entw. psychol. u. päd. Psychol., 7, 1975, S. 180-194.
120 *Haecker*, a. a. O., S. 81.
121 *Ingenkamp, K.-H.:* Gutachten in: *Roth, H.* (Hrsg.): Begabung und Lernen, Stuttgart 1968, S. 410.
122 auch Validität genannt.
123 *Erikson, E. H.:* Identität und Lebenszyklus, Frankfurt/M., 1966, S. 98.
124 *Cherry, C.:* Stichwort ‚Kommunikation', in: *Arnold, W., Eysenck, J.* und *Meili, R.* (Hrsg.), Lexikon der Psychologie, Freiburg i. Br. 1976, II/1, Sp. 229 ff.
125 *Watzlawick, P.* u. a., Menschliche Kommunikation, Bern 1974, 4. A., S. 50 f.
126 *Graumann* benötigte immerhin 152 Druckseiten, um in einem gerafften Sammelreferat zu „Interaktion und Kommunikation" die wichtigsten Ansätze kurz zu referieren.
Handbuch der Psychologie, Bd. 7, 2 „Sozialpsychologie", Göttingen 1972, S. 1110 f.
127 deutsch: München 1969.
128 Hier referiert nach *Graumann, C. F.*, Interaktion und Kommunikation, in: *Graumann, C. F.* (Hrsg.), Handbuch der Psychologie, Bd. 7, 2 (Sozialpsychologie), Göttingen 1972, S. 1138 f.
129 *Graumann, C. F.*, Grundzüge der Verhaltensbeobachtung, in: *Graumann* u. *Heckhausen* (Hrsg.), Entwicklung und Sozialisation (Päd. Psychol. 1), Frankfurt/M. 1973, S. 15.
130 *Walker, R.* und *Adelman, C*, A Guide to Classroom Observation, London 1975 (S. 6-7).
131 Vgl. *v. Cranach, M.* und *H.-G. Frenz*, Systematische Beobachtung, in: *Graumann, C. F.* (Hrsg.), Sozialpsychologie, Handbuch der Psychologie Bd. 7, 1 Göttingen 1969, S. 308.
132 Siehe *Frech, H.-W.*, Kontrollierte Beobachtung verbaler Verhaltensweisen von Lehrern und Schülern, Neue Sammlung 11, 1971, S. 87-108.
Vgl. *Grell, J.*, Techniken des Lehrerverhaltens, Weinheim u. a. 1974, S. 47 ff.
133 *Diegritz, T.* und *Rosenbusch, H. S.*, Kommunikation zwischen Schülern, München 1977, S. 54.
134 Zit. nach *Frech*, a. a. O., S. 95.
135 *Ober, R. L., Bentley, E. L.* und *Miller, E.*, Systematic Observation of Teaching, Englewood Cliffs, N. J. 1971 (zit. nach *Koeppen, D.*, Systema-

tische Beobachtung und Beurteilung in der Schule, BTZ-Didaktik Bd. 4 Bildungstechnologisches Zentrum, Wiesbaden o. J., S. 123).
Zu anderen Modifikationen des *Flanders*-Systems vgl. *Grell*, a. a. O.
136 Neben dem o. g. Aufsatz von *H.-W. Frech* sei vor allem auf das wichtige Sammelreferat von *Schulz, W., Teschner, W. P.* und *Voigt, J.:* Verhalten im Unterricht, seine Erfassung durch Beobachtungsverfahren, verwiesen (Kap. 6 des Handbuches der Unterrichtsforschung, Teil I, hrsg. v. *Ingenkamp, K.* und *Parey, E.*, Weinheim und Basel 1973, 3. A.).
Eine umfassende Sammlung von (43) Beobachtungskategoriensystemen findet sich in: *Hanke/Mandl/Prell*, Soziale Interaktion im Unterricht, München 1974^2, S. 86 f.
137 Vgl. dazu *Sader, M.*, Rollentheorie, in: *Graumann, C. F.* (Hrsg.), Hdb. d. Psychol., Bd. 7, 1 Göttingen 1969, S. 204 f.
138 *Ulich, D.*, Gruppendynamik in der Schulklasse, München 1971, S. 75.
139 Siehe *Ullrich* u. *Claessens:* Soziale Rolle, Hagen 1978 (Fernuniv. Kurs Nr. 3151) Teil 1, S. 65 f.
140 *Ullrich* und *Claessens*, a. a. O., S. 65.
141 *Grubitzsch, S.* und *H. Vogt*, Das Polaritätsprofil zur Erfassung stereotyper Urteilsstrukturen:
Lehrer und Wunschlehrer aus der Sicht 11/12- und 15/16jähriger Volksschüler, Teil I Schule und Psychologie 17, 1970, S. 97-113.
142 *Tausch, R.* und *Tausch, A.*, Erziehungspsychologie, Göttingen 1971, 6. Aufl., S. 216 f.
143 *Lemberg, E.*, Die soziale Rolle des Lehrers, in: *Gerner, B.* (Hrsg.), Der Lehrer und Erzieher, Bad Heilbrunn 1972, 2. Aufl., S. 144 f.
144 *Finlayson, D. S.* und *Cohen, L.*, The Teacher's Role: A Comparative Study of the Conception of College of Education Students and Head Teachers, in: *Morrison, A.* und *D. McIntyre* (eds.): The Social Psychology of teaching, Harmondsworth 1972, s. 183 f.
145 *Koch* hat dieses Phänomen auch bei deutschen Lehrerstudenten und Berufsanfängern nachgewiesen. *Koch, J.-J.*, Lehrer-Studium und Beruf. Einstellungswandel in den beiden Phasen der Ausbildung, Ulm 1972. Siehe auch *Cloetta, B., Dann, H. D., Helmreich, R., Müller-Fohrbrodt, G.* und *H. Peifer*, Berufsrelevante Einstellung als Ziele der Lehrerausbildung Zeitschrift für Pädagogik 19, 1973, S. 919-941.
146 *Finlayson E. A.*, a. a. O. S. 192.
147 *Biddle, B.* und *F. J. Thomas* (eds.), Role Theory: Concepts and research, New York 1966 (zit. nach *Guskin, A. E.* und *Guskin, S. L.*, Sozialpsychologie in Schule und Unterricht, Ulm 1973, S. 15 f.)
148 Vgl. 2. 1. 3. 2.
149 *Jackson, P. W.*, Unterricht aus der Sicht des Schülers. Entfremdung im Unterricht, in: *Strom, R. D.* (Hrsg.), Lehrer und Lernprozesse Bd. 1, München 1976, S. 72-102. Ein weiterer Aufsatz *Jackson's* findet sich in deutscher Übersetzung in dem Band Bedingungen des Bildungsprozesses, hrsg. v. *W. Edelstein* und *D. Hopf*, Stuttgart 1973.
150 a. a. O., S. 97.
151 *Watzlawick, P.* u. a., Menschliche Kommunikation, Bern u. a. 1974, 4. Aufl., S. 70.
152 *Fend, H.*, Konformität und Selbstbestimmung, Weinheim u. a. 2. Aufl. 1973, S. 102.

153 *Lohmann, Chr.* und *E. Prose,* Organisation und Interaktion in der Schule, Köln 1975, S. 50.
154 *Mollenhauer, K.,* Theorien zum Erziehungsprozeß, München 1972.
155 *Tausch, R.* und *Tausch, A.,* Erziehungspsychologie, Göttingen 1971, 6. Aufl., S. 6.
156 „Es sollte uns nachdenklich machen, daß im Deutschen ‚einen anführen' soviel heißt wie einen betrügen."
   G. C. Lichtenberg.
157 Siehe *Irle, M.,* Lehrbuch der Sozialpsychologie, Göttingen 1975, S. 398 f. *Graumann, C. F.* (Hrsg.), Handbuch der Psychologie, Bd. 7, 2. Halbband, Göttingen 1972, S. 1147 f.
158 Der Begriff „Reiz" in diesem Zusammenhang kommt aus dem Sprachgebrauch einer mechanistischen (der sog. „behavioristischen") Psychologie, die menschliches Verhalten als Verknüpfung von „Reizen" und „Reaktionen" auffaßt.
159 München, Basel 1978, 2. Aufl.
   Zu ähnlichen Ergebnissen kam auch das ältere, sehr umfassende Sammelreferat von *O. Peters:* Soziale Interaktion in der Schulklasse, Kap. 13 des Handbuchs der Unterrichtsforschung, Teil II (hrsg. v. *K. Ingenkamp* u. *E. Parey*), Weinheim u. a. 1972.
160 *Lippitt, R.* und *White, R. K.,* Eine experimentelle Untersuchung über Führungsstil und Gruppenverhalten, in: *Graumann, C. F.* und *H. Heckhausen* (Hrsg.), Pädagogische Psychologie 1 (Erziehung und Sozialisation), Frankfurt/M. 1973, S. 324-347.
   Oder: *White/Lippitt,* in: *Irle, M.* (Hrsg.), Texte aus der experimentellen Sozialpsychologie. Neuwied und Darmstadt 1973, 2. Aufl., S. 456-486.
161 *Tausch, R.* und *A.-M.,* Erziehungspsychologie, Göttingen 1971, 6. Aufl. S. 170 f.
162 *Nickel, H.,* Psychologie des Lehrerverhaltens. München-Basel 1978, 2. Aufl., S. 34.
163 *Huber, G. L.* und *H. Mandl:* Spiegeln Lehrerurteile über Schüler die implizite Persönlichkeitsstruktur der Beurteiler oder der Beurteilungsbögen? Z. f. Entw. psychol. u. Päd. Psychol. 1979, 11 S. 218-231 (Dieser Aufsatz diskutiert als weitere Interpretationsebene zusätzlich die Erhebungsmethode (Fragebogen)) s.a. 2. 3. 2. 6.
164 Vgl. *Nickel, H.,* Psychologie des Lehrerverhaltens, München, Basel 1978, 2. Aufl.; *Tausch, R.* und *A.-M.,* Erziehungspsychologie, Göttingen 1971, 6. Aufl.
165 *Nickel, H.,* a. a. O., S. 65.
166 Z. B. *Petrat, G., Steinforth, H., Timm, J., Wosniok, W.,* Prozeßorientierter Unterricht, München 1977. Die Klassifizierung wurde für eine Video-Dokumentation von Unterrichtsverläufen entwickelt.
167 Z.B. *Becker, G. E., Clemens-Lodde, B.* und *Köhl, K.,* Unterrichtssituationen, Bd. I-III, München 1976 (S. 5). Die Unterrichtssituationen in diesem Werk sind allerdings vom Lehrverhalten her definiert.
168 So der Titel eines lesenswerten Aufsatzes von *P. W. Jackson,* in: *Strom, R. D.* (Hrsg.), Lehrer und Lernprozeß, Bd. 1, München 1976, S. 88-102.
169 *Watzlawick, P.* u. a., Menschliche Kommunikation, Bern u. a. 1974, 4. Aufl., S. 93.
170 *Funkkolleg* „Pädagogische Psychologie", Studienbegleitbrief 7, Weinheim

und Basel 1973, S. 77 f.
171 *Wellendorf, F.*, a. a. O., S. 77.
172 *Watzlawick, P., Beavin, J. H.* und *Don D. Jackson:* Menschliche Kommunikation, Bern u. a. 1974, 4. Aufl., S. 57 f.
173 *Watzlawick, P., J. H. Weakland* und *R. Fisch*, Lösungen, Bern u. a. 1974.
174 *Becker, G. E., B. Dietrich, E. Kaier*, Konfliktbewältigung im Unterricht, Bad Heilbrunn 1976, S. 76.
175 ‚Das Etikett „Geisteskrankheit" ‘ heißt die deutsche Übersetzung eines Buches von *T. J. Scheff*, Frankfurt/M. 1973.
176 Vgl. *Brusten, M.* und *K. Hurrelmann*, Abweichendes Verhalten in der Schule, München 1973.
177 *Rosenthal, R., Jacobson, L.*, Pygmalion im Unterricht (1968), deutsch: Weinheim u. a. 1971.
178 Der Pygmalion-Effekt wird auch *Rosenthal*-Effekt oder Erwartungseffekt genannt.
Pygmalion: „König von Kypros, verliebte sich in das elfenbeinerne Bild einer Jungfrau, das er selbst verfertigt hatte und flehte die Aphrodite an, es zu beleben. Seine Bitte ward erhört, und er nahm die zum Leben Erwachte zu seiner Gemahlin." − (*Jens, H.*, Mythologisches Lexikon, München 1960, S. 82).
179 *Rosenthal, R., Jacobson, L.*, Lehrererwartungen als Determinanten der IQ-Gewinne ihrer Schüler, in: *Steinert, H.*, Symbolische Interaktion, Stuttgart 1973, S. 208.
180 Experimentalgruppe = die zufällig gewählten Schüler, die günstig etikettiert worden waren.
Kontrollgruppe = alle übrigen Schüler.
181 Siehe *Elashoff, J. D.* und *R. E. Snow*, Pygmalion auf dem Prüfstand, München 1972.
182 *Brophy, J. E.* und *T. L. Good*, Die Lehrer-Schüler-Interaktion (1974), dt. Ausg. v. *D. Ulich*, München u. a. 1976, S. 62.
183 a. a. O. Dieses Buch ist neben dem von *Elashoff* und *Snow* (‚Pygmalion auf dem Prüfstand', München 1972) für eine vertiefte Auseinandersetzung mit dem Problem ‚Lehrererwartungen' unbedingt zu empfehlen. Ebenso auch eine der wenigen deutschen Untersuchungen des Problems: *Boteram, N.*, Pygmalions Medium, Rheinstetten 1976.
184 Siehe *Brophy* und *Good* a. a. O.
Schusser, G., Lehrererwartungen, München 1972.
Dumke, D., Die Auswirkungen von Lehrererwartungen auf Intelligenz und Schulleistungen, in: Psychologie in Erziehung und Unterricht, 1977, 24, S. 93-108.
185 Vgl. *Dumke, D.*, Der Einfluß des *Rosenthal*-Effekts auf die Intelligenzleistung bei intensiver Erwartungsweckung, in: Psychologie in Erziehung und Unterricht, 1978, 25, S. 32-38.
186 *Brophy* und *Good*, a. a. O., S. 104.
187 *Seaver, W.*, Effects of naturally induced expectancies on the academic performances of pupils in primary grades. − Unpubl. doct. diss. Univ. of Illinois 1971.
188 *Brophy, J.* und *Good, T.*, Teachers communication of differential expectations for children's classroom performance: Some behavioral date. In: Journal of Educational Psychology, 61, 1970, 365-374.

189 *Dumke, D.*, Die Auswirkungen..., a.a.O., (1977), S. 101.
190 Vgl. z. B. die Untersuchung von *Boteram, N.*, Pygmalions Medium, Rheinstetten 1976.
191 Vgl. *Gage, N. L.* und *Berliner, D. C.*, Pädagogische Psychologie, München 1977, S. 231.
192 *Höhn, E.*, Der Schlechte Schüler, München 1967.
193 *Zillig, M.*, Einstellung und Aussage, Zeitschr. f. Psychologie 1928, 106, S. 58-106.
194 1963, dtsch. Stigma. Über Techniken der Bewältigung beschädigter Identität, Frankfurt/M., 1967.
195 *Brusten, M.* und *Hohmeier, J.* (Hrsg.), Stigmatisierung Bd. 2, Neuwied und Darmstadt 1975, S. 1 f.
196 Vgl. *Richter, H. E.*, Eltern, Kind und Neurose, Reinbek b. Hbg. 1969.
197 *Losel, F.*, Prozesse der Stigmatisierung in der Schule, in: *Brusten/Hohmeier* (Hrsg.), Stigmatisierung 2, Neuwied u. Darmstadt 1975, S. 8-32.
198 *Watzlawick, P.* u. a., Menschliche Kommunikation. Bern u. a. 1974, 4. Aufl., S. 93.
199 Siehe *Diegritz, T.* und *H. S. Rosenbusch*, Kommunikation zwischen Schülern, München 1977, bes. Teil 3.
200 Zit. nach *Dumke, D.*, Die Auswirkungen..., a.a.O., S. 102 f.
201 Nach *Brophy, J. E.* und *T. L. Good*, Die Lehrer-Schüler-Interaktion, München 1976, S. 81.
202 Z. B.. *Hare, P.*: Handbook of small group research. New York: Free Press, 2nd. ed. 1977. *Rüschemeyer, D.*: Stichwort ‚Kleingruppe', in: *Bernsdorf, W.* (Hrsg.): Wörterbuch der Soziologie. 2. Aufl. Stuttgart 1969, S. 557-656.
203 Z. B.: *Eckstein* und *E. Bornemann*: Arbeit mit kleinen Studentengruppen. Blickpunkt Hochschuldidaktik, 4, Hamburg 1969.
204 Vgl. *Kruse*, L.: Gruppen und Gruppenzugehörigkeit, in: *Graumann*, C.F. (Hrsg.): Handbuch der Psychologie Bd. 7,2, Göttingen 1972, S. 1539-1593. *Argyle*, M.: Soziale Interaktion, Köln 1972, bes. Kap. 6 „Kleingruppenforschung", S. 213f.
205 *Miller, G. A.*: The magical number Seven, plus or minus two: Some Limits of our Capacity for Processing Information. In: ders.: The Psychology of Communication. Harmondsworth 1970, S. 21-50.
206 n. *Kruse, L.*, a.a.O., S. 1559.
207 *Hofstätter, P. R.*: Gruppendynamik, 2. Aufl. Hamburg 1971, S. 22.
208 Es muß aber nicht sein, denn es gibt eine Vielzahl von sozialpsychologischen Gruppenexperimenten, die recht komplexe, lebensnahe Situationen hergestellt haben: z. B. die ‚Ferienlager'-Experimente von *M. Sherif* (vgl. *Hofstätter, P. R.*: Gruppendynamik, Reinbeck 1957, S. 96 f).
209 Vgl. *Höhn, E.* und *G. Seidel*: Soziometrie. In: *Graumann, C. F.* (Hrsg.): Handbuch der Psychologie, Bad 7,1 (Sozialpsychologie) Göttingen 1969, S. 375-397.
Dollase, R.: Soziometrische Techniken. Weinheim u. a. 1976 (2. Aufl.).
210 Soziogramm heißt das graphisch dargestellte Ergebnis einer soziometrischen Befragung. (Es folgt auf den nächsten Seiten ein Beispiel!)
211 *Mikula, G.*: Neuere Kontrolluntersuchungen und Ergebnisse zur soziometrischen Erhebungsmethode. In: Schule und Psychologie, 19, 1972, S. 98-105.

212 *Bartussek, D.* und *G. Mikula*: Faktoren der ‚Beliebtheit' und ‚Tüchtigkeit' in soziometrischen Strukturen. Zeitschrift f. Entwicklungspsychologie und Päd. Psychologie 1, 1969, S. 223 - 240.
213 Die Methode wurde bereits im zweiten Teil anläßlich der ‚impliziten Persönlichkeitstheorie' von Lehrern (2.3.2.4) und in Teil 3 (3.2.2.4) – Dimensionen des Lehrerverhaltens – vorgestellt.
214 Die Sitznachbar-Frage wurde in der Untersuchung von *Bartussek* und *Mikula* nicht gestellt; die Zuordnung zur ‚Sympathie'-Ebene ist daher nur eine plausible Hypothese!
215 Wer sich entsprechend informieren möchte, sei verwiesen auf:
Dollase, R.: Soziometrische Techniken. Weinheim u. a. 1976 (2. Aufl.).
Höhn, E. und *C. Schick*. Das Soziogramm. Göttingen 1976, 4. Aufl.
216 Vgl. *Heinrich, P.*: Geschlechts-Präferenzen bei soziometrischen Wahlen in Schulklassen. Zeitschrift für Entwicklungspsychologie und Päd. Psychologie 5, 1973, S. 42 - 49. (Nach *Heinrich* ist dieses Ergebnis auf allen Klassenstufen [2 - 13] zu erwarten.)
217 Siehe *Höhn, E.* und *G. Seidel*: Soziometrie. In: *Graumann, C. F.* (Hrsg.): Handbuch der Psychologie Bd. 7, 1 Göttingen 1969, S. 381.
218 Das Problem hatte also einen geringen ‚Aktualitätsgrad', wenn man *Hofstätters* Definition von Aktualität bei Meinungsverteilungen folgt (Psychologie der öffentlichen Meinung, Wien o. J., S. 123). Die Aktualität ist demnach um so größer, je mehr Befragte sich pro oder contra entscheiden und je weniger indifferent sind.
219 N. *Prior, H.*: Gruppendynamik in der Seminararbeit. Blickpunkt Hochschuldidaktik, Bd. 11, Hamburg 1970, S. 60 f.
220 *Tuckman, B. W.*: Developmental sequence in small groups. Psychol. Bulletin, 1965, Bd. 63, S. 384 - 399 (hier zit. n. *Argyle, M.*: Soziale Interaktion, Köln 1972, S. 214 f.).
221 *Tajfel, H.* und *C. Fraser* (eds.): Introducing Social Psychology. Harmondsworth 1978, S. 207 (Kap. 8: Small Groups II. Processes and Products).
222 Vgl. *Mueller, E. F.* und *A. Thomas*: Einführung in die Sozialpsychologie. Göttingen 1974, S. 280 f.
223 *Asch, S. E.*: Änderung und Verzerrung von Urteilen durch Gruppendruck. In: *Irle, M.* (Hrsg.): Texte aus der experimentellen Sozialpsychologie. Neuwied und Darmstadt 1973, 2. Aufl., S. 57 - 73.
224 *Wilkening, K.*: Konformität unter Gruppendruck. Weinheim und Basel 1978.
Vgl. auch *Peuckert, R.*: Konformität. Erscheinungsformen – Ursachen – Wirkungen. Stuttgart 1975.
225 Hier zit. n. *Argyle, M.*: Soziale Interaktion, Köln 1972, S. 227.
226 *Diegritz, T.* und *H. S. Rosenbusch*: Kommunikation zwischen Schülern, München 1977, S. 107. (Die dort mitgeteilte Tabelle wurde graphisch dargestellt.)
227 *Ulich, D.*: Gruppendynamik in der Schulklasse. München 1971, S. 71 f.
228 Z. B.: *Hulse, S. H., J. Deese* und *H. Egeth*: The Psychology of learning. Tokyo u. a. 1975, 4. Aufl.
Foppa, K.: Lernen, Gedächtnis, Verhalten. Köln 1966, 2. Aufl.
Bergius, R.: Psychologie des Lernens. Stuttgart 1972.
229 Bei einem Vergleich von 22 Studenten mit Examensstörungen mit einer Kontrollgruppe berichteten 5, daß sie in Gruppen arbeiteten, in der Kon-

trollgruppe waren es 17! (n. *Buchholz*, in: *Sperling, E.* und *Jahnke, J.* (Hrsg.): Zwischen Apathie und Protest. Bd. 2, Bern u. a. 1974, S. 43)
230 *Hofstätter, P. R.*: Einführung in die Sozialpsychologie. Stuttgart 1963, S. 339.
231 Zit. n. *Bödiker, M.-L.*: Gruppenarbeit in der Schule — Einige empirische Befunde der letzten Jahre. Psychol. in Erziehung und Unterricht. 22, 1975, S. 174.
232 Vgl. *Luck, H. E.*: Soziale Aktivierung. Köln 1969.
233 *Heigl-Evers, A.* und *F. Heigl*: Gruppenposition und Lernmotivation. In: *Heigl-Evers, A.* (Hrsg.): Gruppendynamik. Göttingen 1973, S. 37 - 48.
234 Vgl. *Jahnke, J.*: Motivation in der Schulpraxis. Freiburg i. Br. 1979, 2. Aufl.
235 *Kösel, E.*: Sozialformen des Unterrichts. Ravensburg 1974, 3. Aufl.
236 *Tausch, R.* und *Tausch, A.-M.*: Erziehungspsychologie. Göttingen 1971, 6. Aufl., S. 238.
237 a.a.O., S. 240. Vgl. 3.2.2.4
238 *Arvidson, S.* (n. *Kösel, E.*: Sozialformen des Unterrichts. Ravensburg 1974, 3. Aufl., S. 9).
239 *Dumke, D.*: Die Auswirkungen von Lehrererwartungen. In: Psychologie in Erziehung und Unterricht 24, 1977, S. 101.
240 S. z. B. *Tillmann, K.-J.*: Unterricht als soziales Erfahrungsfeld. Frankfurt/M. 1976.
241 *Tausch, R.* und *Tausch, A.-M.*: Erziehungspsychologie. Göttingen 1971, 6. Aufl., S. 240.
242 *Slater*, n. *Bödiker, M.*: Gruppenarbeit in der Schule. Psychologie in Erziehung und Unterricht. 22, 1975, S. 177.
243 *Kösel, E.*: Sozialformen des Unterrichts. Ravensburg 1974, 3. Aufl.
244 Aus: *Diegritz, T.* und *H. S. Rosenbusch*: Kommunikation zwischen Schülern. München 1977, S. 108. 125.
245 Verkürzt nach: *Diff* (Hrsg.): Funkkolleg Beratung in der Erziehung: Studienbegleitbrief 4, Weinheim und Basel 1975, S. 54 f.
246 *Cohn, R. C.*: Von der Psychoanalyse zur Themenzentrierten Interaktion. Stuttgart 1975.
Vopel, K. W.: Zur Theorie der themenzentrierten interaktionellen Methode. Blickpunkt Hochschuldidaktik 25, Hamburg 1972.
247 *Bradford, L. P.* und *J. R. Gibb* und *K. D. Benne* (Hrsg.): Gruppen-Training, Stuttgart 1972.
248 *Däumling, A. M.*: Sensitivity Training. In: *Heigl-Evers, A.* (Hrsg.): Gruppendynamik. Göttingen 1973, S. 8.
249 *Balint, M.*: Der Arzt, sein Patient und die Krankheit. Stuttgart 1957.
250 Aus: *Argelander, H.*: Gruppenprozesse — Wege zur Anwendung der Psychoanalyse in Behandlung, Lehre und Forschung. Reinbek b. Hamburg 1972, S. 101.
251 *Däumling, A. M.*: Sensitivity Training. In: *Heigl-Evers, A.* (Hrsg.): Gruppendynamik. Göttingen 1973, S. 10 f.
252 *Ulich, D.*: Gruppendynamik in der Schulklasse. München 1971, 2. Aufl.
253 Vgl. dazu: *Luft, J.*: Einführung in die Gruppendynamik. Stuttgart 1972, S. 36.
Feger, H.: Gruppensolidarität und Konflikt. In: *Graumann, C. F.* (Hrsg.): Handbuch der Psychologie, Bd. 7; 2. Göttingen 1972, S. 1594 - 1653.

254 *Ulich, D.*: Gruppendynamik in der Schulklasse. München 1971, S. 89 f.
255 Empfehlungen der Kommission „Anwalt des Kindes" Baden-Württemberg. Beilage zu H. 7/1978 der GEW-Lehrerzeitung.
256 Vgl. etwa: *Heinelt, G.*: Kreative Lehrer − kreative Schüler. Freiburg i. Br. 1974.
Mühle, G. und *C. Schell* (Hrsg.): Kreativität und Schule. München 1970.

Literaturverzeichnis

Adorno, T. W. u. a.: Der Positivismusstreit in der deutschen Soziologie. Neuwied und Berlin 1972
Argelander, H.: Gruppenprozesse — Wege zur Anwendung der Psychoanalyse in Behandlung, Lehre und Forschung. Reinbek 1972
Argyle, M.: Soziale Interaktion. Köln 1972
Argyle, M. u. R. McHenry: Do spectacles really affect our judgements of intelligence? Brit. J. of soc. clin. Psychol. 10, 1971, 27-29
Argyle, M. u. Williams, M.: Observer or observed? A reversible perspective in person perception. Sociometry 32, 1969, 396-412
Argyris, C.: Gefahren bei der Anwendung von Ergebnissen aus der experimentellen Sozialpsychologie, In: Gottwald u. Kraiker (Hrsg.) 1976, 121-151
Arnold, W.; Eysenck, H. J.; Meili, R. (Hrsg): Lexikon der Psychologie (Taschenausg.). Freiburg i. Br. 1976
Aronson, E.: The social Animal. S. Francisco 1976[2]
Asch, S. E.: Forming impressions of personality. J. abn. soc. Psychol. 69, 1946, 258-290
Asch, S. E.: Änderung und Verzerrung von Urteilen durch Gruppendruck. In: Irle (Hrsg.) 1973, 57-73
Balint, M.: Der Arzt, sein Patient und die Krankheit. Stuttgart 1957
Bartussek, D. u. G. Mikula: Faktoren der ‚Beliebtheit' und ‚Tüchtigkeit' in soziometrischen Strukturen. Z. f. Entwicklungspsychol. u. Päd. Psychol. 1, 1969, 223-240
Becker, G. E., B. Clemens-Lodde u. K. Köhl: Unterrichtssituationen (Bd. 1-3). München 1976
Becker, G. E., B. Dietrich u. E. Kaier: Konfliktbewältigung im Unterricht. Bad Heilbrunn 1976
Beckman, L.: Auswirkungen von schulischen Leistungen auf die Kausalattribuierungen von lehrenden und beobachtenden Personen. In: Hofer u. Weinert (Hrsg.) 1973, 164-176
Bennis, W. G. u. M. A. Shepard: A theory of group development. Human Relations 9, 1956, 415-437
Bergius, R.: Psychologie des Lernens. Stuttgart 1972
Bernsdorf, W. (Hrsg.): Wörterbuch der Soziologie. Stuttgart 1969[2]
Biddle, B. u. F. J. Thomas (Hrsg.): Role theory: concepts and research. New York 1966
Bödiker, M.-L.: Gruppenarbeit in der Schule — 'einige empirische Befunde der letzten Jahre. Psychol. in Erz. u. Unterr. 22, 1975, 172-180
Boteram, N.: Pygmalions Medium. Rheinstetten 1976
Böttcher, W.: Kritische Kommunikationsfähigkeit. Implikationen eines Lernziels. Bebenhausen 1973
Bradford, L. P., J. R. Gibb u. K. D. Benne (Hrsg.): Gruppen-Training. Stuttgart 1972
Brophy, J. u. T. Good: Teachers communication of differential expectations for children's classroom Performance: Some behavioral data. J. of educ. Psychol. 61, 1970, 365-374
Brophy, J. E. u. T. L. Good: Die Lehrer-Schüler-Interaktion (hrsgeg. v. D. Ulich). München 1976

Brügge, P.: Ich lasse mich nicht auseinandernehmen. In: Horn (Hrsg.) 1972, 229-236

Bruner, J. S.: Entwurf einer Unterrichtstheorie. Berlin u. Düsseldorf 1974

Bruner, J. S. u. L. Postman: An approach to social perception. In: Dennis (Hrsg.) 1951, 71-118

Brusten, M. u. K. Hurrelmann: Abweichendes Verhalten in der Schule. München 1973

Brusten, M. u. J. Hohmeier (Hrsg.): Stigmatisierung. (2 Bde.) Neuwied u. Darmstadt 1975

Buchholz, B.: Die akademische Prüfung als institutionelles und persönliches Problem. In: Sperling u. Jahnke (Hrsg.), Bd. 2, 1974, 5-76

Cartwright, D. u. A. Zander (Hrsg.): Group dynamics – research and theory. Evanston, Illin. 1960^2

Chandler, M. J.: Egocentrism in normal and pathological childhood development. Determinants of behavioral development, 1972, 569-575 (zit. n. Flavell u. a. 1975, Einl.)

Cherry, C.: Kommunikation. In: Arnold u. a. (Hrsg.) 1965, Bd. 2, 299-306

Claiborn, W. C.: Expectancy effects in the classroom: A failure to replicate. J. of educ. Psychol. 60, 1969, 377-383

Cloetta, B., H.-D. Dann, R. Helmreich, G. Müller-Fohrbrodt u. H. Pfeifer: Berufsrelevante Einstellungen als Ziele der Lehrerausbildung. Z. f. Päd., 19, 1973, 919-941

Cohn, R. C.: Von der Psychoanalyse zur Themenzentrierten Interaktion. Stuttgart 1975

v. Cranach, M. u. H.-G. Frenz: Systematische Beobachtung. In: Graumann (Hrsg.) 1969, 269-331

Däumling, A. M.: Sensitivity-Training. In: Heigl-Evers (Hrsg.) 1973

Dennis, W. u. a. (Hrsg.): Current trends in social psychology. Pittsburgh 1951

Diegritz, T. u. H. R. Rosenbusch: Kommunikation zwischen Schülern. München 1977

Dollase, R.: Soziometrische Techniken. Weinheim u. a. 1976^2

Dumke, D.: Die Auswirkungen von Lehrererwartungen auf Intelligenz und Schulleistungen. In: Psychol. in Erz. u. Unterr. 24, 1977, 93-108

Dumke, D.: Der Einfluß des Rosenthal-Effekts auf die Intelligenzleistung bei intensiver Erwartungsweckung. Psychol. in Erz. u. Unterr. 25, 1978, 32-38

Eckstein, H. u. E. Bornemann: Arbeit mit kleinen Studentengruppen. Blickpunkt Hochschuldidaktik, H. 4, Hamburg 1969

Edelstein, W. u. D. Hopf (Hrsg.): Bedingungen des Bildungsprozesses. Stuttgart 1973

Elashoff, J. D. u. R. E. Snow: Pygmalion auf dem Prüfstand. München 1972

Erikson, E. H.: Identität und Lebenszyklus. Frankfurt/M. 1966

Ertel, S.: Standardisierung eines Eindrucksdifferentials. Z. f. exp. u. angew. Psychol. 12, 1965, 22-58

Feger, H.: Gruppensolidarität und Konflikt. In: Graumann (Hrsg.) 1972, 1594-1653

Fend, H.: Konformität und Selbstbestimmung. Weinheim u. a. 1973

Ferdinand, W.: Das Vorurteil des Lehrers über die Leistungsfähigkeit bestimmter Schüler im Spiegel von Aufsatzzensuren. Schule u. Psychol. 18, 1971, 92-95

Finlayson, D. S. u. L. Cohen: The teacher's role: A comparative study of the

conception of college of education students and head teachers. In: Morrison u. McIntyre (Hrsg.) 1972, 183-197
Flavell, J. H.: Rollenübernahme und Kommunikationsfertigkeiten bei Kindern. In: Graumann u. Heckhausen (Hrsg.) 1973, 201-220
Flavell, J. H. u. Mitarb.: Rollenübernahme und Kommunikation bei Kindern. Weinheim u. a. 1975
Flügge, J.: Die Einschätzung der Schwierigkeiten von Aufgaben durch den Lehrer. Sonderh. d. Mitt. u. Nachr. d. Hochsch. f. Intern. Päd. Forschg., Frankfurt/M. 1954
Foppa, K.: Lernen, Gedächtnis, Verhalten. Köln 1966^2
Fraser, C.: Small Groups II: Processes and products. In: Tajfel, H. u. Fraser, C. (Hrsg.) 1978, 201-234
Frech, H. W.: Kontrollierte Beobachtung verbaler Verhaltensweisen von Lehrern und Schülern. Neue Sammlung, 11, 1971, 87-108
Funkkolleg 'Pädagogische Psychologie' (hrsg. DIfF Tübingen) Weinheim u. a. 1973/74
Funkkolleg ‚Beratung in der Erziehung' (hrsg. DIfF Tübingen) Weinheim u. a. 1975/76
Fürstenau, P.: Zur Psychoanalyse der Schule als Institution. In: Gerner (Hrsg.) 1973, 72-84
Gage, N. L. u. D. C. Berliner: Pädagogische Psychologie. München 1976
Gerner, B. (Hrsg.): Der Lehrer und Erzieher. Bad Heilbrunn, 1972^2
Gigerenzer, G. u. G. Strube: Zur Revision der üblichen Anwendung dimensionsanalytischer Verfahren. Z. f. Entwicklungspsychol. u. Päd. Psychol. 10, 1978, 75-86
Goeppert, H. C.: Einige Bemerkungen zur Brauchbarkeit des double-bind-Konzepts für die Beschreibung von Unterricht als spezifischer Kommunikationssituation. Linguistische Berichte. H. 49, 1977, 39-49
Goffman, E.: Stigma – Über Techniken der Bewältigung beschädigter Identität. Frankfurt/M. 1967
Goffman, E.: Wir alle spielen Theater. München 1969
Gottwald, P.: Forschung in der Verhaltenstherapie. In: Pongratz (Hrsg.): 1978, 1349-1427
Gottwald, P. u. Kraiker, C. (Hrsg.): Zum Verhältnis von Theorie und Praxis in der Psychologie. Sonderheft Nr. 1 der Mitteilungen der GVT e. V. München 1976
Graumann, C. F.: Eigenschaften als Problem der Persönlichkeitsforschung. In: Lersch u. Thomae (Hrsg.) 1960, 87-154
Graumann, C. F. (Hrsg.): Handbuch d. Psychol., Bd. 7 Sozialpsychologie. 1. Halbbd. 1969; 2. Halbbd. 1972, Göttingen
Graumann, C. F.: Interaktion und Kommunikation. In: Graumann (Hrsg.) 1972, 1109-1262
Graumann, C. F.: Grundzüge der Verhaltensbeobachtung. In: Graumann u. Heckhausen (Hrsg.), 1973, 14-41
Graumann, C. F. u. H. Heckhausen (Hrsg.): Pädagogische Psychologie – Grundlagentexte 1 – Entwicklung und Sozialisation. Frankfurt/M. 1973
Grell, J.: Techniken des Lehrerverhaltens. Weinheim u. a. 1974
Grubitzsch, S. u. H. Vogt: Das Polaritätsprofil zur Erfassung stereotyper Urteilsstrukturen: Lehrer und Wunschlehrer aus der Sicht 11/12- und 15/16-jähriger Volksschüler. Schule u. Psychol. 17, 1970, 97-113; 144-151

Guskin, A. E. u. S. L. Guskin: Sozialpsychologie in Schule und Unterricht. Ulm 1973
Haeberlin, U.: Empirische Analyse und pädagogische Handlungsforschung. Z. f. Päd. 21, 1975, 653-676
Haecker, H.: Subjektive Faktoren im Leistungsurteil der Lehrer. Schule u. Psychol. 18, 1971, 74-84
Hanke, B., Lohmöller, J. B. u. H. Mandl: Schülerbeurteilung, Schicht und Schullaufbahn. Z. f. Entwicklungspsychol. u. Päd. Psychol. 7, 1975, 113-133
Hare, P. (Hrsg.): Handbook of small group research. New York 1977^2
Hartley, E. u. R. Hartley: Die Grundlagen der Sozialpsychologie. Berlin 1955
Heckhausen, H.: Bessere Lernmotivation und neue Lernziele. Funkkolleg Pädagogische Psychologie, 24. Kollegstunde. Hektogr. Mskr. 1973
Heider, F. u. A. Simmel: An experimental study of apparent movement. Am. J. of Psychol. 57, 1944, 243-249
Heigl-Evers, A. (Hrsg.): Gruppendynamik. Göttingen 1973
Heigl-Evers, A. u. F. Heigl: Gruppenposition und Lernmotivation. In: Heigl-Evers (Hrsg.) 1973, 37-48
Heinelt, G.: Kreative Lehrer – kreative Schüler. Freiburg i. Br. 1974
Heinelt, G.: Umgang mit aggressiven Schülern. Freiburg i. Br. 1978
Heinrich, P.: Geschlechtspräferenzen bei soziometrischen Wahlen in Schulklassen. Z. f. Entwicklungspsychol. u. Päd. Psychol. 5, 1973, 42-49
v. Hentig, H.: Wissenschaftsdidaktik. 5. Sonderh. der Neuen Sammlung, Göttingen 1970
v. Hentig, H.: Psychische Gesundheit und Schule – aus der Sicht eines Pädagogen. In: Nissen u. Specht (Hrsg.) 1976, 1-26
Herkner, W.: Einführung in die Sozialpsychologie. Bern u. a. 1975
Hofer, M.: Die Schülerpersönlichkeit im Urteil des Lehrers. Weinheim u. a. 1969
Hofer, M.: Zur impliziten Persönlichkeitstheorie von Lehrern. Z. f. Entwicklungspsychol. u. Päd. Psychol. 2, 1970, 197-209
Hofer, M. u. F. E. Weinert (Hrsg.): Pädagogische Psychologie – Grundlagentexte 2 – Lernen und Instruktion. Frankfurt/M. 1973
Hofstätter, P. R.: Einführung in die Sozialpsychologie. Stuttgart 1963
Hofstätter, P. R.: Gruppendynamik. 1957; 1971^2 Reinbek b. Hamburg
Hofstätter, P. R.: Psychologie der öffentlichen Meinung. Wien o. J.
Höhn, E.: Der schlechte Schüler. München 1967
Höhn, E. u. G. Seidel: Soziometrie. In: Graumann (Hrsg.) 1969, 375-397
Holzkamp, K.: Sinnliche Erkenntnis. Frankfurt/M. 1973
Hoppe, S. u. D. Liepmann: Einführung in die Statistik für die Verhaltenswissenschaften (2 Bde.) Stuttgart 1974, 1976
Horkheimer, M. u. T. W. Adorno: Dialektik der Aufklärung. Frankfurt/M. 1975
Horn, K. (Hrsg.): Gruppendynamik und der ‚subjektive Faktor'. Frankfurt/M. 1972
Huber, G. L. u. H. Mandl: Spiegeln Lehrerurteile über Schüler die implizite Persönlichkeitsstruktur der Beurteiler oder der Beurteilungsbögen? Z. f. Entwicklungspsychol. u. Päd. Psychol. 11, 1979, 218-231
Hulse, S. H., J. Deese u. H. Egeth: The psychology of learning. Tokyo u. a. 1975^4
Ingenkamp, K.-H.: Möglichkeiten und Grenzen des Lehrerurteils und der

Schultests. In: Roth (Hrsg.) 1968, 407-431

Ingenkamp, K.-H.: Die Fragwürdigkeit der Zensurengebung. Weinheim u. a. 1971

Ingenkamp, K.-H. u. E. Parey (Hrsg.): Handbuch der Unterrichtsforschung. Teil II: Zentrale Faktoren in der Unterrichtsforschung. Weinheim u. a. 1972²

Irle, M. (Hrsg.): Texte aus der experimentellen Sozialpsychologie. Neuwied u. Darmstadt 1973²

Irle, M.: Lehrbuch der Sozialpsychologie. Göttingen 1975

Jackson, P. W.: Unterricht aus der Sicht des Schülers. Entfremdung im Unterricht. In: Strom (Hrsg.) 1976, 72-102

Jahnke, J.: Interpersonale Wahrnehmung. Stuttgart 1975

Jahnke, J.: Motivation in der Schulpraxis. Freiburg i. Br. 1979²

Janowski, A.: Faktorenanalytische Überprüfung eines Schülerbeurteilungsbogens. In: Arnhold, W. (Hrsg.): Texte zur Schulpsychologie und Bildungsberatung. Braunschweig, Bd. 2, 1977, 140-149

Jens, H.: Mythologisches Lexikon. München 1960

Jones, E. E., K. E. Davis u. K. J. Gergen: Role playing variations and their informational value for person perception. J. abn. soc. Psychol. 63, 1961, 302-310

Jones, E. E. u. K. E. Davis: From acts to dispositions: the attribution process in person perception. In: Berkowitz, L. (Hrsg.): Advances in exp. soc. Psychol. Bd. 2, New York 1965, 219-266

Kleiter, E. F.: Über Bedingungen der internen Verknüpfungsstruktur von Urteilsbegriffen bei der Personenbeurteilung. Unterrichtswissenschaft H. 3, 1975, 52-83

Koch, J.-J.: Lehrer – Studium und Beruf. Einstellungswandel in den beiden Phasen der Ausbildung. Ulm 1972

Koeppen, D.: Systematische Beobachtung und Beurteilung in der Schule. BTZ-Didaktik, Bd. 4 (Bildungstechnologisches Zentrum Wiesbaden) Wiesbaden o. J.

Kommission ‚Anwalt des Kindes' beim baden-württemb. Kultusministerium: Empfehlungen. Beilage zu H. 7, 1978 d. GEW-Lehrerzeitung

König, R. (Hrsg.): Soziologie. Fischer-Lexikon, Bd. 10, Frankfurt/M. 1958

Kösel, E.: Sozialformen des Unterrichts. Ravensburg 1974³

Krech, D., Crutchfield, R. S. u. E. L. Ballachey: Individual in society. New York u. a. 1962

Kruse, L.: Gruppen und Gruppenzugehörigkeit. In: Graumann (Hrsg.) 1972, 1539-1593

Laing, R. D., H. Phillipson u. A. R. Lee: Interpersonelle Wahrnehmung. Frankfurt/M. 1971

Laucken, U.: Naive Verhaltenstheorie. Stuttgart 1974

Lemberg, E.: Die soziale Rolle des Lehrers. In: Gerner (Hrsg.) 1972², S. 144-152

Lilli, W.: Soziale Akzentuierung. Stuttgart 1975

Lippitt, R. u. R. K. White: Eine experimentelle Untersuchung über Führungsstil und Gruppenverhalten. In: Graumann u. Heckhausen (Hrsg.) 1973, 324-347

Lohmann, Chr. u. F. Prose: Organisation und Interaktion in der Schule. Köln 1975

Lohmöller, J.-B., H. Mandl u. B. Hanke: Lehrerspezifische implizite Persönlichkeitstheorien bei der Schülerbeurteilung? Z. f. Entwicklungspsychol. u.

Lösel, F.: Prozesse der Stigmatisierung in der Schule. In: Brusten u. Hohmeier (Hrsg.) Bd. 2, 1975, 8-32
Lück, H. E.: Soziale Aktivierung. Köln 1969
Luft, J.: Einführung in die Gruppendynamik. Stuttgart 1972
Mann, L.: Sozialpsychologie. Weinheim u. a. 1976[4]
Mertens, W.: Sozialpsychologie des Experiments. Hamburg 1975
Mertens, W.: Aspekte einer sozialwissenschaftlichen Psychologie. München 1977
Mikula, G.: Neuere Kontrolluntersuchungen und Ergebnisse zur soziometrischen Erhebungsmethode. Schule und Psychol. 19, 1972, 98-105
Miller, G. A.: The magical number seven, plus or minus two: Some limits of our capacity for processing Information. In: ders.: The psychology of communication. Harmondsworth 1970
Mollenhauer, K.: Theorien zum Erziehungsprozess. München 1972
Morrison, A. u. D. McIntyre (Hrsg.): The social psychology of teaching. Harmondsworth 1972
Mueller, E. F. u. A. Thomas: Einführung in die Sozialpsychologie. Göttingen 1974
Mühle, G. u. Chr. Schell (Hrsg.): Kreativität und Schule. München 1970
Newcomb, T. M., R. H. Turner u. P. E. Converse: Social psychology: The study of human interaction. New York 1965
Nickel, H.: Psychologie des Lehrerverhaltens. München u. Basel 1978[2]
Nissen, G. u. F. Specht (Hrsg.): Psychische Gesundheit und Schule. Neuwied u. a. 1976
Ober, R. L., E. L. Bentley u. E. Miller: Systematic observation of teaching. Englewood Cl. N. J. 1971 (zit. nach Koeppen o. J.)
Osgood, Ch. E., G. J. Suci u. P. H. Tannenbaum: The measurement of meaning. Urbana 1957
Peters, O.: Soziale Interaktion in der Schule. In: Ingenkamp u. Parey (Hrsg.) 1972[2], 1801-1978
Petrat, G., H. Steinforth, J. Timm u. W. Wosniok: Prozessorientierter Unterricht. München 1977
Peuckert, R.: Konformität. Erscheinungsformen – Ursachen – Wirkungen. Stuttgart 1975
Prior, H.: Gruppendynamik in der Seminararbeit. Blickpunkt Hochschuldidaktik 11, Hamburg 1970
Rheinberg, F.: Zeitstabilität und Steuerbarkeit von Ursachen schulischer Leistung in der Sicht des Lehrers. Z. f. Entwicklungspsychol. u. Päd. Psychol. 7, 1975, 180-194
Richter, H. E.: Eltern, Kind und Neurose. Stuttgart 1963
Richter, H. E.: Patient Familie. Reinbek b. Hamburg 1970
Rosemann, B.: Bedingungsvariablen der Lehrer-Schüler-Beziehung. Erwartungskonkordanz und das Verhalten von Lehrern und Schülern. Psychol. in Erz. u. Unterr. 25, 1978, 39-49
Rosenthal, R. u. L. Jacobson: Pygmalion im Unterricht. Weinheim u. a. 1971
Rosenthal, R. u. L. Jacobson: Lehrererwartungen als Determinanten der IQ-Gewinne ihrer Schüler. In: Steinert (Hrsg.) 1973, 208-212
Roth, H.: Psychologie und Pädagogik und das Problem einer pädagogischen Psychologie. In: Weinert, F. (Hrsg.) 1967, 47-48
Roth, H. (Hrsg.): Begabung und Lernen. Stuttgart 1968

Rüschemeyer, D.: ‚Kleingruppe' In: Bernsdorf (Hrsg.) 1969
Sader, M.: Rollentheorie, In: Graumann (Hrsg.) 1969, 204-231
Sader, M.: Psychologie der Gruppe. München 1976
Scheff, T. J.: Das Etikett ‚Geisteskrankheit'. Frankfurt/M. 1973
Schnotz, W.: Schätzung von Aufgabenschwierigkeiten durch Lehrer. Z. f. Entwicklungspsychol. u. Päd. Psychol. 3, 1971, 106-120
Schraml, W. J.: Zur Psychohygiene des Pädagogen. In: Gerner (Hrsg.) 1972^2, 84-99
Schulz, W., W. P. Teschner u. J. Voigt: Verhalten im Unterricht, seine Erfassung durch Beobachtungsverfahren. In: Ingenkamp u. Parey (Hrsg.), Teil I, Kap. 6, 1973^3
Schusser, G.: Lehrererwartungen. München 1972
Seaver, W.: Effects of naturally induced expectancies on the academic performances of pupils in primary grades. Unpubl. doct. diss. Univ. of Illin. 1971, (zit. nach Brophy u. Good 1976)
Secord, P. F. u. C. W. Backman: Social Psychology, Tokyo u.a. 1974^2
Shaw, M. E. u. Ph. R. Costanzo: Theories of social psychology. New York 1970
Shore, R. E.: Effects of preinformation upon human characteristics attributed to geometric figures. J. abn. soc. Psychol. 54, 1957, 124-128
Simmel, G.: Soziologie. Berlin 1908
Smith, F. J. u. J. E. R. Luginbuhl: Inspecting expectancy: Some laboratory results of relevance for teacher training. J. of educ. Psychol. 68, 1976, 265-272
Sperling, E. u. J. Jahnke (Hrsg.): Zwischen Apathie und Protest. Bd. 2, Bern u. a. 1974
Stadler, M., F. Seeger u. A. Raeithel: Psychologie der Wahrnehmung. München 1975
Steinert, H. (Hrsg.): Symbolische Interaktion. Stuttgart 1973
Strom, R. D. (Hrsg.): Lehrer und Lernprozess (2 Bde.) München 1976
Süssmuth, R.: Kind und Bezugsperson. Psychol. in Erz. u. Unterr. 23, 1976, 29-43
Tajfel, H. u. C. Fraser (Hrsg.): Introducing social psychology, Harmondsworth 1978
Tausch, R. u. A. Tausch: Erziehungspsychologie. Göttingen 1971^6
Tillmann, K.-J.: Unterricht als soziales Erfahrungsfeld. Frankfurt/M. 1976
Timaeus, E. u. H. E. Lück: Sozialpsychologie der Erziehung. Neuwied 1976
Tuckman, B. W.: Developmental sequences in small groups. Psychol. Bull. 63, 1965, 384-399
Ulich, D.: Gruppendynamik in der Schulklasse. München 1975^5
Ulich, D. u. W. Mertens: Urteile über Schüler. Weinheim u. Basel 1973
Ullrich, I. u. D. Claessens: Soziale Rolle. Fernuniv. Hagen 1978
Vernon, M. D.: Wahrnehmung und Erfahrung. Köln 1974
Vopel, K.: Zur Theorie der themenzentrierten interaktionellen Methode. Blickpunkt Hochschuldidaktik 25, Hamburg 1972
Waelder, R.: Die Grundlagen der Psychoanalyse. Frankfurt/M. 1972
Walker, R. u. C. Adelman: A guide to classroom observation. London 1975
Watzlawick, P., J. Beavin u. Don D. Jackson: Menschliche Kommunikation. Bern u. a. 1974^4
Watzlawick, P., J. H. Weakland u. R. Fisch: Lösungen. Bern u. a. 1974
Weiner, B.: Die Wirkung von Erfolg und Mißerfolg auf die Leistung. Bern u. a. 1975

Weinert, F. (Hrsg.): Pädagogische Psychologie. Köln 1967
Wellendorf, F.: Soziale Konflikte in der Schule. In: Funkkolleg Päd. Psychol. Studienbegleitbrief 7. Weinheim u. Basel 1973, 72-95
White, R. u. R. Lippitt: Verhalten von Gruppenleitern und Reaktionen der Mitglieder in drei ‚sozialen Atmosphären'. In: Irle (Hrsg.) 1973^2, 456-48
Wilkening, K.: Konformität unter Gruppendruck. Weinheim u. Basel 1978
Zillig, M.: Einstellung und Aussage. Z. f. Psychol. 106, 1928, 58-106

Stichwortverzeichnis und Glossar

Stichworte, die im Text zusammenfassend definiert werden und die nur an wenigen Stellen auftauchen, werden nicht erklärt.
Für die Erläuterungen wurden die folgenden Quellen herangezogen:
Arnold, W., Eysenck, H.J. u. R.Meili (Hrsg.): Lexikon der Psychologie (Taschenausg.) Freiburg u.a.: Herder 1976
English, H.B. u. A.C.: A Comprehensive Dictionary of Psychological and Psychoanalytical Terms, London: Longmans 1958
Wörterbuch der pädagogischen Psychologie, Freiburg u.a.: Herder 1974
Dorsch, F.: Psychologisches Wörterbuch, Hamburg und Bern: Meiner und Huber 1959, 6. Auf.
Funkkolleg Pädagogische Psychologie, Studienbegleitbrief 12a (Glossar), Weinheim u. Basel: Beltz 1974
Funkkolleg Beratung in der Erziehung; Studienbegleitbrief 13 (Gesamt-Glossar), Weinheim und Basel: Beltz 1976

Abhängige Variable → Variable

Aggression 23, 126

– vorwissenschaftlich beschreibend: eine auf die direkte oder mittelbare Schädigung einer anderen Person gerichtete Handlung.
– motivationspsychologisch: Äußerung des Aggressionsmotivs.

Alltagspsychologie 12, 19f., 34f., 49, 51, 56, 74

vorwissenschaftliche Deutung und Erklärung psychischer Phänomene.
= Laientheorie, Naive Psychologie

Attitüde → Einstellung

Attribuierung 69, 81f., 111f.

Zuschreibung von Eigenschaften, Absichten, Motiven in sozialen Wahrnehmungsprozessen. Oft im Sinne von Kauslattribuierung gebraucht (Ursachenerklärung). Auch auf die eigene Person gerichtet: Selbstattribuierung.

autokratisch 38, 147

unter den klassischen → Erziehungs- oder Unterrichtsstilen ein Verhalten, das durch Befehle, Anweisungen, Ungeduld, Tadel, viele Lehreräußerungen und wenig Empathie zu kennzeichnen ist.

Balint-Gruppe 210, 212f.

Befragung (Interview) 31, 181

Erhebungsmethode der empirischen Sozialforschung. B. kann mehr oder weniger strukturiert erfolgen; mit Hilfe eines Interviewers oder eines Fragebogens, den der Befragte selbst ausfüllt.

Begriff, Begriffsrealismus 44f., 56f.

Beobachtung 35f., 77f., 122, 127f., 148, 180f.

In der empirischen Forschung ist eine Einzelbeobachtung ein Ereignis, eine Messung. Mehrere Beobachtungen liefern Daten für eine statistische Analyse. Beobachtungsmethoden sind allgemein Erhebungsmethoden, bei denen zu Forschungszwecken wahrgenommenes Verhalten registriert wird; es kann systematisch, mit Hilfe vorgegebener Kategorien, oder unsystematisch, gelegentlich oder nach den → Eindrücken des Beobachters beobachtet werden.

Beurteilung 25f., 64, 95f., 103f., 109f., 114f., 116f.

Definitionsmacht 76, 156

demokratisch sozial-integrativ 38, 147

Differenzierung 204f.

in der sozialen Organisation des Unterrichts die Aufteilung einer Schülergruppe in Lerngruppen nach verschiedenen Merkmalen (z.B. Fähigkeiten, Leistungsniveau, Interessen). Im Falle der inneren Diff. bleiben die Schüler im selben Klassenraum, bei der äußeren Diff. werden die Teilgruppen auch räumlich getrennt (z.B. in verschiedenen Leistungskursen).

Dimensionen des Lehrverhaltens s.a. → Lenkung 148f.

Dyade, dyadisch 145, 175

Zweiergruppe, auf Zweiergruppen bezogen.

Egozentrismus 89f.

In der Entwicklungspsychologie versteht man darunter (n. Piaget) die Bevorzugung der eigenen Sichtweise und die Schwierigkeit, sich die Perspektive anderer Personen zu eigen zu machen, bzw. sie zu berücksichtigen. s.a. → Rollenübernahme.

Eindruck 63, 70f.

in der → interpersonalen Wahrnehmung das, was durch andere Personen in einem Beobachter hervorgerufen wird. Erster E.: Ein spontanes, meist auf minimalen Informationen beruhendes Bild einer anderen Person, das zur Stimmigkeit, Geschlossenheit tendiert und zu entsprechenden Urteilsfehlern führen kann.

Einstellung (soziale) Attitüde 23, 220

Kognitiv-emotionale Verhaltensbereitschaft gegenüber sozialen Objekten (Personen, Personengruppen, Sachen, Problemen, Ideen, Begriffen).
Man unterscheidet in der Einstellungsforschung drei Komponenten der Einstellung:
    a) die kognitive (Was ich über das Objekt denke und zu wissen glaube),
    b) die emotionale (Mit welchen Gefühlen und Affekten ich das Objekt verbinde),
    c) die Verhaltenskomponente (Wie ich mich dem Einstellungsobjekt gegenüber verhalte).

Empirische Methodik 24f., 29f., 56, 98f., 127f., 149f., 180f.

Empathie 89, 210f.

Einfühlung, Sensibilität für Eigenheiten und Gefühle sozialer Partner. → s.a. Rollenübernahme

Erwartungsmuster
→ s. Rolle; Etikettierung; ‚Pygmalion'-Effekt

Erziehungsstil, Unterrichtsstil 146f.

Zusammenfassung von häufig gemeinsam auftretenden Erzieherverhaltensweisen (Verhaltenstypen). Die klassischen Erziehungsstile (n. Lewin) sind: → sozial-integrativer, → autokratischer und → laissez-faire-Stil. (s. Teil 3)

Etikettierung 113, 156, 159f.

Merkmalszuschreibung. Sofern das Etikett einen negativen Wertakzent hat, wird die Etikettierung zur → Stigmatisierung.

Experiment 31, 56

Forschungsmethode, bei der die Untersuchungssituation zum Zweck der Untersuchung herbeigeführt wird. Die unabhängige → Variable wird verändert (manipuliert), die abhängige Variable gemessen. Andere mögliche Einflußgrößen werden kontrolliert oder bewußt vernachlässigt.
Die Veränderung der unabhängigen Variablen erfolgt in der Experimentalgruppe. Eine vergleichbare Kontrollgruppe wird der experimentellen Bedingung nicht ausgesetzt. Erst der Vergleich zwischen beiden Gruppen gestattet eine Aussage über die Auswirkungen der experimentellen Bedingung. s.a. → Feldexperiment

face-to-face-Situation 177

engl.: „von Angesicht zu Angesicht". Situation des direkten, unvermittelten Kontakts. In diesem Sinn spricht man auch von „face-to-face-Gruppe".

Falsifizierung 32

empirische Widerlegung einer Hypothese oder Theorie. Nach Auffassung des kritischen Rationalismus ist eine Verifizierung von Hypothesen mit empirischen Methoden prinzipell unmöglich. Prüfbare Hypothesen haben Gültigkeit, solange sie nicht empirisch falsifiziert sind.

Feldexperiment 31

Forschungsmethode, bei der die Untersuchungsdaten in weitgehend ‚natürlichen', vorfindlichen Situationen erhoben werden. s.a. → Experiment

Führung 141f., 143, 191

Initiierung, Ausrichtung und Kontrolle von Aktivitäten anderer Personen und Gruppen. Führung kann einmal aufgabenbezogen, zum andern auch emotional akzentuiert sein. Führung ist ein „asymmetrisches" Interaktionsgeschehen, das durch gegenseitige → Rollenerwartungen, institutionelle Vorgaben („Leitung") und → Macht determiniert ist.

Gruppe 175f.

eine Zahl von Personen, die in gegenseitiger Interaktion stehen, ähnliche Ziele haben und sich gegenüber anderen Gruppen und Individuen abgrenzen (‚Wir'-Gefühl). (s. Teil 4)

Gruppendynamik 12, 189f., 208f.

n. Cartwright u. Zander werden drei Definitionsrichtungen unterschieden:

a) wissenschaftlicher Forschungsbereich, in dem Kräfte und Entwicklungsprozesse in und zwischen Gruppen untersucht werden (wissenschaftliche Def.)
b) Regeln und Techniken für den effektiven Umgang mit Gruppen (Praxis-Definition)
c) eine Art Ideologie über Führung und Behandlung von Gruppen (ideologische Def.) (Teil 4)

Halo-Effekt 73, 114

verzerrende Urteilstendenz, bei der der Urteilende durch den Gesamteindruck oder durch ein hervorstehendes Einzelmerkmal beeinflußt wird. s.a. → interpersonale Wahrnehmung

Handlungsforschung 33, 50

Hypothesentheorie der Wahrnehmung 86 f.

hypothetisches Konstrukt 45, 222

wissenschaftliche Begriffe, die sich auf nicht unmittelbar beobachtbare Größen beziehen (z. B. Intelligenz, Leistungsmotiv).

Identität 83, 116

die sich in der Sozialisation herausbildende relativ überdauernde Einheitlichkeit der Persönlichkeit.

implizite Persönlichkeitstheorie 74 f., 97 f., 114, 149

ein System von unreflektierten vereinfachenden Annahmen über Zusammenhänge von Persönlichkeitseigenschaften. Diese implizite Persönlichkeitstheorie kann sich vorurteilshaft auf die Personenbeurteilung auswirken.

Interaktion (soziale) 40, 43 f., 121 f., 143 f., 206 f.

wechselseitige Beziehung, Steuerung oder Beeinflussung des Verhaltens zweier oder mehrerer Personen.

Interaktionsanalyse 127 f.

interpersonale Wahrnehmung 61 f., 77 f.

sozialpsychologisches Forschungsgebiet, das auf Personen bezogene Wahrnehmungs- und Beurteilungsprozesse untersucht und auch der Subjekt-Objekt-Verschränkung in der gegenseitigen Wahrnehmung mehrerer Personen Rechnung zu tragen versucht. (s. Teil 2)

Interpunktion (Bateson u. Jackson) 157 f.

„Dem unvoreingenommenen Beobachter erscheint eine Folge von Kommunikationen als ein ununterbrochener Austausch von Mitteilungen. Jeder Teilnehmer an dieser Interaktion muß ihr jedoch unvermeidlich eine Struktur zugrundelegen" (Watzlawick u.a.: Menschliche Kommunikation, Bern u.a. 1974^4, S. 57) Die Strukturierung besteht z.B. darin, daß der ‚ununterbrochene Austausch' als Abfolge von Ursache und Wirkung oder von ‚Reiz' und ‚Reaktion' interpretiert wird und damit gegliedert, d.h. interpunktiert wird.

Kausalattribuierung

→ Attribuierung

Kommunikation 42f., 95, 121f.

Der Prozeß der Übermittlung von Mitteilungen. Im technologischen Kommunikationsmodell werden Quelle – symbolische Verschlüsselung – Nachricht – Entschlüsselung – Empfänger unterschieden. Können Personen sich gegenseitig wahrnehmen, so können sie „nicht nicht kommunizieren" (Watzlawick u.a.), denn jedes Verhalten hat dann Mitteilungscharakter.

Konflikt (kognitiver) 56

Konflikt (sozialer) 46, 216f.

widersprüchliche Verhaltenstendenzen, Absichten, Ziele oder Situationsdeutungen verschiedener Individuen, Gruppenmitglieder oder Gruppen. Ein Konflikt kann sich offen in entsprechenden Verhaltensweisen ausdrücken oder aber latent vorhanden sein.

Konformität 194f., 217

Verhalten, das den → Normen der jeweiligen → Bezugsgruppe entspricht, bezeichnet man als konform.

Kontrollgruppe

→ s. Experiment

Laientheorie

→ s. Alltagspsychologie

laissez-faire 38, 148

Unter den klassischen → Erziehungsstilen ein Verhaltenstypus, der durch distanziert gleichgültige Passivität („Laufenlassen") gekennzeichnet ist.

Lenkung 150f., 204

wichtige Dimension in erzieherischen Interaktionen. S.a. → Macht, Erziehungsstil

Macht, soziale 142f., 156

das Ausmaß, in dem man das Verhalten und Befinden anderer bestimmen und kontrollieren kann.

Meta-Kommunikation 80, 153, 171f., 211

Motivation 42, 199, 201f.

die in einer konkreten Situation wirksame Antriebslage (Antrieb und Steuerung) eines Individuums. Zur Erklärung interindividueller Unterschiede nimmt man überdauernde Motiv-Dispositionen als → hypothetische Konstrukte an (z.B. Leistungsmotiv, Dominanzmotiv).

Naive Psychologie 34f.

→ Alltagspsychologie

Normen (soziale) 49f., 57, 83f., 110f., 156

Maßstäbe, Vorschriften oder Richtwerte für soziales Verhalten, die sich in Gruppen und Gesellschaften herausbilden und für die Mitglieder mehr oder weniger verbindlich sind. Man unterscheidet statistische (Durchschnitts-), funktionale und ideelle (Soll-) Normen.

Operationalisierung 23 f., 29

Umsetzung in Handlungen. Bei empirischen Methoden müssen theoretische Begriffe (wie → hypothetische Konstrukte) operational definiert werden, d.h. es ist jeweils anzugeben, von welchen beobachtbaren Verhaltensweisen aus auf den fraglichen Begriff geschlossen wurde.

Personenwahrnehmung 68 f.

→ interpersonale Wahrnehmung

Primacy-Effekt 73, 76

Projektion 93 f., 197

psychoanalytischer Begriff. Abwehrmechanismus, bei dem nicht akzeptable eigene Wünsche oder Verhaltenstendenzen bei sozialen Partnern wahrgenommen werden.

Psychoanalyse 32 f., 93 f., 212 f.

‚*Pygmalion'-Effekt* (n. Rosenthal und Jacobson) 115, 160 f.

Die Auswirkung von Erwartungen in der sozialen Interaktion im Sinne von ‚sich-selbst-erfüllenden Prophezeiungen'.

Recency-Effekt 73, 76

Reifikation 45, 116, 123, 222

Reziprozität der Wahrnehmung 77

Rolle (soziale) 38, 84 f., 134 f., 141 f., 155, 198 f.

Zusammenfassender Begriff für die auf den Inhaber einer sozialen Position gerichteten Erwartungen. Da eine Person in mehreren Lebensbereichen (z.B. Schule, Sportverein, Familie) gleichzeitig Positionen innehaben kann, ergibt sich die Möglichkeit von Rollenkonflikten.

Rollenübernahme (role taking) 89 f.

Die Übernahme der Perspektive eines anderen. Rollenübernahme als wichtige Kommunikationsleistung entwickelt sich bei Kindern erst allmählich. Für die soziale Interaktion ist es oft wesentlich, das Geschehen auch mit den Augen des Anderen sehen zu können. Der Begriff ‚role taking' stammt aus dem → symbolischen Interaktionismus. S.a. → Egozentrismus, Empathie

Selbsterfahrung 12, 189, 210 f., 215

Sensitivity-Training 211 f.

Social Perception (soziale Wahrnehmung) 61 f.

Man unterscheidet zwei Definitionsrichtungen
a) → interpersonale Wahrnehmung
b) soziale Bedingtheit der Wahrnehmung, z.B. der Einfluß von sozial vermittelten Wertungen und Bedürfnissen auf Wahrnehmung und Urteil.
(s. Teil 2)

sozial-integrativ (ursprünglich: ‚demokratisch') 148 f.

Unter den klassischen → Erziehungs- oder Unterrichtsstilen ein Verhalten, das durch → Empathie, Höflichkeit, Verständnis, Kooperationsbereitschaft charakterisiert wird.

soziale Intelligenz 89f., 211

hypothetisches → Konstrukt, das kognitive Fähigkeiten umfaßt, die zur Bewältigung von Interaktionsproblemen notwendig sind. Für manche Autoren gleichbedeutend mit → Empathie (z.B. G.H. Mead) oder → Rollenübernahmefähigkeit.

Soziales Lernen 199f., 205

Es lassen sich zwei Definitionsrichtungen unterscheiden:
a) Lernen im sozialen Kontext
b) Lernen von sozial bedeutsamen Verhaltensweisen
s.a. → Verstärkung

Sozialisation 88f.

der Prozeß der Eingliederung eines Individuums in die Gruppierungen der Gesellschaft durch Vermittlung der Normen und Werte der jeweiligen Bezugsgruppe.

Sozialpsychologie 40f.

psychologisches Forschungsgebiet, „ein Versuch, zu verstehen und zu erklären, wie das Denken, Fühlen und Verhalten von Individuen durch die reale, vorgestellte oder implizite Anwesenheit anderer beeinflußt wird" (G.W. Allport) (s. 1.2.2)

Soziogramm 181f., 186f.

→ s. Soziometrie

Soziometrie 181f.

Methoden zur Erhebung und Analyse der Beziehungen (meist emotionaler Art, wie Sympathie und Antipathie) von Gruppenmitgliedern untereinander. Graphische Darstellungen von Sozialbeziehungen nennt man Soziogramme.

Stereotyp 35, 74, 136, 168

relativ überdauerndes, starres und vereinfachendes Vorstellungskonzept über soziale Objekte (Personen, Gruppen o.ä.) s.a. → Einstellung, Vorurteil

Stigmatisierung 35, 167f.

ursprünglich soviel wie Brandmarkung, Kennzeichnung durch auffallende körperliche Merkmale; heute: negativ getönte Merkmalszuschreibung, die sich auf Selbsteinschätzung und soziale Anerkennung auswirkt. So können die Etikettierungen „geistesgestört", „Versager", „verhaltensgestört" als Stigma wirken.

Symbolischer Interaktionismus (n. Mead) 97, 126

Sozialpsychologische Theorie, die soz. Interaktion „als einen ständigen Prozeß der Antizipation und der Interpretation der Bedeutung und des Sinnes von wahrgenommenen Handlungen und der anschließenden Definition von Bedürfnissen und Erwartungen" (Mertens) auffaßt. Dabei spielen Symbole sprachlicher und gestischer Art eine wesentliche Rolle.

TZI (Themenzentrierte Interaktionelle Methode, n. Cohn) 208 f.

Übertragung 93 f., 197, 208 f.

psychoanalytischer Begriff: „Übertragungen sind stereotype Wiederholungen eines lebensgeschichtlich früher (meist frühkindlich) erworbenen, unbewußten Erwartungs-Verhaltens gegenüber Partnern" (Beckmann, Hdb. d. Psychol. Bd. 8,2, 1978, S. 1243); ursprünglich war der Begriff auf die Patient-Arzt-Beziehung begrenzt, er wird heute auf soziale Beziehungen erweitert angewendet.

Variable 28

beobachtbares Merkmal, das unterschiedlich ausgeprägt vorkommt und nach Möglichkeit quantifiziert (gemessen) werden kann. Im → Experiment unterscheidet man unabhängige V. (Experimentalbedingung; „Ursache") und abhängige V., deren Ausprägung festgestellt wird („Wirkung").

Verbalmodi zur Beschreibung von Personen 70 f.

Verstärkung 125 f.

die Konsequenz eines Verhaltens, die die Auftretenswahrscheinlichkeit dieses Verhaltens erhöht (Belohnung). Beim Beobachtungs- oder Modellernen zeigt sich, daß nicht nur direkte, sondern auch „stellvertretende Verstärkung" (des beobachteten Modells also) Lerneffekte zur Folge haben kann.

Vorurteil 25 f.

relativ starre Einstellung gegenüber sozialen Objekten, die nicht durch ausreichende Erfahrung und kritische Prüfung abgesichert ist. Meist mit negativem Wertakzent versehen (z. B. Rassenvorurteil). S. a. → Stereotyp. Einstellung.

Wahrnehmung 42, 61 f.

s. a. → interpersonale W.

Zentralität von Eigenschaftsbegriffen 72

Personenverzeichnis

(Die mit A versehenen Zahlen verweisen auf die Anmerkungen S. 220-232).

Adelman, C., A 130
Adorno, T.W., 48, A 11, A 35
Allport, G.W., 40
Argelander, H., 214, A 250
Argyle, M., 43f., 73f., A 6, A 27, A 59, A 67-70, A 204, A 220, A 225
Argyris, C., 49, 50f., 117, A 41, A 45
Arnhold, W., A 108
Arnold, W., A 124
Aronson, E., A 5
Arvidson, S., A 238
Asch, S.E., 71f., 194f., A 58, A 223

Backman, C.W., A 6, A 88
Bales, R.F., 178, 197
Balint, M., 212f., A 249
Ballachey, E.L., A 2
Bartussek, D., 183, A 212, A 214
Beavin, J., A 92, A 172
Becker, J., A 92, A
Becker, G.E., A 32, A 33, A 167, A 174
Beckman, L., 111f., A 117
Benne, K.D., A 247
Bennis, W.G., 192
Bentley, E.L., 132, A 135
Bergius, R., A 228
Berkowitz, L., A 73
Berliner, D.C., A 191
Bernsdorf, W., A 202
Biddle, B., 138, A 147
Bödiker, M.-L., A 231, A 242
Borgatta, E.F., 178
Bornemann, E., A 203
Boteram, N., A 183, A 190
Böttcher, W., 158
Bradford, L.P., A 247
Brophy, J.E., 162f., 167, A 182, A 184, A 186, A 188, A 201
Brügge, P., 212
Bruner, J.S., 86f., A 38, A 77
Brusten, M., A 176, A 195, A 197
Buchholz, B., A 229
Buss, A., 23

Chandler, M.J., A 86
Cherry, C., 122, A 124
Claessens, D., 134 f., A 74, A 139-140
Claiborn, W.C., 171
Clemens-Lodde, B., A 167
Cloetta, B., A 145
Cohen, L., 138, A 144
Cohn, R.C., 208f., A 246
Collatz, K.-G., 23
Converse, P.F., A 22
Cooley, C., 179
Costanzo, P.R., A 5
v. Cranach, M., A 131
Cronbach, L.J., 74
Crutchfield, R.S., A 2

Dann, H.D., A 145
Däumling, A.M., 212f., A 248, A 251
Davis, K. E., 82, A 73, A 76
Deese, J., A 228
Dennis, W., A 77
Diegritz, T., 131, 198, 206f., A 133, A 199, A 226, A 244
Dietrich, B., A 32, A 174
Dollase, R., A 209, A 215
Dumke, D., 163, 167, A 184, A 185, A 189, A 200, A 239

Eckstein, B., A 203
Edelstein, W., A 149
Egeth, H., A 228
Elashoff, J.D., A 181, A 183
Erikson, E.H., 89f., 93, 116, A 89, A 123
Ertel, S., A 93
Eysenck, J., A 124

Feger, H., A 253
Fend, H., 141, A 152
Ferdinand, W., 25f., 28
Finlayson, D.S., 138, A 144, A 146
Fisch, R., 215, A 173
Flanders, N.A., 130f.
Flavell, J.H., 89f., A 80, A 82, A 83, A 84, A 86
Flügge, J., 110, A 115

249

Foppa, K., A 228
Fraser, C., 194, A 221
Frech, H.-W., A 132, A 134, A 136
Frenz, H.G., A 131
Fürstenau, P., 51, A 44, A 85

Gage, N.L., A 191
Gerard, H.B., 143f.
Gergen, K.J., A 76
Gerner, B., A 44, A 85, A 143
Gibb, J.R., A 247
Gigerenzer, G., A 106
Goeppert, H.C., 158
Goffman, E., 124, 168, A 194
Good, T.L., 162f., 167, A 182, A 184, A 186, A 188, A 201
Gottwald, P., 54f., A 28, A 30, A 41, A 43, A 46
Graumann, C.F., 70, 129, A 17, A 18, A 20, A 26, A 29, A 56, A 82, A 126, A 128, A 129, A 131, A 137, A 157, A 160, A 204, A 209, A 217, A 253
Grell, J., A 132, A 135
Grubitzsch, S. A 141
Guskin, A.E., A 147
Guskin, S.L., A 147

Haeberlin, U., 33, A 13
Haecker, H., 110, 114, A 114, A 120
Hanke, B., 107f., A 109, A 111, A 136
Hare, P., 178, A 202
Hartley, E., 42, A 25
Hartley, R., 42, A 25
Heckhausen, H., 112, A 18, A 36, A 82, A 118, A 129, A 160
Heider, F., 68f., A 54
Heigl, F. 201f., A 233
Heigl-Evers, A., 201f., A 233, A 248
Heinelt, G., A 3, A 256
Heinrich, P., A 216
Helmreich, R., A 145
v. Hentig, H., 47, A 4, A 34
Herkner, W., A 61
Hirst, R.J., A 51
Hofer, M., 97f., A 98-102, A 104-106, A 117
Hofstätter, P.R., 42, 179, 200f., A 24, A 207, A 208, A 218, A 230
Hohmeier, J., A 195, A 197
Höhn, E., 35, 99, 168, A 14, A 97, A 192, A 209, A 215, A 217

Holzkamp, K., A 52, A 65
Homans, G.C., 124f.
Hopf, D., A 149
Hoppe, S., A 8
Horkheimer, M., 48, A 35
Horn, K., 212
Huber, G.L., A 163
Hulse, S.H., A 228
Hurrelmann, K., A 176

Ingenkamp, K.-H., A 116, A 121, A 136, A 159
Innerhofer, P., 45
Irle, M., 41, A 3, A 5, A 10, A 23, A 39, A 157, A 160, A 223

Jackson, D.D., A 92, A 172
Jackson, P.W., 139, A 149, A 168
Jacobson, L., 160f., A 177, A 179
Jahnke, J., A 48, A 60, A 63, A 71, A 76, A 103, A 118, A 229, A 234
Janowski, A., 104f., A 107, A 108
Jens, H., A 178
Jones, E.E., 82, 143f., A 73, A 76

Kaier, E., A 32, A 174
Kleiter, E.F., 98, A 96
Koch, J.-J., A 145
Koeppen, D., A 135
Koffka, K., A 53
Köhl, K., A 167
Köhler, W., A 53
König, R., 38, A 19
Kösel, E., 204, 206, A 235, A 238, A 243
Kraiker, C., A 28, A 30, A 41
Krech, D., A 2
Kruse, L., 178, A 204, A 206

Laing, R.D., 80f., A 72
Laucken, U., A 51
Lee, A.R., 80f., A 72
Lemberg, E., 137, A 143
Lenin, W.I., 56
Lersch, P., A 56
Lewin, K., 38, 147f.
Lichtenberg, G.C., A 156
Liepmann, D., A 8
Lilli, W., A 49
Lippitt, R., A 18, A 160
Lohmann, C., 141f., A 153
Lohmöller, J.-B., A 109, A 111
Lösel, F., 169f., A 197

Lück, H.E., 5, A 232
Luft, J., A 253
Luginbuhl, J.E.R., 171
Mandl, H., A 109, A 111, A 136, A 163
McDougall, W., 42
McHenry, R., 73f., A 59
McIntyre, D., A 144
Meili, R., A 124
Mertens, W., 33, A 1, A 9, A 12, A 40
Merton, R.K., 160
Mikula, G., 182f., A 211, A 212, A 214
Miller, E., 132, A 135
Miller, G.A., 178, 190, A 205
Mollenhauer, K., 142, A 154
Moreno, J.L., 181, 184, 186
Morrison, A., A 144
Mueller, E.F., A 77, A 222
Mühle, G., A 256
Müller-Fohrbrodt, G., A 145

Newcomb, T.M., 40, A 22
Nickel, H., 146f., 149, 150, A 159, A 161, A 164, A 165
Nietzsche, F., 81
Nissen, G., A 34

Ober, R.L., 132, A 135
Osgood, C.E., A 93

Parey, E., A 136, A 159
Peters, O., A 159
Petrat, G., A 166
Peuckert, R., A 224
Pfeifer, H., A 145
Phillipson, H., 80f., A 72
Piaget, J., 67, 89
Pongratz, L.J., A 43
Popper, K., 22
Postman, L., 86f., A 77
Prell, S., A 136
Prior, H., A 219
Prose, F., 141f., A 153

Raeithel, A., A 65
Rheinberg, F., A 119
Richter, H.E., 94, A 16, A 91, A 196
Ritsert, J., A 12
Rosemann, B., 87f., A 78
Rosenberg, S., 74f., A 61

Rosenbusch, H.S., 131, 198, 206, A 133, A 199, A 226, A 244
Rosenthal, R., 160 f., A 177, A 179
Roth, H., A 37
Rüschemeyer, D., A 202

Sader, M., A 137
Scheff, T.J., A 175
Schell, C., A 256
Schick, C., A 215
Schnotz, W., 110, A 115
Schraml, W.J., A 85
Schulz, W., A 136
Schusser, G., A 184
Seaver, W., 164, A 187
Secord, P.F., A 6, A 88
Seeger, F., A 65
Seidel, G., A 209, A 217
Shaw, M.E., A 5
Shepard, M.A., 192
Sherif, M., 40, 194, A 21, A 208
Shore, R.E., 69, A 55
Simmel, A., 68f., A 54
Simmel, G., A 66
Slater, P.E., A 242
Smith, F.J., 171
Snow, R.E., A 181, A 183
Specht, F., A 34
Sperling, E., 4, A 229
Spitz, R., 92f.
Stadler, M., A 65
Steinert, H., A 179
Steinforth, H., A 166
Strom, D.R., A 149, A 168
Strube, G., A 106
Suci, G.J., A 93
Süssmuth, R., A 87

Tajfel, H., A 221
Tannenbaum, P.H., A 93
Tausch, A., 137, 142, 149, 204f., A 47, A 142, A 155, A 161, A 164, A 236, A 241
Tausch, R., 137, 142, 149, 204f., A 47, A 142, A 155, A 161, A 164, A 236, A 241
Teschner, W.P., A 136
Thomae, H., A 56
Thomas, A., A 77, A 222
Thomas, F.J., 138, A 147
Tillmann, K.-J., A 240

Timm, J., A 166
Tuckman, B.W., 192f., 212, A 220
Turner, R.H., A 22

Ulich, D., 134, 198 f., 216 f., A 138, A 182, A 227, A 252, A 254
Ullrich, I., A 74, A 139-140

Vernon, M.D., A 50
Vogt, H., A 141
Voigt, J., A 136
Vopel, K., A 246

Waelder, R., A 90
Walker, R., A 130

Watzlawick, P., 126, 141, 157f., 215, A 92, A 94, A 125, A 151, A 169, A 172, A 173, A 198
Weakland, J. H., 215, A 173
Weiner, B., A 119
Weinert, F.E., A 37, A 117
Wellendorf, F., 155f., A 170, A 171
Wertheimer, M., A 53
White, R.K., A 18, A 160
Wilde, O., 22
Wilkening, K., 194f., A 224
Williams, M., 78, A 67
Wosniok, W., A 166

Zillig, M., 168, A 193

MIX
Papier aus verantwortungsvollen Quellen
Paper from responsible sources
FSC® C105338

If you have any concerns about our products,
you can contact us on
ProductSafety@springernature.com

In case Publisher is established outside the EU,
the EU authorized representative is:
**Springer Nature Customer Service Center GmbH
Europaplatz 3, 69115 Heidelberg, Germany**

Printed by Libri Plureos GmbH
in Hamburg, Germany